国学经典

列子译注

白冶钢 译注

上海三联书店

目录

前 言

《列子》是我国古代思想史上一部著名的典籍，同时也是一部充满谜团的著作。其作者的身世、成书过程，与先秦两汉魏晋古籍的关系以及与佛教经典的关系等等，自宋代以来就一直是学者们争论不已的问题。比较一致的观点是《列子》一书晚出而早亡，今本《列子》八篇，自东晋始行于世，系张湛整理并为之作注，应是后人（特别是魏晋时人）所不断增益而成的著作（南宋叶大庆《考古质疑》卷三“《列子》书后人增益”条所论甚详），甚至被认为就是注者张湛所伪作，而并非是西汉末年刘向所校定、后来著录于《汉书·艺文志》的《列子》。作者列御寇之名，在《庄子》中曾多次被提及，但在先秦史籍以及《史记》中却渺无踪迹，究竟是否史有其人，迄今没有定说。《列子》的内容有相当多篇幅来自《庄子》等诸多的古籍，有的是整章整节的移入，有的是脱胎换骨的转化。魏晋以后，佛教盛行，今本《列子》中的许多言论明显反映的是佛教的宗旨。正如钱钟书先生所指出的：“晋、宋以还，道士剽掠释典，造作《化胡》《西升》等经，鄙恶可笑，钝贼无意智，更下于《天瑞》篇之向氏为盗。若夫空空妙手，窜取佛说，声色不动，踪踪难寻，自有《列子》在。盖拟议以成变化，异乎挦撦割裂，能脱胎换骨，不粘皮带骨。故自宋至清，谈者只以为释典与《列子》暗合，或反疑释典攘窃《列子》。”《列子》与佛经的关系，钱钟书先生在《管锥编》之《〈列子〉张湛注》、季羡林先生在《〈列子〉与佛典》(收入季羡林著《中印文化关系史论丛》，人民出版社，1957 年 5 月第 1 版)中都有详尽的论证，可参看。

今本《列子》，全书共八篇，由一百四十余章哲理散文、寓言故事、神话故事、历史故事组成，而基本上是以寓言的形式来表达精微的哲理。其中有许多脍炙人口的神话和寓言故事，例如“列子学射”“纪昌学射”“愚公移山”“夸父追日”等等。《列子》的学说，刘向认为：“其学本于黄帝老子，号曰道家。道家者，秉要执本，清虚无为，及其治身接物，务崇不竞，合于六经。”《尸子 · 广泽》篇及《吕氏春秋·不二》篇都说：“子列子贵虚。”张湛《注列子序》认为：“其书大略明群有以至虚为宗，万品以终灭为验，神惠以凝寂常全，想念以著物自丧，生觉与化梦等情。巨细不限一域，穷达无假智力，治身贵于肆任。顺性则所之皆适，水火可蹈，忘怀则无幽不照，此其旨也。然所明往往与佛经相参，大归同于老、庄。属辞引类，特与《庄子》相似。”列子主张摆脱人世间贵贱、名利的羁绊，顺应大道，淡泊名利，清静修道。

本书原文依据世德堂本《列子》（收入上海古籍出版社1985年3月版的《二十二子》），注释则参照了杨伯峻先生的《〈列子〉集释》（中华书局，1979年10月第1版）和钱钟书先生的《管锥编》之《〈列子〉张湛注》（《管锥编》第二册，北京：生活·读书·新知三联书店，2007年12月版）。尤其是钱先生的发明与钩沉甚为精辟，对笔者的帮助与启发作用非常之大。在注释中，笔者尽可能将先秦两汉以及魏晋人的著作中与《列子》一书有关章节相同或相近的记载一一列出，目的是有助于读者对于《列子》的取材源流有较为清晰的了解。另外，《列子》中的文字同声假借、形误、错倒的现象比比皆是，有的简直无异于后人之写错别字。尤其是同声通假的情况，最为繁多，有的通假字甚至毫无道理，了无根据。例如："尽"几乎都借作"进"，"钟贤世"借作"重形生"，"认"借作"仞"，"非"借作"肥"，"居"借作"姬"，"予"借作"鱼"，"易"借作"亦"，"更"借作"庚"，"同"借作"童"，"尤"借作"邮"……不一而足。这种现象也印证了刘向的话："此书颇行于世，及后遗落散在民间，未有传者。"由此造成的错讹大量存在。至于译文，没有完全拘泥于《列子》原文字句，以语句通顺为基本原则。道家之说神秘恍惚，真意难达，其中颇多字句使笔者翻译起来难以措词。有的译文笔者自己也难以满意，只好在此抛砖引玉了。

白冶钢

2013 年 12 月

天瑞第一[①]

子列子居郑圃[②]，四十年人无识者。国君、卿、大夫视之，犹众庶也[③]。国不足[④]，将嫁于卫[⑤]。弟子曰："先生往无反期，弟子敢有所谒[⑥]，先生将何以教？先生不闻壶丘子林之言乎[⑦]？"子列子笑曰："壶子何言哉？虽然，夫子尝语伯昏瞀人[⑧]。吾侧闻之，试以告女[⑨]。其言曰：有生不生，有化不化。不生者能生生，不化者能化化。生者不能不生，化者不能不化，故常生常化。常生常化者，无时不生，无时不化，阴阳尔，四时尔。不生者疑独[⑩]，不化者往复。往复，其际不可终[⑪]；疑独，其道不可穷。《黄帝书》曰[⑫]：'谷神不死[⑬]，是谓玄牝[⑭]。玄牝之门，是谓天地之根。绵绵若存[⑮]，用之不勤[⑯]。'故生物者不生，化物者不化[⑰]。自生自化，自形自色，自智自力，自消自息。谓之生化形色智力消息者，非也。"

注释

① 天瑞：天降祥瑞，即吉兆。瑞，吉祥。

② 子列子：列子，名列御寇，亦作列圄寇、列圉寇，郑国人，约生活于春秋末期至战国初期。张湛注："载子于姓上者，首章或是弟子之所记故也。"郑圃：郑国的圃田。据杨伯峻说，圃田在今河南中

牟县西南之丈八沟及附近诸陂湖。

③众庶：众民；百姓。庶，平民；百姓。

④不足：闹饥荒。

⑤嫁：去往。

⑥谒：请教。

⑦壶丘子林：列子的老师。壶丘，复姓。子林，名。

⑧伯昏瞀 mào 人：列子之友，同学于壶子。伯昏，复姓。瞀人，名。

⑨女：同“汝”。

⑩疑独：钱钟书《管锥编·〈列子〉张湛注》（下引钱钟书说皆出于此）：“疑”即《黄帝》“乃疑于神”之“疑”，《庄子·达生》作“乃凝于神”，“疑独”者“凝独”之谓，定于一而不分也。

⑪际：界限。

⑫《黄帝书》：今本《汉书·艺文志》“道家”有：《黄帝四经》四篇，《黄帝铭》六篇，《黄帝君臣》十篇。班固自注：“起六国也，与《老子》相似也。”《杂黄帝》五十八篇。班固自注：“六国时贤者所作。”《力牧》二十二篇。班固自注：“六国时所作，托之力牧。力牧，黄帝相。”惠栋曰：此老子所述也。老子之学盖本黄帝，故汉世称黄老。下所引“谷神不死”至“用之不勤”为《老子》第六章。

⑬谷神：古代道家用语。谷与神原本分用。后多并称。诸家解释歧异，主要有三说：(1) 谷，山谷。神，一种渺茫恍惚无形之物。谷神即指空虚无形

而变化莫测、永恒不灭的“道”。《老子》“谷神不死”王弼注：“谷中央无谷也。无形无影，无逆无违，处卑不动，守静不衰，谷以之成而不见其形，此至物也。”宋司马光《道德真经论》：“中虚故曰谷，不测故曰神，天地有穷而道无穷，故曰不死。”(2) 谷，通“穀”，义为生养。谷神谓生养之神，亦即“道”。道能生天地养万物，故曰谷神。不死言其长在也。说见高亨《老子正诂》。(3) 谷，通“穀”，义为保养。神，指五藏神。“谷神不死”河上公注：“人能养神则不死，神谓五藏之神也。”引申为导引养生之术。

⑭玄牝 pìn：道家指孳生万物的本源，比喻道。玄，指形而上的存在，形容微妙难知、幽深难测的状态。牝，泛指雌性动物。

⑮绵绵若存：虚无缥缈、若有若无。形容“道”似乎存在而又不见其形体，似乎不存在却又能养育万物。

⑯用之不勤：“道”虽养育万物却不见其辛劳。勤，辛劳。

⑰故生物者不生，化物者不化：钱钟书说，此句为《庄子》佚文，《困学纪闻》卷一一翁元圻注已辑补。

译文

先生列子住在郑国的圃田，四十年里没有人能了解他。郑国的国君、卿和大夫等人视之如同平民百姓。有一年，郑国闹饥荒，先生列子打算离开郑国去往卫国。他的弟子说："先生您这一走，还不知道什么时候才能回来，弟子很想向您请教，先生还有什么要教导我们的吗？先生过去难道不曾听到您的老师壶丘子林先生说过什么话吗？"先生列子笑着说道："我哪里听到过壶丘先生都说过什么话呢？但是，老先生在与伯昏瞀人谈话的时候，我在旁边听到了，今天我就把这些话告诉你们吧。他是这么说的：道可以产生有形的万物，但道本身却不产生于任何事物；道能变化有形的万物，但道自身却从不发生任何变化。本身并不产生于任何事物的道却能够产生有形的万事万物；自身从不发生任何变化的道却能使万事万物发生变化。产生于道的万事万物都是不由自主地产生的，而万事万物的变化也都是身不由己地发生的，所以这些事物就要处于有生有死、经常变化的状态。有生有死、经常变化的事物，无时无刻不处在生与死的循环之中，始终在发生着不断的变化。阴阳的变化是这样，四时的往复也是如此。无生无死的事物才能凝聚一体不可分离，没有变化发生的事物才能往复循环始终存在。循环往复始终不绝，就不会有性质不同的变化区别。凝为一体不可分离，就能够始终如一地保持下去。《黄帝书》中说：'虚空无形的道是永恒不灭的，万物都是由这里孳生的。它的门户，就是天地赖以存在的根本。道虚无缥缈、若有若无，虽养育万物却不见其辛劳。'所以道能产生万物而其本身却不生不死，能变化万物但其自身却并不发生任何变化。它自我产生，自我变化；自我成形，自我着色；自生智慧，自生力量；自我衰落，自我消亡。如果说有使道得以产生、变化、形成、着色、赋予智慧、给予力量、衰落消亡的事物，那就是错误的。”

子列子曰：“昔者圣人因阴阳以统天地。夫有形者生于无形，则天地安从生？故曰：有太易①，有太初②，有太始③，有太素④。太易者，未见气也；太初者，气之始也；太始者，形之始也；太素者，质之始也。气、形、质具而未相离，故曰浑沦⑤。浑沦者，言万物相浑沦而未相离也。视之不见，听之不闻，循之不得⑥，故曰易也⑦。易无形埒⑧，易变而为一，一变而为七，七变而为九。九变者，究也⑨，乃复变而为一。一者，形变之始也，清轻者上为天，浊重者下为地，冲和气者为人⑩；故天地含精，万物化生。”

注释

① 太易：尚处于混沌的原始状态。

② 太初：天地未分之前的混沌元气。

③ 太始：天地开辟、万物开始形成。

④ 太素：最原始的物质。

⑤ 浑沦：又作“浑沌”“混沌”，古代传说中宇宙形

成以前的模糊一团的状态，此处指气、形、质尚未分离时的状态。

⑥ 循：同“揗 xún”，抚摩。

⑦ 易：即前文所言之“太易”。在古代的哲学典籍中，“易”有三重含义：简易，变易，不易（不变）。

⑧ 易无形埒 liè：张湛注：“不知此下一字”，即疑有脱文。埒，形状。此句之大意为：在太易阶段不存在有形之物。

⑨ 究：穷尽，终极。

⑩ 冲和气：冲和之气，指真气、元气。语本《老子》第四十二章：“万物负阴而抱阳，冲气以为和。”

译文

先生列子说：“过去圣人根据阴阳二气的变化来考察天地万物的内在之理。既然说有形的事物是从无形的事物产生出来的，那么有形的天地万物是怎样从无形中产生的呢？应该说：天地万物的产生要经过太易、太初、太始、太素这四个阶段。所谓太易，是指没有出现元气时的状态；所谓太初，是指元气开始出现时的状态；所谓太始，是指事物的外形开始出现时的状态；所谓太素，是指事物的性质开始形成时的状态。元气、外形、性质虽都已具备但尚未分离的时候，这种状态叫作混沌。所谓混沌，就是说万物尚处于浑然一体没有分开的状态。处于这种状态下的各个事物，看不见，听不到，摸不着，所以称之为易。处于易的阶段，还不存在各个事物的具体外形。易变化而成为一，一变化而成为七，七变化而成为九。九是变化的终极，然后又重新变化而成为一。一是形状变化的开始，从此时开始，清澈轻飘之气向上浮起变成了天，混浊沉重之气向下沉淀变成了地，而中间的元气则成为人，所以天地蕴含了阴阳二气的精华，万物也由此开始了发展变化的过程。”

子列子曰：“天地无全功，圣人无全能，万物无全用。故天职生覆[①]，地职形载，圣职教化，物职所宜[②]。然则天有所短，地有所长，圣有所否[③]，物有所通。何则？生覆者不能形载，形载者不能教化，教化者不能违所宜，宜定者不出所位。故天地之道，非阴则阳；圣人之教，非仁则义；万物之宜，非柔则刚。此皆随所宜而不能出所位者也。故有生者，有生生者；有形者，有形形者；有声者，有声声者；有色者，有色色者；有味者，有味味者。生之所生者死矣，而生生者未尝终；形之所形者实矣，而形形者未尝有；声之所声者闻矣，而声声者未尝发；色之所色者彰矣，而色色者未尝显；味之所味者尝矣，而味味者未尝呈[④]：皆无为之职也。能阴能阳，能柔能刚，能短能长，能员能方[⑤]，能生能死，能暑能凉，能浮能沈[⑥]，能宫能商[⑦]，能出能没，能玄能黄[⑧]，能甘能苦，能羶能香。无知也，无能也，而无不知也，而无不能也。[⑨]”

注释

①职：职责；负责。覆：覆盖。

②宜：合适；适宜。

③否 pǐ：闭塞；阻隔不通，即局限。

④呈：呈现；显露。

⑤员：同“圆”。

⑥沈 chén：同“沉”。

⑦宫、商：五音中的宫音与商音。

⑧玄：黑色。

⑨无知也，无能也，而无不知也，而无不能也：钱钟书引晁迥《法藏碎金录》卷二：“古德云：‘有所知者，有所不知，无所知者，无所不知。’上八字有似夜有其烛，烛不及而有所不见；下八字有似昼无其烛，烛不用而无所不见。”

译文

先生列子说：“天地也没有十全的功能，圣人也不是任何事都能做，万物也不可能具备完美无缺的功用。所以天的职责只是产生和覆盖万物，地的职责只是使万物成形并承载它们，圣人的职责只是教导感化民众，器物的职责只是要适合人们使用的需要。如此说来，天也有短处，地也有长处，圣人也有他的局限，万物也有相通的功用。什么原因呢？就是因为能生长覆盖万物的天却不能使之成形并承载它们，而能使万物成形并承载它们的地却不能教导感化它们，能教导感化万物的圣人也难以违逆事物自身的本性，事物自身所应具有的功用既已确定，就不能再超越它所能发挥的功用范围。所以天地存在与变化的表现，只能以单一的形式出现，不是阴就是阳；圣人用以进行教化的方式，不是仁就是义；万物所应具有的本性，不是柔就是刚。这些都是各依其所应当具备的性质而存在的，不能超越其所能发挥的作用。所以既有被产生的事物，就有使之产生的事物；既有事物的形状，就有使形状形成的事物；既有事物的声音，就有使声音发出的事物；既有事物的颜色，就有使颜色表现出来的事物；既有事物的滋味，就有使滋味呈现出来的事物。被产生的事物已经死亡了，但使之产生的事物却未曾终止存在；事物的形状已经具备了，但赋予其形状的事物本身却不曾具有形状；事物所发出的声音已经被听到了，但使之发出声音的事物本身却不曾发声；事物的颜色已经显明地呈现了，但使之显现颜色的事物自身却并不呈现任何颜色；事物的滋味已经被品尝到了，但使之产生滋味的事物却并不曾散发出任何滋味：所有上述这些事物与现象的产生，都是无为的结果。所以，正是那无为的‘道’，才使万事万物具备了阴与阳、柔与刚、短与长、圆与方、生与死、热与冷、浮与沉、宫与商、出与没、黑与黄、甘与苦、羶与香等等的各种特性。道虽然没有知觉，也没有能力，却又无所不知，无所不能。”

子列子适卫，食于道，从者见百岁髑髅[1]，攓蓬而指[2]，顾谓弟子百丰曰："唯予与彼知而未尝生未尝死也。此过养乎[3]？此过欢乎？种有几[4]：若蛙为鹑[5]，得水为㡭[6]。得水土之际，则为蛙蠙之衣[7]。生于陵屯[8]，则为陵舄[9]。陵舄得郁栖[10]，则为乌足[11]。乌足之根为蛴螬[12]，其叶为胡蝶。胡蝶胥也化而为虫[13]，生灶下，其状若脱[14]，其名曰鸲掇[15]。鸲掇千日化而为鸟，其名曰干余骨。干余骨之沫为斯弥[16]，斯弥为食醯颐辂[17]。食醯颐辂生乎食醯黄軦[18]，食醯黄軦生乎九猷[19]，九猷生乎瞀芮[20]，瞀芮生乎腐蠸[21]。羊肝化为地皋[22]，马血之为转邻也[23]，人血之为野火也。鹞之为鹯[24]，鹯之为布谷，布谷久复为鹞也。燕之为蛤也[25]，田鼠之为鹑也，朽瓜之为鱼也，老韭之为苋也，老羭之为猨也[26]，鱼卵之为虫。亶爰之兽自孕而生曰类[27]，河泽之鸟视而生曰鶂[28]。纯雌其名大腰[29]，纯雄其名稺蜂[30]。思士不妻而感，思女不夫而孕[31]。后稷生乎巨迹[32]，伊尹生乎空桑[33]。厥昭生乎湿[34]，醯鸡生乎酒[35]。羊奚比乎不笋[36]，久竹生青宁[37]，青宁生程[38]，程生马[39]，马生人[40]，人久入于机[41]。万物皆出于机，皆入于机。"

注释

①食于道，从者见百岁髑髅：此句文意似欠通顺。陶鸿庆《读列子札记》："列子因见髑髅，攓蓬而

指，以示弟子百丰，不当言‘从者’。《庄子·秋水》作‘从见百岁髑髅’，无‘者’字，当从之。”杨伯峻说：“从，当依《释文》作‘徒’，字之误也。……郭庆藩《庄子集释·至乐篇注》：‘《列子·天瑞篇》正作食于道徒’，是郭所见《列子》有作‘徒’者矣，当据改。‘者’字后人所加。”司马彪：“徒，道旁也；一本或作从。”《庄子·至乐》作“列子行食于道从”。按：《列子》此节完全取于《庄子·至乐》的结尾，铺张增饰而成此文。

② 攓 qiān 蓬：拔出蓬蒿。攓，同“搴”。

③ 过养：果真值得忧虑。过，“果”的假借字。养，“恙”的通假字，忧虑。

④ 种有几：种，物种，指万事万物。几，当读作“机”，即下文结语“万物皆出于机，皆入于机”之“机”。

⑤ 若蛙 wā 为鹑：语出《墨子·经说上》。鹑，蛤蟆，青蛙和蟾蜍的总称。《淮南子·齐俗训》：“夫虾蟆为鹑。”虾蟆也作蛤蟆。

⑥ 𢇍 jì：同“继”。此处为名词，表示一种生长于水中的草，即水舄，寸寸有节，拔之可复生，故称之为“继”。

⑦ 蛙蠙 pín 之衣：青苔，俗称蛤蟆衣。蠙，一种产珍珠的蚌。

⑧ 陵屯：地势高而洁净的地方。

⑨ 陵舄 xì：即车前草。舄，今作“舄”。生于水中者

为水舄（也称泽舄），生于陆上者为陵舄，俗称车前草。

⑩郁栖：粪土。

⑪乌足：草名。

⑫蛴螬 qícáo：金龟子的幼虫，白色，圆柱状，向腹面弯曲。生活在土里，以植物的根和茎为食。在不同的地区有地蚕、土蚕、核桃虫等俗称。

⑬胥：很快。

⑭脱：蜕皮。

⑮鸲掇 qúduō：虫名。疑即俗称之“灶马”。段成式《酉阳杂俎》卷十七《虫篇》：“灶马，状如促织，稍大，脚长，好穴于灶侧。俗言灶有马，足食之兆。”

⑯斯弥：虫名。

⑰食醯 xī 颐辂 lù：醯，醋。颐辂，虫名。古人以为是醋上的白霉所变。

⑱黄軦 kuàng：虫名。

⑲九猷：虫名。

⑳瞀 mào 芮：虫名。

㉑腐蠸 quán：虫名，即萤火虫。

㉒地皋：杨伯峻案：刘汝霖曾语我曰：“地皋”应作“地膏”，膏血连文，故地膏即地血。《说文》及《尔雅翼》：茹藘，人血所生，故一名地血。本草，茜根可以染绛，一名地血。盖古人以茜根可染红色，遂以为动物膏血所化。

㉓马血之为转邻：应作“马血之转为邻”。邻，即“磷”，磷火。

㉔鹞 yào：一种凶猛的鸟，像鹰，比鹰小，捕食小鸟，通常称鹞鹰、鹞子。鹯 zhān：古书上指一种猛禽。

㉕蛤：即蛤蜊，生活在浅海泥沙中的有壳软体动物。《释文》引《家语》：“冬则燕雀入海化为蛤。”又引《周书》：“雀入大水化为蛤。”

㉖羭 yú：母羊。猨 yuán：同“猿”。

㉗亶爰 chányuán：传说中的山名。《山海经·南山经》：“又东四百里，曰亶爰之山，多水，无草木，不可以上。有兽焉，其状如狸而有发，其名曰类，自为牝牡，食者不妒。”

㉘鶂 yì：鸟名，也作“鹢”。《庄子·天运》：“夫白鶂之相视，眸子不运而风化。”

㉙大腰：张湛注：“大腰，龟鳖之类也。”

㉚稺 zhì：同“稚”，细小。

㉛思士不妻而感，思女不夫而孕：张湛注：“《大荒经》曰：‘有思幽之国，思士不妻，思女不夫。精气潜感，不假交接而生子也。’此亦白鶂之类也。”按：张湛注见《山海经·大荒东经》，原文作：“有司幽之国。帝俊生晏龙，晏龙生司幽，司幽生思士，不妻；思女，不夫。”

㉜后稷生乎巨迹：张湛注：“传记云：高辛氏之妃名姜原，见大人迹，好而履之，如有人理感己者，遂孕，因生后稷。长而贤，乃为尧佐。即周祖也。”

㉝伊尹生乎空桑：张湛注："传记曰：伊尹母居伊水之上，既孕，梦有神告之曰：'臼水出而东走，无顾！'明日视臼出水，告其邻，东走，十里而顾，其邑尽为水，身因化空桑。有莘氏女子采桑，得婴儿于空桑之中，故命之曰伊尹，而献其君。令庖人养之。长而贤，为殷汤相。"

㉞厥昭：即蠼蛁，蜻蛉虫的别名，井中之虫。《晋书·束皙传》："羽族翔林，蠼蛁赴湿。"《玉篇》："蠼，井中虫。"

㉟醯鸡：蠛蠓 mièméng，即蠓虫。古人误以为由醋或变酸的酒上的白霉所变。张湛注："此因酸气而生。"

㊱羊奚：草名，根似笋。比：同"毗"，毗邻。不笋：不生笋的竹子，即下文的"久竹"。《庄子·至乐》作"箰"，即笋。

㊲久竹：不生笋的老竹子。青宁：虫名。

㊳程：《释文》引《尸子》："程，中国谓之豹，越人谓之貘。"

㊴程生马：沈括《梦溪笔谈》卷三《辨证一·虎豹为程》："《庄子》：'程生马。'尝观文子注：'秦人谓豹曰程。'予至延州，人至今谓虎豹为'程'，盖言'虫'也，方言如此，抑亦旧俗也。"

㊵马生人：当为神怪之谈和谶纬之说。《搜神记》卷六："秦孝公二十一年，有马生人。昭王二十年，牡马生子而死。刘向以为皆马祸也。"杨伯峻引蒋

超伯《南濵楛语》："疑皆草木异名，如黑鹅马夫之类。"

㊶人久入于机：《庄子·至乐》作"人又反入于机"。"久"疑为"又"之形误。机，本义为枢纽、机关。在这里代表"无"。意为万物皆出于无，最终又复归于无。

译文

先生列子到卫国去，途中吃饭的时候，看见道旁有一具百年骷髅。列子拨开蓬草，指着它，回头对弟子百丰说："只有我和这具枯骨懂得万物既没有生，也没有死的道理。死果真值得忧愁吗？生果真使人快乐吗？万物历经变化之后，最终都要复归于无：比如青蛙变成蛤蟆；鶨生于水中就变成了𪁪；到了有水土的潮湿之处，就变成了青苔；如果生长在干爽洁净的高地上，就变成车前草了。车前草遇到粪土又变成了乌足草。乌足草的根变成了地蚕，叶子变成了蝴蝶。蝴蝶很快就又变成虫子，这种虫生长于炉灶之下，外表好像蜕过皮一样，它的名字叫鸲掇。鸲掇过了一千天，又变成为鸟，名字叫干余骨。干余骨的唾沫变成斯弥虫，斯弥虫又变成了专吃醋的颐辂虫。颐辂虫又生出醋上的黄軦虫，黄軦虫又生出了九猷虫，九猷虫又生出了瞀芮虫，瞀芮虫又生出了萤火虫。羊肝变化为地血，马血变化成为磷火，人血则变化成为野火。鹞鸟变成鹯鸟，鹯鸟又变成布谷鸟，布谷鸟时间长了又反过来变为鹞鸟。燕子变成蛤蝌，田鼠变成鹌鹑，腐烂的瓜变成鱼，老韭菜变成苋菜，老母羊变成猿猴，鱼的卵又变成虫子。亶爰山之兽名叫类，能自己怀孕生育，河泽中的鶂鸟雌雄定睛凝视就能生育。龟鳖之类的动物都是雌性的，而细腰蜂之类的动物则都是雄性的。司幽国的男人不娶妻子就能受胎，女人不嫁丈夫即可怀孕。后稷生于巨人的脚印，伊尹生于空旷的桑林。蠛蠓生长在潮湿之处，蠛蠓生长在酒醋之中。羊奚草如果与不长笋的竹子毗邻而生，竹子老了就会生出青宁虫，青宁虫生豹子，豹子生马，马又会生人，人最终又复归于无。万物都从无产生，最后又都复归于无。”

《黄帝书》曰：“形动不生形而生影，声动不生声而生响，无动不生无而生有。”形，必终者也[①]。天地终乎？与我偕终。终进乎[②]？不知也。道终乎本无始，进乎本不久[③]。有生则复于不生，有形则复于无形。不生者，非本不生者也；无形者，非本无形者也。生者，理之必终者也。终者不得不终，亦如生者之不得不生。而欲恒其生，画其终[④]，惑于数也[⑤]。精神者，天之分；骨骸者，地之分。属天清而散，属地浊而聚。精神离形，各归其真，故谓之鬼。鬼，归也，归其真宅。黄帝曰：“精神入其门，骨骸反其根，我尚何存？”[⑥]

注释

①形，必终者也：张湛注："聚则成形，散则为终，此世之所谓终始也。然则聚者以形实为始，以离散为终；散者以虚漠为始，以形实为终。故迭相与为终始，而理实无终无始者也。"

②进：为"尽"的同声通假字。张湛注："'进'当为'尽'。此书'尽'字例多作'进'也。"

③进乎本不久：张湛注："'久'当为'有'。无始故不终，无有故不尽。"

④画其终：止之使不终。画，阻止。

⑤数：即上文"生者必终"之理。

⑥自"精神者"至"我尚何存"：当为抄缀诸书而成：《礼记·郊特牲》："魂气归于天，形魄归于地。"又《汉书》卷六十七《杨王孙本传》："精神者天之有也，形骸者地之有也。精神离形，各归其真，故谓之鬼，鬼之为言归也。……乃得归土，就其真宅。"又《淮南子·精神训》："是故精神，天之有也；而骨骸者，地之有也。精神入其门，而骨骸反其根，我尚何存？……夫精神者，所受于天也；而形体者，所禀于地也。"又《论衡·论死篇》："人死精神升天，骸骨归土，故谓之鬼。鬼者，归也。"又《风俗通》卷九："夫死者，澌也；鬼者，归也。精神消越，骨肉归于土也。"分：当作"有"。

译文

《黄帝书》说：“形体动不产生形体而产生影子，声音动不产生声音而产生回响，无动不产生无而产生有。”有形之物是一定会终结的。天地会终结吗？和我一样也会有终结。终结有穷尽的时候吗？我不知道。道终结于原来没有开始的时候，完结于原来的无的状态。有生死的事物则回复到没有生死的状态，有形之物则将回归到无形的状态。没有生死的状态，并不是原来就没有生死；无形的状态，也并不是原来就无形。凡是产生出来的事物，按理是必定要终结的。该终结的事物不得不终结，就像该产生的事物不能不产生一样。而要想使它永远生存，制止它的终结，这就是不明白其中的道理。精神归天所有，骨骸归地所有。属于天的精神清澈而分散，属于地的形骸混浊而凝聚。精神离开了形骸之后，就各自回归到它真正的归宿，所以称它为鬼。鬼的意思就是回归，回归到它真正的归宿去。黄帝说：“精神已经进入它天上的家门了，而形骸也返回了它的地府，那么以前的我，究竟还在哪里呢？”

人自生至终，大化有四：婴孩也，少壮也，老耄也[①]，死亡也。其在婴孩，气专志一，和之至也，物不伤焉，德莫加焉。其在少壮，则血气飘溢，欲虑充起，物所攻焉，德故衰焉。其在老耄，则欲虑柔焉，体将休焉，物莫先焉。虽未及婴孩之全，方于少壮[②]，间矣[③]。其在死亡也，则之于息焉，反其极矣[④]。

注释

① 耄 mào：八九十岁的年纪，泛指老年。

② 方：相比；比较。

③ 间 xián：闲适；心平气和。

④ 极：即“出于机入于机”之“机”。

译文

人从出生到死亡，要经过四个大的变化阶段：即幼年、壮年、老年、死亡。在幼年阶段，人的精神凝聚，意志专注，身心状态最为和谐，不为各种欲望所累，这个阶段人的德性至高无上。到了壮年阶段，人的血气饱满，飘浮不定，充斥全身的各种欲望与思虑时时泛起，所以就必然会为欲望所累，德性也就渐渐开始下滑了。而到了老年阶段，人的欲望与思虑逐渐减退，身体衰弱，需要休养，已经没有争强好胜之心，也就不再受各种欲望的驱动了。此时人的德性虽然不如幼年时那样完美无缺，但与血气方刚的壮年阶段相比，性情却是趋于心平气和了。而到了死亡的时候，生命的过程已经完全终止，人就又回归到无的状态了。

孔子游于太山[①]，见荣启期行乎郕之野[②]，鹿裘带索[③]，鼓琴而歌。孔子问曰："先生所以乐，何也？"对曰："吾乐甚多：天生万物，唯人为贵。而吾得为人，是一乐也。男女之别，男尊女卑，故以男为贵。吾既得为男矣，是二乐也。人生有不见日月、不免襁褓者，吾既已行年九十矣，是三乐也。贫者士之常也，死者人之终也，处常得终[④]，当何忧哉[⑤]？"孔子曰："善乎！能自宽者也[⑥]。"

注释

①此节又见于《说苑·杂言》和《孔子家语·六本》，文句小异。"荣期三乐"的典故即出于此。太山：即泰山。

②郕 chéng：鲁国邑名。在今山东省宁阳县东北。

③鹿 cū 裘：粗劣的皮衣。鹿，同"粗"。

④处常得终：《说苑·杂言》作"处常待终"。

⑤当：杨伯峻："当读为尚。《史记·魏公子列传》：'使秦破大梁，而夷先王之宗庙，公子当何面目立天下乎？'当亦应读为尚，可以互证。"

⑥宽：宽慰。

译文

孔子在泰山游览，看见荣启期漫步在郕邑的郊外，身上穿着破旧的粗皮衣，腰间系着粗麻绳，一面弹琴，一面唱歌。孔子问道："老先生这么快乐，是因为什么啊？”荣启期回答说：“让我快乐的原因有很多啊。天生万物，各类繁多，可是只有人是最尊贵的。而我恰恰生而为人，这是让我快乐的第一个原因。人类中有男女之别，男子尊贵，女子卑贱，所以人类之中又以男子为贵。而我又恰恰生为男子，这是让我快乐的第二个原因。有的人刚刚出生，还没等见到太阳、月亮就死了，有的人还没有离开襁褓就夭亡了。而我现在都已经活到九十岁了，这就是让我快乐的第三个原因。贫穷对于士人来说是很正常的，死亡也是人所应有的最终结果，我安心处于正常的状态，来等待应有的结果，还有什么值得忧虑的呢？”孔子说：“说得好！你真是个善于自己宽慰自己的人。”

林类年且百岁①，底春被裘②，拾遗穗于故畦，并歌并进。孔子适卫，望之于野，顾谓弟子曰：“彼叟可与言者，试往讯之。”子贡请行③。逆之垅端④，面之而叹曰：“先生曾不悔乎？而行歌拾穗？”林类行不留，歌不辍。子贡叩之不已⑤，乃仰而应曰：“吾何悔邪？”子贡曰：“先生少不勤行，长不竞时，老无妻子，死期将至，亦有何乐而拾穗行歌乎？”林类笑曰：“吾之所以为乐，人皆有之，而反以为忧。少不勤行，长不竞时，故能寿若此，老无妻子，死期将至，故能乐若此。”子贡曰：“寿者人之情⑥，死者人之恶。子以死为乐，何也？”林类曰：“死之与生，一往一反。故死于是者，安知不生于彼？故吾知其不相若矣⑦？吾又安知营营而求生非惑乎⑧？亦又安知吾今之死不愈昔之生乎？”子贡闻之，不喻其意，还以告夫子。夫子曰：“吾知其可与言，果然；然彼得之而不尽者也。”

注释

①林类：张湛注：“书传无闻，盖古之隐者也。”且：将近。

②底：张湛注：“底，当也。”

③子贡：孔子弟子，姓端木，名赐，字子贡，卫国人。

④逆：迎。

⑤叩：询问。

⑥情：愿望。

⑦故吾知其不相若矣：此句与上下句的文义及句法均不连贯，疑有脱文。或应承上下句之句法为“故吾安知其不相若？”或当作“故吾知其相若矣”，方可文通意顺。

⑧营营：忙碌不停。

译文

林类快一百岁了，到春天还穿着破皮袄，在田地里拾麦穗，且边走边唱。孔子到卫国去，在野外看见了他，回头对弟子们说：“可以和那个老人谈谈话，你们谁去试着问问他。”子贡请求前往。子贡在田头迎上了林类，当面对他感叹道：“先生您没有后悔过吗？还这么边走边唱地拾麦穗？”林类脚不停步地走，还是唱个不停。子贡再三追问，他才仰起头应答：“我有什么可后悔的呢？”子贡说：“您少年的时候没有勤奋努力，长大以后又不积极向上，到老了连妻子儿女都没有，现在已经死到临头了，为何还这么快乐地一边拾麦穗一边唱歌呢？”林类笑着说：“我之所以快乐的根源，其实人人都有，但在他们那里却反倒成了悲伤的原因。我少年的时候没有勤奋努力，长大了又不积极向上，所以才能这样长寿。到老了没有妻子儿女之累，而且眼看就要死了，所以才能这样快乐。”子贡问道：“长寿是人人所希望的，死亡是谁都厌恶的。可您却把死亡当成快乐之事，为什么呢？”林类说：“死亡与出生，不过是一去一返的过程罢了。所以说如果现在死在这里，怎么就能知道以后不会又在别处出生呢？那么我怎么知道死和不死有什么不同呢？我又怎么知道仅仅为了活着而奔波忙碌就不是愚蠢糊涂呢？而且又怎么知道今天我死了就一定不会比以前我活着的时候更好呢？”子贡听了这些话，不明白是什么意思，就回来告诉了孔子。孔子说：“我就知道他是个值得与之对话的人，事实果然如此。他虽然悟得了生死之道，但在理解上并不是真正透彻的。”

子贡倦于学，告仲尼曰："愿有所息。"仲尼曰："生无所息。"子贡曰："然则赐息无所乎？"仲尼曰："有焉耳。望其圹，睪如也，宰如也，坟如也，鬲如也，则知所息矣。"子贡曰："大哉死乎！君子息焉，小人伏焉。"[①]仲尼曰："赐！汝知之矣。人胥知生之乐[②]，未知生之苦；知老之惫，未知老之佚[③]；知死之恶，未知死之息也[④]。晏子曰[⑤]：'善哉，古之有死也！仁者息焉，不仁者伏焉。'死也者，德之徼也[⑥]。古者谓死人为归人。夫言死人为归人，则生人为行人矣。行而不知归，失家者也。一人失家，一世非之；天下失家，莫知非焉。有人去乡土、离六亲、废家业、游于四方而不归者，何人哉？世必谓之为狂荡之人矣。又有人钟贤世[⑦]、矜巧能[⑧]、修名誉、夸张于世而不知己者，亦何人哉？世必以为智谋之士。此二者，胥失者也，而世与一不与一[⑨]。唯圣人知所与，知所去。"

注释

①自"子贡倦于学"至"小人伏焉"一段，见于《荀子·大略》。又见于《孔子家语·困誓》。圹kuàng：墓穴。睪gāo：同"皋"，高地。宰：山顶。鬲lì：古代的一种鼎，圆口，有三空心足。伏：当作"休"，休息，即死之义。

②胥：皆；都。

③佚：同"逸"，安乐，安闲。

④ 死之息：死就是休息。《庄子·大宗师》："大块载我以形，劳我以生，佚我以老，息我以死耳。"

⑤ 晏子：即晏婴，字平仲，春秋时齐国大夫。孔子所引晏子之语，见《晏子春秋·内篇谏上》。原文是："昔者上帝以人之殁为善，仁者息焉，不仁者伏焉。"

⑥ 德之徼 jiào：张湛注："德者，得也。徼者，归也。言各得其所归。"

⑦ 钟贤世：此三字皆为同声假借字。张湛注："'钟贤世'宜言'重形生'。意谓珍重有形之生。"

⑧ 矜 jīn：自夸。

⑨ 与 yǔ：赞许。

译文

子贡对学习感到有些疲倦了，就对孔子说："我希望能休息休息。"孔子说："人只要是还活着就没有可供休息之处。"子贡问："难道我连休息的地方都没有了吗？"孔子回答说："当然是有的。你往墓地那儿看，等到它像高地似的、像山顶似的、像坟墓似的、像倒扣的饭锅似的时候，你就知道应该在哪儿休息了。"子贡说："原来死有这样伟大啊！到那时候，君子可以休息，小人则倒卧不起了。"孔子说："端木赐啊，你终于明白什么叫休息了。人们都仅仅看到了活着的快乐，却不了解活着的痛苦；都只是看到了年老时的软弱无力，却没有看到老年的安闲舒适；都单单感到死是那样可恶可怕，却没有想到死其实就是休息。晏子说过：‘自古以来人人都有死，这实在是好事啊！待到那时，行仁的人休息了，不行仁的人倒地不起。’所谓死，就是人人各有所归。古时候把死人称为‘归人’。既然称死人为‘归人’，那么活着的人就是‘行人’了。总是在外面游走而不想着回家的人，就是把家给丢掉不要了。一个人如果弃家不顾，世人都会谴责他；全天下的人都弃家不顾，就不知道应该谴责谁了。如果一个人背井离乡、六亲不认、抛家弃业、四处游荡而有家不归，这是个怎样的人呢？世人一定会说他是个疯狂放荡的人。而一个人如果珍重身家性命、自负聪明能干、追求好名美誉、到处夸夸其谈而不知收敛，这又会是个怎样的人呢？世人一定会认为他是个足智多谋之士。这两种人其实都是没有所归的人，然而世人却赞许后者谴责前者。只有圣人才清楚究竟应该赞许谁和谴责谁。”

或谓子列子曰：“子奚贵虚[①]？”列子曰：“虚者无贵也。”子列子曰：“非其名也[②]。莫如静，莫如虚。静也虚也，得其居矣；取也与也，失其所矣。事之破砀而后有舞仁义者[③]，弗能复也。”

注释

①奚：何以。

②非其名也：张湛注：“事有实者，非假名而后得也。”

③ 砎huǐ：同“毁”。舞：舞弄。

译文

有人问先生列子：“您为什么要以虚为贵呢？”列子说：“虚本来就没有什么可贵的。”列子又说：“任何事物都不是先有其名后有其实。我之所以好虚，并不是为其名，而是因为唯有静和虚才是我所向往的境界。达到这个境界，我的精神就得到了真正的归宿；如果我总是追求名利，患得患失，那么我的精神就会失其所安了。要是等到人的真性彻底沦丧了才来舞弄那些仁义道德，到那时要想恢复也是不可能的。”

粥熊曰[①]：“运转亡已，天地密移[②]，畴觉之哉[③]？故物损于彼者盈于此，成于此者亏于彼。损盈成亏，随世随死[④]。往来相接，间不可省[⑤]，畴觉之哉？凡一气不顿进[⑥]，一形不顿亏[⑦]。亦不觉其成，亦不觉其亏。亦如人自世至老，貌色智态，亡日不异；皮肤爪发，随世随落，非婴孩时有停而不易也[⑧]。间不可觉，俟至后知。”

注释

① 粥yù熊：即鬻熊，相传为周文王之师，封于楚。著《鬻子》一书，早亡佚。今本《鬻子》二十二篇系后人所伪托。粥，同“鬻”。

②密移：即渐变；量变。钱钟书说："'密移'，乃渐移也，息息不停，累微得着，故曰：'间不可省、觉，不顿进、亏。'"

③畴：谁。

④世：即"生"的同声通假字。下文"自世至老""随世随落"之"世"也同此字。

⑤间：间隙。钱钟书说："'间'如《墨子·经》上'有间，中也；间，不及旁也'之'间'。"省xǐng：察觉。

⑥顿：立刻，突然。进：增加。

⑦亏：减少。

⑧停：保留。

译文

鬻熊说："运动变化的过程是始终不停的，天地万物都处于永不休止的渐变之中，有谁能察觉到这种渐变呢？所以说一个物体的量如果在彼时减少了，就会在此时有所增加；如果在这里出现了，就会在别处消失。减少和增加，出现和消失，随时生随时死，生与死同时发生。这种变化循环往复接连不断，连一点间隙都察觉不到，谁能感觉到这种连续不断的变化呢？总体说来，由元气到物体的变化过程都不是瞬间快速完成的，而有形物体由存在到不存在的过程也都不是突然就消失不见了。这种渐变异常微小，人们甚至感觉不到事物在逐渐形成，也感觉不到它在逐渐消失。这也如同一个人从出生到衰老的变化过程，人的外貌、神色、精力、体态，没有一天不在发生变化；人的皮肤、指甲、毛发，随时都在生长，也随时都在脱落，而不是像在婴儿阶段那样能够暂时保留不变。人的身体发生的这种渐变非常缓慢细微，我们自己甚至丝毫觉察不到，只有等到渐变累积为质变，外形发生了改变之后，才能察觉到发生了变化。”

杞国有人忧天地崩坠[①]，身亡所寄，废寝食者。又有忧彼之所忧者，因往晓之，曰：“天，积气耳，亡处亡气。若屈伸呼吸，终日在天中行止，奈何忧崩坠乎？”其人曰：“天果积气，日月星宿，不当坠耶？”晓之者曰：“日月星宿，亦积气中之有光耀者，只使坠[②]，亦不能有所中伤。”其人曰：“奈地坏何？”晓者曰：“地，积块耳[③]，充塞四虚，亡处亡块。若躇步跐蹈[④]，终日在地上行止，奈何忧其坏？”其人舍然大喜[⑤]，晓之者亦舍然大喜。长庐子闻而笑之曰[⑥]：“虹蜺也[⑦]，云雾也，风雨也，四时也，此积气之成乎天者也。山岳也，河海也，金石也，火木也，此积形之成乎地者也。知积气也，知积块也，奚谓不坏？夫天地，空中之一细物，有中之最巨者。难终难穷，此固然矣；难测难识，此固然矣。忧其坏者，诚为大远[⑧]；言其不坏者，亦为未是。天地不得不坏，则会归于坏。遇其坏时，奚为不忧哉？”子列子闻而笑曰："言天地坏者亦谬，言天地不坏者亦谬。坏与不坏，吾所不能知也。虽然，彼一也，此一也。故生不知死，死不知生；来不知去，去不知来。坏与不坏，吾何容心哉？"

注释

①杞 qǐ 国：周初分封的一个诸侯小国，姒姓，禹的后代。封地在今河南省杞县一带，公元前 445 年为楚国所灭。

②只使：即使。

③块：土地；大地。

④躇 chú 步跐蹈 cǐdǎo：此四字同义，皆为踩、踏的意思。

⑤舍然：即"释然"，放心地。

⑥长庐子：也作"长卢子"，楚国人，曾著书九篇，属道家一流。

⑦蜺 ní：同"霓"。在虹的外圈，又称副虹、雌虹、雌蜺。

⑧大 tài：古与"太"通。

译文

杞国有个人总是担心天塌地陷，到那时候自己无处躲藏，为此忧愁得睡不着觉，吃不下饭。又有一个人很替那个怕天塌地陷的人感到担忧，于是就前去说明道理，说："天不过是积聚在一起的气罢了，况且气无处不在。你一举一动都是在气里，呼出去的和吸进去的也都是气，你时刻都是生活在由气积聚而成的天之中，怎么还担心它会塌下来呢？”那人说：“如果天真是气积聚而成的，那日月星辰还不掉下来了吗？”向他解释的人说：“日月星辰也只是凝聚在一起而能发光的气而已，就算掉下来，也什么都不会砸着的。”那人又说：“那地要是陷下去可怎么办呢？”那个解释的人说：“地是大土块积聚在一起而成的，它把各处的空间都给充满了，无处不在。你时刻在踩着它，每天都在地上或行走或停留，干吗要担心它会陷下去呢？”那人终于放下心来，特别高兴；那个向他解释的人也终于放心了，而且非常高兴。长庐子听说后笑着说道：“诸如虹霓、云雾、风雨、四季之类，都是气在天上积聚而形成的。至于山岳、河海、金石、火木之类的有形之物，则是气在地上积聚而形成的。既然知道天是由气积聚而成，地是由土块积聚而成，怎么能说它们就一定不会毁灭呢？天和地在虚空之中也不过是微小之物而已，但在有形之物中却是最大的。万物从无到有，又从有到无，这个循环往复的变化过程难以终结，也难以穷尽，这是理所当然的；这种不间断的变化过程很难察觉，很难认识，这也是理所当然的。担心天会塌地会陷的人，确实大可不必，因为那个时候实在遥不可及；但是说天不会塌地不会陷的人，实际上他说的也不对。天和地不可能不毁灭，因为万物最终都是必然要归于毁灭的。如果有人赶上了天和地毁灭的时候，他怎么能不忧心忡忡呢？”先生列子听到了这些说法之后，笑着说道：“天地将会毁灭的说法是错误的，但天地不会毁灭的观点也是错误的。因为将来究竟是毁灭还是不毁灭，我们是无法知道的。尽管无法知其究竟，也不过是有毁灭或不毁灭这两种可能性而已。所以说人活着的时候无法知道死后之事，就像死了以后不知道生前之事一样；万物在形成的时候无法知道什么时候会消失，消失了之后也无法知道将来又会变化为何物。既然如此，将来天地毁灭也好不毁灭也罢，我又何必把这事放在心上呢？”

舜问乎烝曰①："道可得而有乎？”曰："汝身非汝有也，汝何得有夫道？”舜曰："吾身非吾有，孰有之哉？”曰："是天地之委形也②。生非汝有，是天地之委和也③。性命非汝有，是天地之委顺也④。孙子非汝有，是天地之委蜕也⑤。故行不知所往，处不知所持⑥，食不知所以⑦。天地强阳气也⑧，又胡可得而有邪？”

注释

①此节出自《庄子·知北游》："舜问乎丞曰：'道可得而有乎？'曰：'汝身非汝有也，汝何得有夫道？'舜曰：'吾身非吾有也，孰有之哉？'曰：'是天地之委形也。生非汝有，是天地之委和也；

性命非汝有，是天地之委顺也；子孙非汝有，是天地之委蜕也。故行不知所往，处不知所持，食不知所味。天地之强阳气也，又胡可得而有邪？'"烝：当作“丞”，舜师，一说为官名。

② 委：暂时托付。

③ 和：气之所和。即气的中和变化。

④ 顺：顺序；安排。

⑤ 蜕：蜕变，接连不断地变化。

⑥ 持：自持，控制自己。

⑦ 以：当作“味”。

⑧ 天地强阳气：当作“天地之强阳气”。强阳，运动。

译文

舜向丞问道：“道能够获得并且保有它吗？”丞回答说：“连你的身体都不归你自己所有，你还怎么能得到并且保有道呢？”舜说：“我的身体不归我自己所有，还能归谁所有呢？”丞说：“你的身体不过是天地所暂时托付于你的形体而已。你的生命也不是归你所有的，那是天地暂时托付于你的一团和气。你的命运也并非由你自己来决定，而是天地早就把变化顺序给安排好了。你的子孙后代也不是为你所有，而是天地所托付于你的连续变化。所以你行走的时候并不知道你要往哪儿去，你停留的时候也不知道你应该如何控制自己，你吃喝的时候也并不知道是什么滋味。天地万物都是气的运动变化的形式，你怎么能够得到并且保有它们呢？”

齐之国氏大富，宋之向氏大贫。自宋之齐，请其术。国氏告之曰："吾善为盗。始吾为盗也，一年而给[1]，二年而足，三年大穰[2]。自此以往，施及州闾[3]。"向氏大喜。喻其为盗之言，而不喻其为盗之道。遂踰垣凿室[4]，手目所及，亡不探也[5]。未及时[6]，以赃获罪，没其先居之财[7]。向氏以国氏之谬己也[8]，往而怨之。国氏曰："若为盗若何？"向氏言其状。国氏曰："嘻！若失为盗之道至此乎？今将告若矣。吾闻天有时，地有利。吾盗天地之时利，云雨之滂润[9]，山泽之产育，以生吾禾，殖吾稼[10]，筑吾垣，建吾舍。陆盗禽兽，水盗鱼鳖，亡非盗也。夫禾稼、土木、禽兽、鱼鳖，皆天之所生，岂吾之所有？然吾盗天而亡殃。夫金玉珍宝，谷帛财货，人之所聚，岂天之所与？若盗之而获罪，孰怨哉？"向氏大惑，以为国氏之重罔己也[11]，过东郭先生问焉[12]。东郭先生曰："若一身庸非盗乎[13]？盗阴阳之和以成若生，载若形；况外物而非盗哉？诚然，天地万物不相离也，仞而有之[14]，皆惑也。国氏之盗，公道也，故亡殃；若之盗，私心也，故得罪。有公私者，亦盗也；亡公私者，亦盗也。公公私私，天地之德。知天地之德者，孰为盗耶？孰为不盗耶？"

注释

①给：自给。

②穰 ránɡ：庄稼丰熟。此处指富有。

③闾：里巷。

④踰垣凿室：翻墙入室。踰，即“逾”，越过。垣，墙。凿，凿穿，打通。

⑤探：偷取。

⑥未及时：没多久。

⑦居：积蓄。

⑧谬：欺骗。

⑨滂润：浇灌。

⑩殖：同“植”，种植。

⑪罔：欺骗。

⑫过：拜访。

⑬庸：难道。

⑭仞 rèn：即“认”的同声假借字。

译文

齐国的国氏非常富有，宋国的向氏却很贫穷。向氏就从宋国来到齐国，向国氏请教致富的办法。国氏告诉他说：“我擅长偷盗。我刚开始偷盗的时候，只用了一年时间，就能够满足自己的需求；两年之后，我便比较富足了；三年之后，我就成了大富豪。从那以后，我就开始经常施舍乡里乡亲们。”向氏听了非常高兴。但他只是听明白了国氏所说的以偷盗致富的话，却没有听明白国氏所讲的以盗致富的人应该怎样做的话。向氏从此开始翻墙入室，只要是手能够得着的，眼睛能看见的，他没有不偷窃的。没过多久，向氏就因赃获罪，先前积累的财产也全都被没收了。向氏认为国氏把他给骗了，便去埋怨国氏。国氏问他："你是怎么做盗贼的？"向氏就一五一十地说了。国氏听完后说："唉！你原来竟是如此不懂得做盗贼的道理啊！现在让我来告诉你吧。据我所知，天有春夏秋冬四时，地有种类繁多的物产。我只盗取天地所能给予的东西，比如用来灌溉的天上雨水，山林水泽所出产的物种，我把它们偷来浇灌我的禾苗，种植我的庄稼，垒起我的院墙，盖造我的房屋。在陆地上我偷盗飞禽走兽，在水泊中我偷盗鱼鳖虾蟹，所有这些，我没有不偷盗的。而禾苗庄稼、土地树木、飞禽走兽、鱼鳖虾蟹，都是天地所出产的，难道是属于我所有的吗？但是我虽然偷盗天地所产之物，却没有遭受灾祸。至于那些金玉珍宝、钱财粮食布匹，则是人们自己所积聚的财产，哪里是天地所给的呢？你因为偷盗人家这些财产而获罪，那能怪谁呢？"向氏听了这些话，十分迷惑，以为国氏又是在骗他，就到东郭先生那里去请教。东郭先生说："你的整个身体难道不也是偷盗而来的吗？你偷盗了阴阳中和之气才成就了你的生命，承载了你的形体，更何况你的身外之物，哪一样不是偷盗而来的呢？实际上，天地万物都是不能相互分离的，如果你想把它们认作己有，那是愚蠢的想法。国氏偷盗的是天地所产，而又能施舍于人，这是公道，所以他才没有灾祸；而你偷盗的是私人之物，而且是出于致富的私心，所以才获罪。其实，偷盗天地之物与私人之物的是盗贼，不偷盗天地之物与私人之物的也是盗贼。对于天地来说，并不存在公与私的区别。如果明白了天地无所谓公私之分的道理，那么还有必要区分谁是盗贼、谁不是盗贼吗？”

黄帝第二

黄帝即位十有五年，喜天下戴己，养正命[①]，娱耳目，供鼻口，焦然肌色皯黣[②]，昏然五情爽惑[③]。又十有五年，忧天下之不治，竭聪明，进智力，营百姓[④]，焦然肌色皯黣，昏然五情爽惑。黄帝乃喟然赞曰："朕之过淫矣[⑤]。养一己其患如此，治万物其患如此。"于是放万机[⑥]，舍宫寝，去直侍[⑦]，彻钟悬[⑧]，减厨膳，退而间居大庭之馆[⑨]，斋心服形[⑩]，三月不亲政事。昼寝而梦，游于华胥氏之国。华胥氏之国在弇州之西，台州之北，不知斯齐国几千万里[⑪]，盖非舟车足力之所及，神游而已。其国无师长，自然而已。其民无嗜欲，自然而已。不知乐生，不知恶死，故无夭殇；不知亲己，不知疏物，故无爱憎；不知背逆，不知向顺，故无利害。都无所爱惜，都无所畏忌。入水不溺，入火不热。斫挞无伤痛[⑫]，指擿无痟痒[⑬]。乘空如履实，寝虚若处床。云雾不硋其视[⑭]，雷霆不乱其听，美恶不滑其心[⑮]，山谷不踬其步[⑯]，神行而已。黄帝既寤，怡然自得，召天老、力牧、太山稽[⑰]，告之曰："朕闲居三月，斋心服形，思有以养身治物之道，弗获其术。疲而睡，所梦若此。今知至道不可以情求矣。朕知之矣！朕得之矣！而不能以告若矣。"又二十有八年，天下大治，几若华胥氏之国，而帝登假[18]。百姓号之[19]，二百余年不辍。

注释

①正：当为“生”。

②皯黣 gǎnméi：皮肤枯槁灰暗。皯、黣，二字同义。

③五情：喜、怒、哀、乐、怨五种情感。爽惑：迷乱失常。

④营：治理。

⑤淫：深；严重。

⑥万机：当政者处理的各种重要事务。

⑦直：古通“值”。

⑧彻：“撤”的同声假借字。

⑨间 xián：同“闲”。

⑩斋心：祛除杂念，使心神凝寂。服形：服气，即吐纳真气，道家养生延年之术。

⑪斯齐：张湛注：“斯，离也。齐，中也。”

⑫斫 zhuó：刀砍。挞 tà：用鞭棍等打人。

⑬擿 zhì：搔；挠。痟 xiāo：疼痛。

⑭硋 ài：古同“碍”。

⑮滑 gǔ：“汩”的同声假借字，扰乱。

⑯踬 zhì：绊倒。

⑰天老、力牧、太山稽：张湛注：“三人，黄帝相也。”

⑱登假 xiá：也作“登遐”。古代帝王之死的讳称。《礼记·曲礼下》：“告丧曰天王登假。”孔颖达疏：

"登，上也；假，已也。言天子上升已矣，若仙去然也。"

⑲号 háo：大声哭。

译文

黄帝即位十五年之后，很为天下百姓对自己的拥戴感到高兴，于是他开始专心保养身体，以歌舞音乐娱悦耳目，以美味佳肴供口鼻之享，最终却把自己搞得形容憔悴、面色灰暗、头昏眼花、精神恍惚。又过了十五年，因担心天下治理不善，黄帝殚精竭虑、苦心操劳，为百姓经营谋划，结果又把自己劳累得形容憔悴、面色灰暗、头昏眼花、精神恍惚。黄帝这才感叹地说道："我的所作所为实在是大错特错了。本来是为了保养自己的身体，却反而病患缠身；而当我专心经营身外之物时，结果还是那个老样子。"于是他就丢下了那些繁重的政务，搬出了宫殿寝室，解除了侍奉左右的人员，撤掉了各种钟鼓乐器，削减了膳食供奉，离开宫殿到宫外的普通馆舍过安闲的生活，他摒弃了一切私心杂念，聚精会神地吐纳真气养生，三个月不过问任何政事。有一天，他白天睡觉的时候，梦见自己到华胥氏之国去游玩。华胥氏之国在弇州的西方，台州的北方，离中原不知道有几千万里，如果乘船、坐车或者步行，是到不了那地方的，只能是神游而已。在那个国家里，没有贵贱贤愚之分，人们都平等自然地相处。那里的人民也没有什么嗜好和欲望，一切都是顺其自然而已。他们不知道活着有多么快乐，也不知道死亡有多么可怕，所以没有人早年夭折；他们不懂得爱惜自身，也不懂得疏远外物，所以也就无所谓爱与憎；他们不知道什么是背叛，也不知道什么是忠顺，所以也就无所谓何为有利之事，何为有害之事。他们完全不知道应该爱惜什么，也根本不知道有什么是值得畏惧与忌讳的。他们在水中淹不死，到火里不感到热。即使是刀砍鞭打也感觉不到疼痛，指甲抓挠也是不痛不痒。他们在空中行走时就好像脚踏实地，在虚空里睡觉就好像睡在床上一样。云雾挡不住他们的视线，雷霆干扰不了他们的听觉，美丑不能扰乱他们的内心，山谷不能阻挡他们的脚步，只是精神在畅行无阻而已。黄帝醒来之后，感到非常愉快和满足，于是就召来天老、力牧和太山稽几位臣子，告诉他们说："我闲居了三个月，去除杂念，全神贯注吐纳真气，就是希望能悟得养身和治物之道，结果却一无所得。后来我疲倦地睡着了，就梦见了这些事。现在我才知道至高无上的道是不可能凭借人的情感来追求得到的。我终于明白了！我终于得到了！可是我却无法用语言来告诉你们。"又过了二十八年，天下终于实现大治，简直就像华胥氏之国一样太平安定，但黄帝却升天而去了，百姓们号啕大哭，此后二百多年，百姓们这种悲伤的心情也没有停止。

列姑射山在海河洲中[①]，山上有神人焉，吸风饮露，不食五谷；心如渊泉，形如处女；不偎不爱[②]，仙圣为之臣；不畏不怒，愿悫为之使[③]；不施不惠，而物自足；不聚不敛，而已无愆[④]。阴阳常调，日月常明，四时常若[⑤]，风雨常均，字育常时[⑥]，年谷常丰；而土无札伤[⑦]，人无夭恶，物无疵厉[⑧]，鬼无灵响焉[⑨]。

注释

①此节为截取《山海经·海内北经》《山海经·东山经》《庄子·逍遥游》之文并予以铺张增饰而成。列姑射 yè：《庄子·逍遥游》作“藐姑射”。

②偎：亲热。

③愿悫 què：忠厚老实。愿，忠厚。悫，诚实。

④愆 qiān：缺乏。

⑤若：顺。

⑥字：养。

⑦札 zhá 伤：灾害。

⑧疵厉：灾变。

⑨灵响：灵验。响，响应。

译文

列姑射山位于海河洲，山上住有神人，他们呼吸空气，饮用露水，不吃五谷杂粮；心境好似深泉之水，状貌犹如未出嫁的少女；虽然不亲不爱，却有神仙和圣人做他们的臣仆；虽然不威不怒，却有忠厚诚实的人供他们役使；虽然不施恩舍惠，但外物却自然丰足；虽然不去聚敛搜刮，自身所需却从不缺乏。阴阳常调和，日月常光明，四季有序，风调雨顺，按时养育，年年丰收；而且灾害不生，人不夭亡，物无损毁，鬼魅不兴。

列子师老商氏，友伯高子，进二子之道[①]，乘风而归。尹生闻之，从列子居，数月不省舍。因间请蕲其术者[②]，十反而十不告。尹生怼而请辞[③]，列子又不命[④]。尹生退。数月，意不已，又往从之。列子曰："汝何去来之频？"尹生曰："曩章戴有请于子[⑤]，子不我告，固有憾于子。今复脱然[⑥]，是以又来。"列子曰："曩吾以汝为达，今汝之鄙至此乎？姬[⑦]！将告汝所学于夫子者矣[⑧]。自吾之事夫子，友若人也[⑨]，三年之后，心不敢念是非，口不敢言利害，始得夫子一眄而已[⑩]。五年之后，心庚念是非[⑪]，口庚言利害，夫子始一解颜而笑。七年之后，从心之所念，庚无是非；从口之所言，庚无利害，夫子始一引吾并席而坐。九年之后，横心之所念[⑫]，横口之所言，亦不知我之是非利害欤，亦不知彼之是非利害欤；亦不知夫子之为我师，若人之为我友，内外进矣。而后眼如耳，耳如鼻，鼻如口，无不同也。心凝形释，骨肉都融。不觉形之所倚，足之所履，随风东西，犹木叶干壳。竟不知风乘我邪？我乘风乎？今女居先生之门[13]，曾未浃时[14]，而怼憾者再三。女之片体将气所不受，汝之一节将地所不载。履虚乘风，其可几乎[15]？”尹生甚怍[16]，屏息良久，不敢复言。

注释

①进："尽"的同声假借字。下文"内外进矣"之"进"亦同。

②间 xián：空闲。蕲 qí：祈求。

③怼 duì：怨恨。

④命：指示。

⑤章戴：尹生的名字。

⑥脱：解除。

⑦姬 jū："居"的同声假借字，即坐下来。下节同。

⑧夫子：即老商氏。

⑨若人：那个人，即伯高子。

⑩眄 miàn：斜着眼睛看。

⑪庚："更"的同声假借字。下同。

⑫横：放纵。钱钟书说："可参观《老子》卷第四章；苟假郭象语道之，七年'遣是非'，九年'又遣其遣'也。"

⑬女："汝"的假借字。下文"女之片体将气所不受"之"女"亦同。

⑭浃 jiā 时：一季。形容为时不长。浃，周匝，从头至尾。时，四时。

⑮几 jì：“冀”的同声假借字，希望。

⑯怍 zuò：惭愧。

译文

列子拜老商氏为师，与伯高子为好友，他把两人的本领都学到手之后，就乘风归家了。尹生听说以后，便来和列子住到一起，想跟他学习乘风之术，为此有好几个月都没有回去探家。只要一有机会，他就向列子请教乘风之术，如此反复十多次请教，列子都没有告诉他。尹生十分怨恨地向列子请求离开，而列子也不说什么，尹生就回家了。过了几个月之后，尹生仍然不死心，就又去跟随列子学习。列子问他：“你为什么要这么频繁地来来去去？”尹生说：“过去我曾向您请教，您却什么都不告诉我，所以我对您很不满。而现在我对您的不满已经没有了，所以又到您这来了。”列子说：“以前我把你当成一个明事达理的人，现在才知道你竟是如此的鄙陋无知。你坐下！我来告诉你以前我是怎么在我的老师那里学习的。从我拜老商氏为师、与伯高子为友开始，三年之中，我内心不敢存是非之念，口中不敢讲利害之言，即使如此，三年里，先生也不过只是斜着眼睛瞥我一下而已。两年之后，到了第五年，我的心里就比以前更多地考虑是非的问题，口中也更多地谈论利害之事了。到此时，先生也不过只是给了我一个笑脸而已。又过了两年，到了第七年之后，我已经任凭心念是非，而无所谓是与非之辨；任凭口言利害，而无所谓利与害之虑了。

到了这时，先生才叫我过去和他并坐在一起。此后又过了两年，到了第九年之后，我更是已经放任内心所念，放任口中所言，对于我自己来说，任何是非与利害都已经不存在了；我也不知道在别人那里还有没有是非和利害了。我甚至连老商氏是我的老师，伯高子是我的朋友都不知道了。我这时已经把我的自身和身外之物都忘得一干二净了。从那以后，我的眼睛就像耳朵一样能听，耳朵就像鼻子一样能嗅，鼻子就像嘴一样能言，这些器官的功能已经没有什么差别了。我的精神已经凝聚为一体，我的有形之身已经散而不存，我的骨肉已经全都融化。所以我感觉不到自己的身体在哪里，也感觉不到两脚踩着什么，我只是在随风四处飘荡，就像随风而飘的树叶和干壳一样。我竟然无法知道究竟是风在乘我而动呢，还是我在乘风而行。如今你来我的门下学习，前后也没有多长时间，就多次抱怨不满。真气不会接纳你哪怕是一点点的身体，大地也不会承载你哪怕是一小节的身躯。你还想要漫步在虚空之中，乘风而行，又怎么可能有希望达到呢？”尹生听了，非常惭愧，好长时间大气儿都不敢出，也没敢再说什么。

列子问关尹曰[①]：“至人潜行不空[②]，蹈火不热，行乎万物之上而不慄。请问何以至于此？”关尹曰：“是纯气之守也，非智巧果敢之列。姬！鱼语女[③]。凡有貌像声色者，皆物也。物与物何以相远也？夫奚足以至乎先？是色而已[4]。则物之造乎不形[5]，而止乎无所化，夫得是而穷之者，焉得而正焉[6]？彼将处乎不深之度[7]，而藏乎无端之纪，游乎万物之所终始。壹其性，养其气，含其德[8]，以通乎物之所造。夫若是者，其天守全，其神无郤[9]，物奚自入焉？夫醉者之坠于车也，虽疾不死。骨节与人同，而犯害与人异，其神全也。乘亦弗知也，坠亦弗知也，死生惊惧不入乎其胸，是故遻物而不慴[10]。彼得全于酒而犹若是，而况得全于天乎？圣人藏于天，故物莫之能伤也。”

注释

①此节全取自《庄子·达生》篇："子列子问关尹曰：'至人潜行不窒，蹈火不热，行乎万物之上而不栗。请问何以至于此？'关尹曰：'是纯气之守也，非知巧果敢之列。居，予语女！凡有貌象声色者，皆物也，物与物何以相远？夫奚足以至乎先？是形色而已。则物之造乎不形而止乎无所化，夫得是而穷之者，物焉得而止焉！彼将处乎不淫之度，而藏乎无端之纪，游乎万物之所终始，壹其性，养其气，合其德，以通乎万物之所造。夫若是者，其天守全，其神无郤，物奚自入焉？夫醉者之坠车，虽疾不死。骨节与人同而犯害与人异，其神全也。乘亦不知也，坠亦不知也，死生惊惧不入乎其胸中，是故遻物而不慴。彼得全于

酒而犹若是，而况得全于天乎？圣人藏于天，故莫之能伤也。'"

关尹：春秋时人，姓氏失考，旧说名喜，不确。传说他是周的函谷关令尹，后世以其官名称之为“关尹子”。相传老子西出函关，关守令尹因久慕其名，盛情款留，希求指教。老子为留《道德经》五千言，后骑牛西去。关守令尹研读老子之书，颇有心得，著《关尹子》一书，早已失传，今本《关尹子》一卷，九篇，为后人伪托之作。

② 至人：也作“真人”。道家指超凡脱俗、达到无我境界的人。空：据《庄子·达生》篇当作“窒”，窒息。

③ 鱼：据《庄子·达生》篇当作“予”，系同声假借字。

④ 据《庄子·达生》篇，“色”上脱“形”字。

⑤ 造：作；形成。

⑥ 正：据《庄子·达生》篇当作“止”。

⑦ 深：据《庄子·达生》篇当作“淫”。不淫之度，即恰如其分。

⑧ 舍：据《庄子·达生》篇当作“合”。

⑨ 郤 xì：古同“隙”，空隙。

⑩ 遻 wù：遇到。慴 shè：同“慑”，惧怕。

译文

列子向关尹问道：“达到无我境界的人潜行水中不会窒息，脚踏火上不觉得炽热，行走于万物之上而不恐惧。请问他们是怎么达到这种境界的？”关尹说：“这是因为他们能保守真气的缘故，而不是靠什么聪明、巧妙、果决、勇敢等等所能达到的。坐下来！我来告诉你吧。凡是有外表、形象、声音、色彩的东西，都属于物。物与物之间的差别为什么会那么大呢？是什么使有的物与其他的物相比与众不同呢？其实，那不过是外表和颜色的不同而已。而有形之物都开始于无形的状态，最终仍然要归结于无所谓变化的无形状态。如果仅仅根据物的形貌声色来探究变化的过程，又怎么可能得到变化的终极所在呢？达到无我境界的至人将会处于恰如其分的状态，隐藏于循环无尽的变化之中，神游于万物始终不停变化的过程里。使本性保持不变，真气得到培养，德合于天地，如此才能与万物相通无碍。如果能做到这样，那么就能形神完美结合，精神凝聚无间，外物又能从哪里得以进入呢？喝醉酒的人如果从车上跌落下来，虽然受伤却不至于死掉。他的身子骨和不喝酒的人一样，但他所受到的伤害却比不喝酒的人要轻，就是因为他精神完全凝为一体。坐在车上没有知觉，跌下车来也没有知觉，生死、惊恐、畏惧已经全都不在他的心上，所以即使遭遇到外物的撞击也不会感到害怕。他因为醉酒尚且能得以如此保全自己，更何况至人还可以得到来自于天的保全呢？圣人把自己藏于自然之中，所以任何外物都伤害不到他。”

列御寇为伯昏无人射[1]，引之盈贯[2]，措杯水其肘上[3]，发之，镝矢复沓[4]，方矢复寓[5]。当是时也，犹象人也[6]。伯昏无人曰："是射之射，非不射之射也[7]。当与汝登高山，履危石，临百仞之渊[8]，若能射乎？"于是无人遂登高山，履危石，临百仞之渊，背逡巡[9]，足二分垂在外[10]，揖御寇而进之[11]。御寇伏地，汗流至踵[12]。伯昏无人曰："夫至人者，上窥青天，下潜黄泉，挥斥八极[13]，神气不变。今汝怵然有恂目之志[14]，尔于中也殆矣夫[15]！"

注释

① 此节出自《庄子·田子方》："列御寇为伯昏无人射，引之盈贯，措杯水其肘上，发之，适矢复沓，方矢复寓。当是时，犹象人也。伯昏无人曰：'是射之射，非不射之射也。尝与汝登高山，履危石，临百仞之渊，若能射乎？'于是无人遂登高山，履危石，临百仞之渊，背逡巡，足二分垂在外，揖御寇而进之。御寇伏地，汗流至踵。伯昏无人曰：'夫至人者，上窥青天，下潜黄泉，挥斥八极，神气不变。今汝怵然有恂目之志，尔于中也殆矣夫！'"伯昏无人：《列子·天瑞》《庄子·列御寇》作"伯昏瞀人"，《庄子·德充符》《庄子·田子方》则作"伯昏无人"。字虽有异，但都是寓言假托的同一个人名，实无其人。昏，即暗，不可见。无，虚无。昏、无，都是道家对于万物本源的认识。

②引之盈贯：拉满弓。引，拉。盈，满。贯，古通“弯”，张满弓。

③措：放置。

④镝 dí 矢复沓 tà：后一支箭的箭头与前一支箭的箭尾几乎重合。形容发射的速度异常快。镝，箭头。沓，重合。

⑤方矢复寓：前一支箭刚刚射出，后一支箭已经又上弦。

⑥象人：即木偶、俑人之类，因其像人而非人，故称象人。

⑦是射之射，非不射之射：这是有心之射，而非无心之射。《庄子·田子方》成玄英疏：“言汝虽巧，仍是有心之射，非忘怀无心，不射之射也。”

⑧仞：古代以八尺或七尺为一仞。

⑨背逡巡：背对着深渊后退。逡巡，退却。

⑩足二分垂在外：脚有十分之二悬空。二分，一说是三分之二。

⑪揖：请。进：上前来。

⑫踵：脚后跟。

⑬挥斥：奔放；纵放。八极：八方。

⑭怵 chù：恐惧。恂：“眴 xuàn”的同声假借字，“眴”古通“眩”，眼花。志：“识”的同声假借字，标识，表现。

⑮尔于中也殆矣夫：你对于射箭一事还没有尽得其道。中，射中。这里指射箭。

译文

列御寇为伯昏无人表演射箭。他拉满了弓，拿弓的手臂上还放着满满的一杯水，然后把箭射了出去，接着连续快速发箭，前一支箭刚刚射出，后一支箭早已搭弓上弦。此时此刻，他全神贯注，身体就像木偶一样一动也不动。伯昏无人说："你射箭虽然技术高超，但你这只不过是有心之射，而不是无心之射。倘若我们一起登上高山，站在陡峭的岩石上，下面就是万丈深渊，你还能这样射箭吗？"于是伯昏无人就登上高山，站到了陡峭的岩石上，背对着万丈深渊，向后退步而行，直到双脚已有三分之二悬在空中了，这才向列子拱手作揖，请他上前来。列御寇见状，早已吓得趴在地上，汗水一直流到了脚后跟。伯昏无人说道："达到了无我境界的人，上可以明察青天，下可以深入黄泉，四面八方任其自由翱翔，精神凝而为一，毫不改变。而你今天却吓得浑身发抖、头晕目眩，看来你对于射箭一事还没有尽得其道呢。"

范氏有子曰子华，善养私名[①]，举国服之。有宠于晋君，不仕而居三卿之右[②]。目所偏视，晋国爵之；口所偏肥[③]，晋国黜之。游其庭者侔于朝[④]。子华使其侠客以智鄙相攻，强弱相凌[⑤]，虽伤破于前，不用介意。终日夜以此为戏乐，国殆成俗。禾生、子伯，范氏之上客，出行，经坰外[⑥]，宿于田更商丘开之舍[⑦]。中夜，禾生、子伯二人相与言子华之名势，能使存者亡，亡者存；富者贫，贫者富。商丘开先窘于饥寒，潜于牖北听之[⑧]。因假粮荷畚之子华之门[⑨]。子华之门徒皆世族也，缟衣乘轩[⑩]，缓步阔视。顾见商丘开年老力弱，面色黎黑，衣冠不检[⑪]，莫不眲之[⑫]。既而狎侮欺诒[⑬]，挡扰挨抌[⑭]，亡所不为。商丘开常无愠容，而诸客之技单[⑮]，惫于戏笑。遂与商丘开俱乘高台[⑯]，于众中谩言曰[⑰]："有能自投下者，赏百金。"众皆竞应。商丘开以为信然，遂先投下，形若飞鸟，扬于地，骪骨无砀[⑱]。范氏之党以为偶然，未讵怪也[⑲]。因复指河曲之淫隈曰[⑳]："彼中有宝珠，泳可得也。"商丘开复从而泳之。既出，果得珠焉。众昉同疑[㉑]。子华昉令豫肉食衣帛之次[㉒]。俄而范氏之藏大火。子华曰："若能入火取锦者，从所得多少赏若。"商丘开往无难色，入火往还，埃不漫[㉓]，身不焦。范氏之党以为有道，乃共谢之曰："吾不知子之有道而诞子[㉔]，吾不知子之神人而辱子。子其愚我也，子其聋我也，子其盲我也。敢问其道。"商丘开曰："吾亡道。虽吾之心，亦不知所以。虽然，有一于此，试与子言之。曩子二客之宿吾舍也，闻誉范氏之势，能使存者亡，亡者存；富者贫，贫者富。吾诚之无二心，故不远而来。及来，以子党之言皆实也，唯恐诚之之不至，行之之不及，不知形体之所措[㉕]，利害之所存也，心一而已。物亡迕者[26]，如斯而已。今昉知子党之诞我，我内藏猜虑，外矜观听[27]，追幸昔日之不焦溺也，怛然内热[28]，惕然震悸矣[29]。水火岂复可近哉？”自此之后，范氏门徒路遇乞儿马医[30]，弗敢辱也，必下车而揖之。宰我闻之[31]，以告仲尼。仲尼曰：“汝弗知乎？夫至信之人，可以感物也。动天地，感鬼神，横六合[32]，而无逆者，岂但履危险、入水火而已哉！商丘开信伪物犹不逆，况彼我皆诚哉？小子识之[33]！”

注释

①私名：张湛注：“游侠之徒也。”许维遹：“‘名’疑为‘客’之坏字。注‘游侠之徒也’，则原文本作‘客’明矣。又下文‘子华使其侠客’。正承此而言。”

②三卿之右：三卿之上。三卿，春秋时期晋国的韩、魏、赵被称为三卿。古代的司徒、司马（汉改司马为太尉）、司空也称三卿。上卿、中卿、下卿也称三卿。右，古代以右为尊。

③肥：“非”的同声假借字，非难，攻击。

④侔 móu：齐；相等。

⑤凌：搏击。

⑥坰 jiōng：离城远的郊野。

⑦更：当作“叟”。田叟，种地的老头儿。

⑧牖 yǒu：窗户。

⑨假：借。荷 hè：背或扛。畚 běn：畚箕；竹筐。

⑩缟 gǎo 衣：绢或绸制成的衣服。轩：古代一种前顶较高而有帷幕的车子，供大夫以上乘坐。

⑪检：整齐。

⑫眲 nè：轻视。

⑬狎侮：轻慢戏弄。诒 dài：欺诈。

⑭攩拯 bì 挨扰 dǎn：前推后打。攩，捶打。拯，推击。挨，以手击背。扰，猛击。

⑮单：同“殚”，尽。

⑯乘：登。

⑰谩言：信口开河地说。

⑱肌：同“肌”。砾 huǐ：同“毁”。

⑲讵 jù：同“巨”，大。

⑳浫 shēn：水深。隈：拐弯处。

㉑昉 fǎng：开始。

㉒豫：“与”的同声假借字。加入。次：行列。

㉓埃：当作“焕 āi”，烈火。

㉔诞：欺负。

㉕措：安置。

㉖迕 wǔ：逆；违背。

㉗矜：顾虑。

㉘怛 dá：惊惧。

㉙惕：害怕。

㉚乞儿马医：旧时乞丐和马医都属于地位卑贱的人。

㉛宰我：孔子弟子，名予，字子我。

㉜横：纵横；来去自如。六合：上下四方，指天地或

宇宙之间。

㉝识 zhì：记住。

译文

范氏家族有个儿子叫子华，以自家蓄养侠客著称，国人都很佩服他。他深得晋国国君的宠幸，虽然没有做官，地位却远在三卿之上。谁如果得到了他的青睐，国君就会给谁加官晋爵；谁如果被他非难攻击，国君就会罢免谁的官职。奔走于他的门下的人几乎和奔走于朝廷的人一样多。子华命令其侠客聪明者与愚笨者相互搏击，强壮者与瘦弱者互相凌辱，即使受伤流血倒在他面前，他也毫不在意。他夜以继日地以此游戏取乐，这种方式几乎成了全国的时尚。禾生和子伯是范家两个尊贵的侠客，有一次，他们外出游玩，路过荒郊野外，寄宿在老农商丘开的家里。半夜的时候，禾生和子伯两人你一言我一语地谈论起子华的名声与势力，说他能使活着的人死去，让该死的人活下来；使富人变为穷人，穷人变为富人。商丘开过去一直处于饥寒交迫之中，他躲在屋北的窗外偷听到了他们的谈话。于是就借了点儿粮食，装在竹筐里背着，一路来到了子华家的大门前。子华的门客都是世家大族出身，他们都身着绸缎，乘坐高车，昂首阔步，趾高气扬。他们看到商丘开年老体弱，面色黧黑，衣冠不整，没有看得起他的。接着又戏弄羞辱欺骗他，对他前推后打，无所不用其极。可商丘开却一点也没有流露出生气的脸色。那些门客羞辱的手段用尽了，戏弄嘲笑得也很累了。于是他们就带着商丘开一起登上了一座高台，对着人群信口开河地说道："谁如果敢从这里跳下去，就赏给他黄金百两。"众人纷纷跃跃欲试。商丘开信以为真，就第一个跳了下去，只见他好像飞鸟展翅一般，飘飘悠悠地落到了地上，浑身骨肉毫发无损。范家的众门客还以为这纯属偶然，也就没有大惊小怪。于是又指着河湾的水深之处说："那水底有宝珠，你如果下去的话就能摸到。"商丘开又信以为真地跳进水里。等到游出水面后，他果然拿到了宝珠。大家这才开始感到疑惑不解，子华也终于允许他加入那些食肉穿绸的门客行列。没过多久，范家的仓库燃起了大火。子华说："如果你们谁敢钻进火里取出丝锦绸缎，只要能取出多少我就赏赐他多少。"商丘开听了，毫不迟疑地钻入火海之中，一连几个来回，烈火根本蔓延不到他的身上，身体一处烧伤也没有。范家的众门客都以为他有什么道术，就一齐向他道歉说："以前我们不知道您是有道术的人，曾经欺骗了您，我们不知道您是了不起的神人，曾经侮辱了您。您就把我们当成蠢货吧，您就把我们当作是聋子吧，您就把我们看作是瞎子吧。只是乞求您能教给我们您的道术。"商丘开说："我也没有什么道术。即使是我自己的内心也不清楚这究竟是怎么回事。尽管这样，我对此还是有一些感受的，就姑且对你们说说吧。以前你们中的两位侠客曾在我家住过，我听到他们夸赞范家的势力，说能让活着的人死，该死的人活下来；让富人成穷人，穷人变富人。我毫不怀疑地相信他们所说的话，所以就不怕路途遥远连忙赶过来了。等来了以后，我认为你们说的也都是实话，我唯恐我对你们的诚心不够，为你们做事行动不够快，根本不知道我的身体在哪里，也不知道什么对我有利什么对我有害，我只是全神贯注而已。任何外物都不会影响我对你们的诚信之心，一切都不过是如此罢了。今天我才知道你们原来是在欺骗我，结果使我现在内怀猜疑之心，外存视听之虑，一回想起过去自己侥幸没有被火烧焦，被水淹死，我就后怕得内心焦灼，恐惧得全身发抖。以后还怎么敢再靠近水火呢？”从此以后，范氏的门客在路上遇到那些乞丐和马医等地位卑微的人，就再也不敢侮辱他们了，反而一定要下车以礼相待。宰我听说了这件事后，把它告诉了孔子。孔子说：“你不知道吗？最诚信的人，是可以感动万物的。这种人可以影响天地，感动鬼神，自如来去于天地之间，而不会受到任何阻碍，岂止身临危险之境、出入于水火之中而已！商丘开相信说假话的人尚且行动不受阻碍，又何况你我都是注重诚信的人呢！你们一定要牢牢记住这一点！”

周宣王之牧正有役人梁鸯者①，能养野禽兽，委食于园庭之内②，虽虎狼雕鹗之类③，无不柔驯者。雄雌在前，孳尾成群④；异类杂居，不相搏噬也⑤。

王虑其术终于其身，令毛丘园传之。梁鸯曰："鸯，贱役也，何术以告尔？惧王之谓隐于尔也[6]，且一言我养虎之法。凡顺之则喜，逆之则怒，此有血气者之性也。然喜怒岂妄发哉？皆逆之所犯也。夫食虎者，不敢以生物与之，为其杀之之怒也；不敢以全物与之，为其碎之之怒也。时其饥饱，达其怒心。虎之与人异类，而媚养己者，顺也；故其杀之，逆也[7]。然则吾岂敢逆之使怒哉？亦不顺之使喜也。夫喜之复也必怒，怒之复也常喜，皆不中也[8]。今吾心无逆顺者也，则鸟兽之视吾，犹其侪也[9]。故游吾园者，不思高林旷泽；寝吾庭者，不愿深山幽谷，理使然也。"

注释

①周宣王：西周国王，姬姓，名静。厉王之子。公元前 827—前 782 年在位。牧正：古官名。牧官之长，主管畜牧。

②委食 sì：喂养。食，同"饲"。

③雕：一种猛禽，嘴呈钩状，视力很强，也称鹫。鹗 è：一种鸟，通称鱼鹰。背部褐色，头、颈和腹部白色，性凶猛，在树上或岩石上筑巢，常在水面上飞翔，捕食鱼类。

④孳尾：交配。

⑤噬：咬。

⑥隐：隐瞒。

⑦自“夫食虎者”至“故其杀之，逆也”一截取自《庄子·人间世》：“汝不知夫养虎者乎？不敢以生物与之，为其杀之之怒也；不敢以全物与之，为其决之之怒也；时其饥饱，达其怒心。虎之与人异类，而媚养己者，顺也；故其杀者，逆也。”时其饥饱：知道动物的饥饱之时。达其怒心：搞清楚动物发怒的原因。王叔岷说：“《淮南子·主术训》‘怒心’作‘怒恚’。‘怒恚’与‘饥饱’对言，当从之。‘心’盖‘恚’之坏字。”

⑧中：适中；适度。

⑨侪 chái：同类。

译文

周宣王的牧正手下有个仆役叫梁鸯，善于饲养野生的飞禽走兽，他在园林庭院中喂养它们，即使是凶猛如虎狼鹰雕之类的禽兽，也无不被他饲养得驯顺乖巧。在他的面前，这些禽兽雌雄成群，交配繁衍；各类不同的禽兽虽然杂居在一处，相互之间却并不殴斗撕咬。周宣王担心梁鸯死后他的饲养之术会失传，就派毛丘园跟从梁鸯学习以传承其饲养之术。梁鸯对毛丘园说：“我只不过是一个卑贱的仆役，哪里有什么专门技术可以告诉你？但我害怕大王怪罪我对你隐瞒不告，就姑且和你聊聊我饲养老虎的方法吧。顺从它，它就高兴；违拒它，它就发怒，这是有血气的动物的本性。但动物的高兴与愤怒难道是毫无缘由地表现出来的吗？其实都是因为触犯了它的习性才导致的结果。比如说饲养老虎吧，我不敢用活物去喂它，因为它在咬死活物时会发怒；我也不敢用整个的死物去喂它，因为它在撕碎死物时也会发怒。一定要知道它什么时候饿，什么时候饱，弄清楚它为什么会发怒。老虎与人不是同类，却讨好喂养它的人，就是因为喂养的人能顺从它的性情；那么如果它伤害人，就是因为人违逆了它的性情。所以我哪敢违逆它的性情使它发怒呢？但我也不能完全顺从它使它高兴。因为它高兴到了顶点之后一定会变为愤怒，而愤怒到了顶点之后也常常转为高兴，这都不是中和适度的状态。现在我的内心原本就无所谓违逆或顺从，所以鸟兽也就把我看成是它们的同类了。所以在我的园林中游玩的禽兽，不会再留恋树林旷野；在我的庭院里睡眠的禽兽，也不会再向往深山幽谷，这都是动物自身的顺逆本性使它们变成这样的。”

颜回问乎仲尼曰[①]：“吾尝济乎觞深之渊矣[②]，津人操舟若神[③]。吾问焉，曰：‘操舟可学邪？’曰：‘可。能游者可教也，善游者数能[④]。乃若夫没人[⑤]，则未尝见舟而谡操之者也[⑥]。’吾问焉，而不告。敢问何谓也？”仲尼曰：“譆[⑦]！吾与若玩其文也久矣[⑧]，而未达其实，而固且道与[⑨]？‘能游者可教也’，轻水也[⑩]；‘善游者之数能也’，忘水也[⑪]。‘乃若夫没人之未尝见舟也而谡操之也’，彼视渊若陵，视舟之覆犹其车却也[12]。覆却万物方陈乎前而不得入其舍[13]，恶往而不暇[14]？以瓦抠者巧[15]，以钩抠者惮[16]，以黄金抠者惛[17]。巧一也，而有所矜[18]，则重外也。凡重外者拙内[19]。”

注释

①此节出自《庄子·达生》：颜渊问仲尼曰："吾尝济乎觞深之渊，津人操舟若神。吾问焉，曰：'操舟可学邪？'曰：'可。善游者数能。若乃夫没人，则未尝见舟而便操之也。'吾问焉，而不吾告，敢问何谓也？"仲尼曰："'善游者数能'，忘水也。'若乃夫没人之未尝见舟而便操之也'，彼视渊若陵，视舟之覆犹其车却也。覆却万方陈乎前而不得入其舍，恶往而不暇！以瓦注者巧，以钩注者惮，以黄金注者殙。其巧一也，而有所矜，则重外也。凡外重者内拙。"

颜回：字子渊，鲁国人，孔子弟子。

②觞深：渊名。

③津人：摆渡的人；船夫。

④数能：先天之能；不用教就会。数，天数，天定。

⑤没人：潜水的人。

⑥谡 sù：站起来。

⑦譩 yī：同"噫"，感叹词。

⑧玩：玩味；琢磨。这里是探讨的意思。

⑨固且道与：此句疑有文字之误，"且"疑应作

"得"。张湛注："见操舟之可学，则是玩其文；未悟没者之自能，则是未至其实；今且为汝说之也。"陶鸿庆曰："张注'操舟之可学'云云，殊谬。仲尼之意，言吾与汝但玩习道理之文，而未尝取验于事实，固不足以知道也。下文'壶子曰：吾与汝无（俞氏以无为毌字之误，毌即贯习字）其文未既其实，而固得道与？'注引向秀曰：'夫实由文显，道以事彰'云云，正得其旨。疑此文'且'亦当作'得'，古文'导'字坏其下半，遂误为'且'矣。"

⑩轻水：不害怕水，但心中尚有水。

⑪忘水：心中已无水。

⑫却：倒退。

⑬物：据《庄子·达生》，"物"为衍字。舍：内心。

⑭恶往：无论什么。恶，同"乌"。暇：闲暇，从容无事。

⑮抠：赌注，筹码。《庄子·达生》作"注"。《吕氏春秋·有始览》作"投"。《淮南子·说林训》作"钍"。

⑯惮 dàn：害怕。

⑰惛 hūn：古同"昏"，迷乱，糊涂。《庄子·达生》作"殙"。

⑱矜：顾惜。

⑲重外者拙内：如果顾惜外物的轻重则内在的精神必然愚笨。

译文

颜回向孔子问道："有一次我乘船过觞深河的时候，看见摆渡的船夫撑船的技术简直是出神入化。我就问他：'撑船的技术能学吗？'他说：'当然是可以学的。游泳是可以教出来的，但善于游泳的人却不用教天生就会的。而潜水的人即使从未见过船，也能上来就会驾船。'我问他为什么，他却没有告诉我。请问先生他说的话是什么意思？"孔子说："唉！我和你共同探讨他们道家的学说已经很长时间了，却始终没有得到事实的验证，又怎么能够真正弄清道家之学的本义呢？那个船夫说'游泳是可以教出来的'，意思是说会游泳的人不害怕水，但在他的心中还是有水存在的。他说'善于游泳的人不用教天生就会'，意思是说在这种人的心中，水已经不存在了。他说'潜水的人即使从未见过船，也能上来就会驾船'，那意思是说这种人把深渊看成了山陵，把翻船看成了车子从山坡上后退。形形色色的船翻车退之事发生在他的眼前，他都根本不会放在心上，无论什么情况他都会显得悠闲自在若无其事一样。一个人如果用瓦片作赌注就会赌技高超，如果用银钩作赌注就会担惊受怕，而如果用黄金作赌注就要心乱神迷了。他的赌技虽然始终如一，但因顾惜赌注而使他顾虑重重，影响了赌技的正常发挥。这是由于他的心侧重在身外之物了。凡是重视身外之物的人，他的内在精神必然会为之牵累而愚蠢笨拙。"

孔子观于吕梁[①]，悬水三十仞，流沫三十里，鼋鼍鱼鳖之所不能游也[②]，见一丈夫游之，以为有苦而欲死者也，使弟子并流而承之[③]。数百步而出，被发行歌，而游于棠行[④]。孔子从而问之，曰："吕梁悬水三十仞，流沫三十里，鼋鼍鱼鳖所不能游，向吾见子道之[⑤]，以为有苦而欲死者，使弟子并流将承子。子出而被发行歌，吾以子为鬼也，察子则人也。请问蹈水有道乎？"曰："亡，吾无道。吾始乎故，长乎性，成乎命[⑥]。与齎俱入[⑦]，与汩偕出[⑧]，从水之道而不为私焉，此吾所以道之也。"孔子曰："何谓'始乎故，长乎性，成乎命'也？"曰："吾生于陵而安于陵，故也；长于水而安于水，性也；不知吾所以然而然，命也。"

注释

①此节出自《庄子·达生》：孔子观于吕梁，县水三十仞，流沫四十里，鼋鼍鱼鳖之所不能游也。见一丈夫游之，以为有苦而欲死也，使弟子并流而拯之。数百步而出，被发行歌而游于塘下。孔子从而问焉，曰："吾以子为鬼，察子则人也。请问蹈水有道乎？"曰："亡，吾无道。吾始乎故，长乎性，成乎命。与齐俱入，与汩偕出，从水之道而不为私焉。此吾所以蹈之也。"孔子曰："何

谓‘始乎故，长乎性，成乎命’？”曰：“吾生于陵而安于陵，故也；长于水而安于水，性也；不知吾所以然而然，命也。”《列子·说符》：“孔子自卫反鲁，息驾乎河梁而观焉……”实为同一事。吕梁：一说在江苏彭城（今徐州），一说在山西离石。《水经注》：“河水左合一水，出善无县故城西南八十里。其水西流，历于吕梁之山。而为吕梁洪。”

② 鼋 yuán：鼋鱼，也称元鱼、绿团鱼，一种较大的鳖。鼍 tuó：爬行动物，吻短，体长二米多，背部、尾部有鳞甲。穴居江河岸边，力大，性贪睡。也称扬子鳄、鼍龙，通称猪婆龙。

③ 并：依傍；顺着。承：“拯”的同声假借字，救。

④ 棠行：《庄子·达生》作“塘下”，岸下。

⑤ 道：“蹈”的同声假借字，这里是“游”的意思。

⑥ 始乎故，长乎性，成乎命：最初是习以为常，后来是顺水之性，最后是心领神会。

⑦ 赍：“齊（齐）”字之误，《庄子·达生》作“齐”，通“脐”，中心，中央，这里指漩涡。

⑧ 汩 gǔ：涌流。

译文

孔子在吕梁观光游览，只见瀑布高悬几十丈高，激流沫溅数十里远，鼋鼍鱼鳖都难以上游，忽然看见一个人在游泳，孔子以为他是遭遇困苦而想寻死的，便叫弟子顺着水流去救他。没有想到那个人潜入水下几百步远之后又浮出了水面，披头散发边游边唱地到了岸边。孔子跟上去问道："吕梁瀑布有几十丈高，激流溅沫数十里远，鼋鼍鱼鳖都难以上游，刚才我看见你在水里游来游去的，还以为你是因为痛苦想要寻死呢，就叫我的弟子顺着水流去救你。却没想到你又浮出了水面，披头散发地边游边唱，我还以为你是鬼呢，可仔细一看，原来是人。请问，游水有什么绝招吗？"他说："没有，我没有什么绝招。最初我游于水中是习以为常，后来就是顺着水的本性上下起伏，再后来就是心领神会不知不觉了。我和水面的漩涡一起潜入水下，又与水下的涌流一同浮出水面，我完全顺从水的自然本性而不是由着自己，这就是我游水的原则。"孔子又问："你所说的'最初我游于水中是习以为常，后来就是顺着水的本性上下起伏，再后来就是心领神会不知不觉了'究竟是什么意思？"那个人答道："我是在山区出生的，从小就安心住在山里，这就叫习以为常；我是水边长大的，所以就安心生活在水边，这就叫顺着水的自然本性；我也不知道自己是怎么会游泳的，这就叫心领神会不知不觉。"

仲尼适楚[①]，出于林中，见痀偻者承蜩[②]，犹掇之也。仲尼曰："子巧乎！有道邪？"曰："我有道也。五六月，累垸二而不坠[③]，则失者锱铢[④]；累三而不坠，则失者十一；累五而不坠，犹掇之也。吾处也[⑤]，若橛株驹[⑥]；吾执臂[⑦]，若槁木之枝。虽天地之大，万物之多，而唯蜩翼之知。吾不反不侧[⑧]，不以万物易蜩之翼，何为而不得？”孔子顾谓弟子曰：“用志不分，乃疑于神[⑨]。其痀偻丈人之谓乎！”丈人曰：“汝逢衣徒也[⑩]，亦何知问是乎？修汝所以[⑪]，而后载言其上[⑫]。”

注释

① 此节出自《庄子·达生》：仲尼适楚，出于林中，见痀偻者承蜩，犹掇之也。仲尼曰：“子巧乎！有道邪？”曰：“我有道也。五六月，累丸二而不坠，则失者锱铢；累三而不坠，则失者十一；累五而不坠，犹掇之也。吾处身也，若橛株枸；吾执臂也，若槁木之枝。虽天地之大，万物之多，而唯蜩翼之知。吾不反不侧，不以万物易蜩之翼，何为而不得？”孔子顾谓弟子曰：“用志不分，乃凝于神，其痀偻丈人之谓乎？”

② 痀偻 jūlóu：即佝偻，驼背，曲背。承蜩 tiáo：捕蝉。

③ 垸 wán：“丸”的同声假借字，泥丸。

④ 锱铢 zīzhū：古代重量单位，锱为一两的四分之一，铢为一两的二十四分之一。比喻极其微小的数量。

⑤ 据《庄子·达生》，“处”字下当脱“身”字。

⑥ 橛：短木桩。株驹：据《庄子·达生》当作“株枸”，枯树根。

⑦ 执臂：据《庄子·达生》篇“臂”下当有“也”

字，始与上文“吾处身也”的句法一致。以手执竿，抬起胳臂。

⑧不反不侧：纹丝不动。形容内心宁静，心无二念。反，反转。侧，侧转。

⑨疑：据《庄子·达生》当作“凝”，凝聚。

⑩逢衣：儒服。《礼记·儒行》篇：“丘少居鲁，衣逢掖之衣。长居宋，冠章甫之冠。”逢，宽大。

⑪修：修除；去掉。

⑫载：“再”的同声假借字。

译文

孔子在去往楚国的途中，经过一片树林，看见一位驼背老人在捕蝉，就好像捡东西一样容易。孔子问他：“您的技术可真高超啊！有什么诀窍吗？”老人答道：“我是有诀窍。在经过五六个月的训练之后，如果我在竿头上垒放两颗泥丸而不会掉下来，那么我捕蝉就很少有失手的时候了；如果垒放三颗而不会掉下来，那么失手的时候就只有十分之一；如果垒放五颗而不会掉下来，那么我捕蝉就跟捡东西一样容易了。我站在那里，身躯就像木橛和树桩；伸出执竿的手臂，就像干枯的树枝。即使天地再大，万物再多，我也只知道蝉翼的存在。我站在那里，纹丝不动。无论什么东西都取代不了我所关注的蝉翼，我怎么还会捕不到蝉呢？”听到这些话，孔子回头对弟子们说：“只有用心专一而不分散，才能做到聚精会神。这句话说的就是这位驼背老人啊！”老人说：“你这个穿宽袍大袖的人，怎么也知道问这种问题呢？你还是先放弃你的仁义之道，再来讲刚才那些话吧。”

海上之人有好沤鸟者[①]，每旦之海上，从沤鸟游，沤鸟之至者百住而不止[②]。其父曰：“吾闻沤鸟皆从汝游，汝取来，吾玩之。”明日之海上，沤鸟舞而不下也。故曰：至言去言，至为无为。齐智之所知[③]，则浅矣。

注释

①此节与《吕氏春秋·精谕》中的一节相同：“海上之人有好蜻者，每居海上，从蜻游，蜻之至者百数而不止，前后左右尽蜻也，终日玩之而不去。其父告之曰：‘闻蜻皆从女居，取而来，吾将玩之。’明日之海上，而蜻无至者矣……故至言去言，至为无为。浅智者之所争则末矣。”

沤 ōu：“鸥”的同声假借字，即海鸥。

②住：“数”字之误。

③齐：竞争。

译文

海边有个人非常喜欢海鸥，他每天早上都要去海边，跟海鸥在一起玩耍，海鸥纷纷飞来聚集在他的周围，多达数百只。他父亲说："我听说海鸥都喜欢跟你在一起玩耍，你抓一只来，给我玩玩。"第二天他又来到海边，海鸥虽然在空中不停地飞舞却不肯落下来。所以说："最好的语言是没有语言，最高的作为是没有作为。竭尽心智去竞争高低，那是见识鄙陋之人的行为。"

赵襄子率徒十万狩于中山[①]，藉芿燔林[②]，扇赫百里[③]。有一人从石壁中出，随烟烬上下，众谓鬼物。火过，徐行而出，若无所经涉者。襄子怪而留之，徐而察之。形色七窍，人也；气息音声，人也。问："奚道而处石？奚道而入火？"其人曰："奚物而谓石？奚物而谓火？"襄子曰："而向之所出者，石也；而向之所涉者，火也。"其人曰："不知也。"魏文侯闻之[④]，问子夏曰[⑤]："彼何人哉？"子夏曰："以商所闻夫子之言，和者大同于物，物无得伤阂者[⑥]，游金石，蹈水火，皆可也。"文侯曰："吾子奚不为之？"子夏曰："刳心去智[⑦]，商未之能。虽然，试语之有暇矣。"文侯曰："夫子奚不为之？"子夏曰："夫子能之而能不为者也。"文侯大说。

注释

①此节又见于张华《博物志》卷八：赵襄子率徒十万狩于中山，藉芳燔林，扇赫百里。有人从石壁中出，随烟上下，若无所之经涉者。襄子以为

物，徐察之，乃人也。问其奚道而处石，奚道而入火，其人曰："奚物为火？"襄子曰："不知也。"魏文侯闻之，问于子夏曰："彼何人哉？"子夏曰："以商所闻于夫子，和者同于物，物无得而伤，阂者游金石之间及蹈于水火皆可也。"文侯曰："吾子奚不为之？"子夏曰："刳心知智，商未能也。虽试语之，而即暇矣。"文侯曰："夫子奚不为之？"子夏曰："夫子能而不为。"文侯不悦。

赵襄子：名毋卹，一作无恤，卒谥襄，史称赵襄子，战国时期赵国的创始人，公元前457—前425年在位。中山：春秋时期为鲜虞国，战国时期为中山国，在今河北定州一带。

② 藉：践踏。艿 réng：乱草。燔 fán：焚烧。

③ 扇赫：火势猛烈。

④ 魏文侯：名斯，战国初魏国的国君，公元前445—前396年在位。

⑤ 子夏：姓卜，名商，字子夏，孔子的弟子。

⑥ 阂 hé：阻隔不通。

⑦ 刳 kū 心：道家指彻底澄清内心的杂念。刳，剖开并挖空。去智：摒弃心智。

译文

赵襄子率领十万人马在中山狩猎，草地被踏平，树林被焚毁，猛烈的大火一直蔓延到百里之外。忽然看见有个人从石壁中走了出来，又随着烟尘忽上忽下地飘动着，大家都以为是鬼。等到大火过去以后，那个人慢慢地走了出来，就好像什么事也没有经历过一样。赵襄子感到很奇怪，就留住了他。赵襄子仔细地上下打量着他，从他的形貌、脸色和五官七窍上看，是人；从他的声音气息上判断，也是人。于是问他："你是怎么身处石壁之内的？又是怎么进入烈火之中的？"那人却问道："什么叫石壁？什么叫烈火？"赵襄子说："你刚才出来的地方就是石壁，你刚才所穿涉而过的就是火焰。"那人说："这些我都不知道。"魏文侯听说了这事，就向子夏问道："那是个什么人啊？"子夏说："据我从孔子那里听来的说法，神定气和的人将与自然万物合而为一，他不会受到任何外物伤害与阻碍，在金石里畅行无阻，在水火中自由来去，这些都是能够做到的。"魏文侯又问："你为什么不这样做呢？"子夏说："澄清内心杂念，摒弃智慧聪明，这是我所做不到的。我虽然没有能力做到，但说说这种道理还是绰绰有余的。"魏文侯接着又问："孔子为什么不这样做呢？"子夏说："他老人家是可以做得到的，只是不愿意这样做。"魏文侯听了，非常高兴。

有神巫自齐来处于郑[①]，命曰季咸[②]，知人死生存亡，祸福寿夭，期以岁月旬日，如神。郑人见之，皆避而走。列子见之而心醉，而归以告壶丘子[③]，曰："始吾以夫子之道为至矣，则又有至焉者矣。"壶子曰："吾与汝无其文[4]，未既其实，而固得道与？众雌而无雄，而又奚卵焉？而以道与世抗，必信矣，夫故使人得而相汝。尝试与来，以予示之。"明日，列子与之见壶子。出而谓列子曰："譆[5]！子之先生死矣，弗活矣，不可以旬数矣。吾见怪焉，见湿灰焉[6]。"列子入，涕泣沾衿，以告壶子。壶子曰："向吾示之以地文[7]，罪乎不詪不止[8]，是殆见吾杜德几也[9]。尝又与来[10]！"明日，又与之见壶子。出而谓列子曰："幸矣，子之先生遇我也，有瘳矣[11]。灰然有生矣[12]，吾见杜权矣[13]。"列子入告壶子。壶子曰："向吾示之以天壤[14]，名实不入[15]，而机发于踵，此为杜权。是殆见吾善者几也[16]。尝又与来！"明日，又与之见壶子。出而谓列子曰："子之先生坐不斋[17]，吾无得而相焉。试斋，将且复相之。"列子入告壶子。壶子曰："向吾示之以太冲莫眹[18]，是殆见吾衡气几也[19]。鲵旋之潘为渊[20]，止水之潘为渊，流水之潘为渊，滥水之潘为渊[21]，沃水之潘为渊[22]，氿水之潘为渊[23]，雍水之潘为渊[24]，汧水之潘为渊[25]，肥水之潘为渊[26]，是为九渊焉[27]。尝又与来！"明日，又与之见壶子。立未定，自失而走[28]。壶子曰："追之！"列子追之而不及，反以报壶子，曰："已灭矣，已失矣，吾不及也。"壶子曰："向吾示之以未始出吾宗[29]。吾与之虚而猗移[30]，不知其谁何[31]。因以为茅靡[32]，因以为波流[33]，故逃也。"然后列子自以为未始学而归，三年不出，为其妻爨[34]，食狶如食人[35]，于事无亲[36]，雕瑑复朴[37]，块然独以其形立，份然而封戎[38]，壹以是终[39]。

注释

①此节出自《庄子·应帝王》：郑有神巫曰季咸，知人之死生存亡、祸福寿夭，期以岁月旬日若神。郑人见之，皆弃而走。列子见之而心醉，归以告壶子，曰："始吾以夫子之道为至矣，则又有至焉者矣。"壶子曰："吾与汝既其文，未既其实。而固得道与？众雌而无雄，而又奚卵焉！而以道与世亢，必信，夫故使人得而相汝。尝试与来，以予示之。"明日，列子与之见壶子。出而谓列子曰："嘻！子之先生死矣！弗活矣！不以旬数矣！吾见怪焉，见湿灰焉。"列子入，泣涕沾襟以告壶子。壶子曰："乡吾示之以地文，萌乎不震不止，是殆见吾杜德机也。尝又与来。"明日，又与之见壶子。出而谓列子曰："幸矣！子之先生遇我也，有瘳矣！全然有生矣！吾见其杜权矣！"列子入，以告壶子。壶子曰："乡吾示之以天壤，名实不入，而机发于踵。是殆见吾善者机也。尝又与来。"明日，又与之见壶子。出而谓列子曰："子之先生不齐，吾无得而相焉。试齐，且复相之。"列子入，以告壶子。壶子曰："吾乡示之以太冲莫胜，是殆见吾衡气机也。鲵桓之审为渊，止水之审为渊，流水之审为渊。渊有九名，此处三焉。尝又与来。"

明日，又与之见壶子。立未定，自失而走。壶子曰："追之！"列子追之不及。反以报壶子曰："已灭矣，已失矣，吾弗及已。"壶子曰："乡吾示之以未始出吾宗。吾与之虚而委蛇，不知其谁何，因以为弟靡，因以为波流，故逃也。"然后列子自以为未始学而归。三年不出，为其妻爨，食豕如食人，于事无与亲。雕琢复朴，块然独以其形立。纷而封哉，一以是终。

②命：通"名"。季咸：人名。

③壶丘子：即壶丘子林，列子之师。壶丘，姓。

④无：《庄子·应帝王》作"既"。王叔岷说："'吾与汝既其文，未既其实'，作'既'作'无'，义皆不明。上文颜回问津人操舟章作'吾与若玩其文也久矣，而未达其实'，'玩'字义长。疑'既'即'玩'之误，下'既'字亦当作'玩'。其作'无'者，'玩'坏为'元'，传写因易为'无'耳。"

⑤譆：同"嘻"。

⑥湿灰：湿灰不可复燃。比喻毫无生气，毫无希望。

⑦地文：大地的表象。形容心境寂静。文，表象。

⑧罪乎不诹 zhèn 不止：王叔岷说："犹云'生于不动不止'，正对上文'子之先生死矣'而言，意甚明白。"罪，《庄子·应帝王》作"萌"，生。诹，古同"震"，动。

⑨杜德几：杜塞生机。德几，即生机。几，"机"的同声假借字，生机。下同。

⑩尝："当"之误。下同。

⑪瘳 chōu：病愈；恢复元气。

⑫灰：《庄子·应帝王》作"全"。

⑬杜权：闭塞的生机有所活动。权，变动。

⑭天壤：与"地文"相对。指天地之间的生气。

⑮名实不入：名实不入于心。指任其自然。

⑯善者几：即生机；元气开始恢复。

⑰坐不斋：据《庄子·应帝王》，"坐"为衍字。斋，为"齐"字之误。不齐，神情变化不定，无法看相。

⑱太冲：即太虚，道家指极其虚静和谐的境界。莫：看不见；没有。眹 zhèn：通"朕"，征兆，迹象。

⑲衡气：指太虚之中阴阳未分、元气平衡的状态。

⑳鲵 ní：大鲸鱼。旋："桓"的同声假借字。盘桓，逗留。潘：当为"瀋"之误，同"渖 shěn"，深。下同。

㉑滥水：向上涌出的泉水。《尔雅·释水》："滥泉正出。正出，涌出也。"

㉒沃水：泉水自上浇注而下。《尔雅·释水》："沃泉县（悬）出。县出，下出也。"

㉓氿 guǐ 水：从侧面流出的泉水。《尔雅·释水》："氿泉穴出，穴出，仄（侧）出也。"

㉔雍水：河水决出后返入。《尔雅·释水》："灉（雍），反入。"

㉕汧 qiān 水：决堤而出之水。《尔雅·释水》："水决之泽为汧。"

㉖肥水：出于同源，流向不同的水。《尔雅·释水》："归异，出同流，肥。"

㉗九渊：马叙伦说："《黄帝》篇列九渊，《庄子·应帝王》唯举其三，他无所用。伪作者从《尔雅》补足，并举九渊，失其文旨。"

㉘失：惊慌失色。

㉙未始出吾宗：未曾表现出我的根本之道。杨伯峻说："'未始出吾宗'，即《庄子》'不离其宗'，《淮南子·览冥训》'未始出其宗'之意。"

㉚虚而猗移：《庄子·应帝王》作"虚而委蛇 wēiyí"，对他假意敷衍应酬。猗移，同"委蛇"，随顺，应付。

㉛不知其谁何：不知道我的究竟。

㉜茅靡：像草一样随风而倒，因而无定相可相。

㉝波流：像水一样随波逐流。

㉞爨 cuàn：烧火做饭。

㉟食 sì：同"饲"，喂养。豨 xī：古同"豨"，猪。

㊱于事无亲：于事无所偏私。

㊲雕瑑 zhuàn 复朴：尽去雕琢之物而返归于质朴；返璞归真。瑑，玉器上雕刻的凸起的花纹。

㊳忿 fēn 然而封戎：《庄子·应帝王》作"纷而封哉"。忿，同"纷"，纷繁复杂。封，持守，保守。戎，"哉"字之误。

㊴壹以是终：自始至终都是这样；始终如一。

译文

有一个神奇的巫师从齐国来到郑国居住，名字叫季咸，他能预测人的生死存亡和祸福夭寿，所预言的年月日，都准确如神。郑国人见了他，都避之唯恐不及。列子见了他，却为之心醉不已，回来后把这事告诉了老师壶丘子，并说道："原先我以为先生的道术是最高超的，没想到还有比您更了不得的人。"壶丘子说："我和你曾经讨论过有关算命和相面的问题，却并未亲眼见到事实的验证，怎么能评论他们阴阳家的说法是不是对呢？就好比雌性动物再多而没有雄性动物，又怎么能生育出后代来呢？你以自己尚未学成的道来与世人打交道，必然会暴露出你的真实面目，被人窥透你的内心，就可以很容易地给你相面了。你应当试试把他请过来，让他看看我的相。"第二天，列子带着季咸来见壶子。出门后季咸对列子说："唉！您的先生快要死了，根本活不成了，连十天都活不过去了。因为我从他身上看见鬼怪了，我看到他简直就像看见一堆湿灰一样。"列子回身进屋，痛哭流涕，把衣襟都给湿透了，他把季咸所说的话告诉了壶丘子。壶丘子说："刚才我给他显现的是大地的表象，就是生于不动不止寂静无声的状态之中，所以他看见的应该是已经停止了生机的我。你再请他来一次吧。"第二天，季咸又和列子来见壶丘子。出门后他对列子说："您的先生遇到我可真是太幸运了！他又恢复元气了，身体有死而复生的迹象了。因为我看见他停止的生机又在萌动了。"列子进来把这话告诉了壶丘子。壶丘子说："刚才我给他展现的是天地之间的元气，这时我虚名实利都不入于心，任其自然，而生机已经从脚后跟开始出现，所以他看到的应该是生机萌动的我。你再请他来一次吧。"第二天，季咸又与列子来见壶丘子。出门后他对列子说："您的先生神色变化不定，我没法给他看相，等他心神安定下来后，我再给他看相。"列子进屋告诉了壶丘子。壶丘子说："刚才我给他展示的是没有任何迹象可寻的太虚境界，所以他看到的应该是元气平衡阴阳混沌的我。大鲸逗留之处会成为深渊，有水不流之处会成为深渊，水流不止之处会成为深渊，泉水上涌之处会成为深渊，泉水下流之处会成为深渊，泉水侧出之处会成为深渊，决水回流之处会成为深渊，决堤而出之水会成为深渊，同源异流之水会成为深渊，这就是九种不同的深渊。你再请他来一次吧。"第二天，列子又带着季咸来见壶丘子。还没等站稳脚跟，季咸就惊慌失色地逃走了。壶丘子说："快去把他追回来！"列子赶忙出去追，却没有追上，回来报告壶丘子，说："他已经无影无踪了，已经找不到了，我没有追上他。"壶丘子说："刚才我展现给他的是未曾离开根本之道的我。我对他随机应变，使他捉摸不定，搞不清我究竟是怎么回事。在他看来，我就像草一样随风摇摆，就像水一样随波逐流，根本没有定相可看，所以他就只好逃走了。"列子这才认识到自己学无所成，于是就回家了。此后，三年没有出门，替他妻子烧火做饭，喂猪像伺候人一样周到，对任何事物都没有偏爱之心，尽去浮华之物而返璞归真，像土块一样静心独处，在纷纭繁杂的人事中保守自己的虚真心境，专心如一，终身未变。

子列子之齐[①]，中道而反，遇伯昏瞀人[②]。伯昏瞀人曰："奚方而反[③]？"曰："吾惊焉。""恶乎惊？""吾食于十浆[④]，而五浆先馈。"伯昏瞀人曰："若是，则汝何为惊已？"曰："夫内诚不解，形谍成光[⑤]，以外镇人心，使人轻乎贵老，而韲其所患[⑥]。夫浆人特为食羹之货、多余之赢，其为利也薄，其为权也轻，而犹若是。而况万乘之主，身劳于国，而智尽于事，彼将任我以事，而效我以功[⑦]。吾是以惊。"伯昏瞀人曰："善哉观乎！汝处已[⑧]，人将保汝矣[⑨]。"无几何而往，则户外之屦满矣[⑩]。伯昏瞀人北面而立，敦杖蹙之乎颐[⑪]。立有间[⑫]，不言而出。宾者以告列子。列子提履徒跣而走[⑬]，暨乎门[⑭]，问曰："先生既来，曾不废药乎[⑮]？"曰："已矣。吾固告汝曰'人将保汝'，果保汝矣。非汝能使人保汝，而汝不能使人无汝保也。而焉用之感也？感豫出异[⑯]。且必有感也，摇而本身[⑰]，又无谓也。与汝游者，莫汝告也。彼所小言[⑱]，尽人毒也。莫觉莫悟，何相孰也[⑲]？"

注释

① 此节出自《庄子·列御寇》：列御寇之齐，中道而反，遇伯昏瞀人。伯昏瞀人曰："奚方而反？"曰：

"吾惊焉。"曰:"恶乎惊?"曰:"吾尝食于十浆,而五浆先馈。"伯昏瞀人曰:"若是,则汝何为惊已?"曰:"夫内诚不解,形谍成光,以外镇人心,使人轻乎贵老,而齍其所患。夫浆人特为食羹之货、多余之赢,其为利也薄,其为权也轻,而犹若是,而况于万乘之主乎?身劳于国,而知尽于事。彼将任我以事,而效我以功。吾是以惊焉。"伯昏瞀人曰:"善哉观乎!女处己,人将保女矣!"无几何而往,则户外之屦满矣。伯昏瞀人北面而立,敦杖,蹙之乎颐;立有间,不言而出。宾者以告列子,列子提屦,跣而走,暨乎门,曰:"先生既来,曾不发药乎?"曰:"已矣!吾固告汝曰'人将保汝',果保汝矣。非汝能使人保汝,而汝不能使人无保汝也。而焉用之感豫出异也!必且有感,摇而本才,又无谓也。与汝游者,又莫汝告也。彼所小言,尽人毒也。莫觉、莫悟,何相孰也?巧者劳,而知者忧,无能者无所求,饱食而敖游,泛若不系之舟,虚而敖游者也。"

② 伯昏瞀人:也作"伯昏无人"。列子的朋友。

③ 方:事。

④ 十浆:十家并卖浆。浆,古代一种酿制的微带酸味的饮料,这里泛指饮食。

⑤ 形谍 xiè 成光:外表举止会流露出内心的情绪。谍,"渫"之误,泄露。

⑥ 齍 jī:同"赍",招致。

⑦ 效 jiào：同“校”，考核。

⑧ 处已：等着吧。已：“已”之误，同“矣”。

⑨ 保：任。即上文“任我以事”。

⑩ 屦 jù：古代用麻、葛制成的单底鞋；也泛指鞋。

⑪ 敦杖蹙之乎颐：竖起拄杖抵着下巴。敦，竖起。蹙，支撑。颐，下巴。

⑫ 有间：一会儿。

⑬ 履：鞋。徒跣 xiǎn：赤脚。

⑭ 暨 jì：至；到。

⑮ 废：《庄子·列御寇》作“发”，启发。药：药石之言。

⑯ 感豫出异：感动别人，讨别人的欢心，而使自己与众不同。豫，快乐。出异，异于他人。

⑰ 摇而本身：动摇了你的本性。而，同“尔”，本身，本性。

⑱ 小言：不合大道的言论。《庄子·齐物论》：“大言炎炎，小言詹詹。”成玄英疏：“儒墨小言，滞于竞辩，徒有词费，无益教方。”

⑲ 孰：同“熟”，习熟，亲爱。

译文

列子到齐国去，走到中途又返回来了，遇上了伯昏瞀人。伯昏瞀人问他：“怎么又回来了？”列子说：“我感到十分震惊。”伯昏瞀人问：“什么事让你震惊？”列子说：“我吃饭的地方有十家饭馆，倒有五家预先就赠送我饮食。”伯昏瞀人说：“原来是这样，那你有什么可震惊的呢？”列子说：“人内心的情欲如果得不到疏解，就会在形态举止上流露出来，并以这种外在的情绪来左右别人。如果别人对我的敬重甚至超过了敬重上等人和老人，就很可能给我招来祸患。那些开饭馆的人不过是卖些吃的喝的，为的是多挣点儿钱，他们所获的利润不多，也没有什么权势，还这样巴结我。更何况那拥有一国之大的君主，为国家劳累身体，为政事费尽心思，他将会任用我为他做事，而且要以功绩来考核我。所以让我担惊受怕。”伯昏瞀人说：“你还真是善于观察！你等着吧，一定会有人要任用你做事的。”没过多久，伯昏瞀人去列子家，门外已经摆满了鞋子。伯昏瞀人面朝北站着，竖起拄杖抵着下巴，站了一会儿，没有说话就走了。接待宾客的人告诉了列子。列子连忙光着脚提着鞋子跑了出来，追到大门口，问道：“先生既然来了，也不说几句让我受益的话吗？”伯昏瞀人说：“算了吧！我原来就跟你说过会有人任用你的，果然如此啊。并非是你有能力使别人任用你，而是你没有能力使别人不任用你。你当初又何必以那些话来感动我呢？你打动别人，讨别人欢心，无非是为了表现自己的与众不同而已。一定是又有什么感触，动摇了你原来的志向，这就没有什么可说的了。同你交往的那些人，是不会跟你讲这些话的。他们所说的都是不合大道之言，那都是对人有害的话。如果不能真正大彻大悟，又怎么能成为相互亲近的好朋友呢？”

杨朱南之沛[1]，老聃西游于秦。邀于郊[2]，至梁而遇老子[3]。老子中道仰天而叹曰："始以汝为可教，今不可教也。"杨朱不答。至舍，进涫漱巾栉[4]，脱履户外，膝行而前，曰："向者夫子仰天而叹曰：'始以汝为可教，今不可教。'弟子欲请夫子辞，行不间[5]，是以不敢。今夫子间矣，请问其过。"老子曰："而睢睢而盱盱[6]，而谁与居？大白若辱，盛德若不足[7]。"杨朱蹴然变容曰[8]："敬闻命矣。"其往也，舍迎将家[9]，公执席，妻执巾栉，舍者避席，炀者避灶[10]。其反也，舍者与之争席矣。

注释

①此节出自《庄子·寓言》：阳子居南之沛，老聃西游于秦，邀于郊，至于梁而遇老子。老子中道仰天而叹曰："始以汝为可教，今不可也！"阳子居不答。至舍，进盥漱巾栉，脱屦户外，膝行而前曰："向者弟子欲请夫子，夫子行不闲，是以不敢。今闲矣，请问其过。"老子曰："而睢睢盱盱，而谁与居？大白若辱，盛德若不足。"阳子居蹴然变容，曰："敬闻命矣！"其往也，舍者迎将，其家公执席，妻执巾栉，舍者避席，炀者避灶。其反也，舍者与之争席矣。

杨朱：春秋末期战国初期的思想家，魏国人，字子居，一说阳（杨）子居与杨朱并非同一人，杨朱的生平已不可考。他反对墨家的“兼爱”和儒家的“仁义”思想，主张“贵生”“重己”。杨朱的著作早已失传，其观点散见于《孟子》《庄子》及《淮南子》等书。沛：今江苏沛县。

② 邀：抄近道。

③ 梁：即大梁，魏国国都，在今河南开封市。

④ 涫 guàn：“盥”的同声假借字，洗手洗脸。栉 zhì：梳子和篦子的总称。

⑤ 间 xián：古通“闲”。下同。

⑥ 睢 suī：仰视。盱 xū：张目直视。

⑦ 大白若辱，盛德若不足：出自《老子》第四十一章：“大白若辱，广德若不足。”王弼注：“知其白，守其黑，大白然后乃得。广德不盈，廓然无形，不可满也。”辱，通“黣”，黑垢，引申为黑。

⑧ 蹴 cù：通“遽”，立即。

⑨ 舍迎将家：据《庄子·寓言》，“舍”下脱“者”字。舍者，店主人。下文的“舍者”则是住店的客人。迎将，迎接。

⑩ 炀 yáng：烤火。

译文

杨朱向南要去往沛地，老聃将赴秦地西游。杨朱就从郊外抄近道到大梁迎上了老子。老子在半路上仰天长叹道：“原先我还以为你可教，现在才知道你并不可教。”杨朱没有说话。到了旅店，杨朱侍候老子洗漱梳头，然后把鞋子脱在门外，跪着来到老子面前，说："刚才先生仰天长叹说：'原先我还以为你可教，现在才知道你并不可教。'弟子我本想请先生具体说说原因，因为忙于赶路不得空儿，所以没敢请教。现在先生不忙了，请问弟子哪里做错了？"老子说："你如此目空一切趾高气扬，谁还愿意和你交往呢？最洁白的东西应该表面看上去似乎有些发黑，最有盛德的人应该表面看起来似乎并不完美。"杨朱的脸色立刻变得十分羞愧，说道："弟子恭敬领受先生的教诲。"以前杨朱到旅店的时候，店主人殷勤客气地迎接他，店老板亲自为他安排床铺，老板娘为他递送毛巾和梳子，住店的客人对他避座相让，烤火的人也主动把火灶让给他。而当他再回到旅店的时候，店里的人已经无拘无束地和他争抢坐席了。

杨朱过宋[①]，东之于逆旅[②]。逆旅人有妾二人，其一人美，其一人恶[③]，恶者贵而美者贱。杨子问其故。逆旅小子对曰："其美者自美，吾不知其美也；其恶者自恶，吾不知其恶也。"杨子曰："弟子记之：行贤而去自贤之行[④]，安往而不爱哉？"

注释

①此节出自《庄子·山木》：阳子之宋，宿于逆旅。逆旅人有妾二人，其一人美，其一人恶，恶者贵而美者贱。阳子问其故，逆旅小子对曰："其美者

自美，吾不知其美也；其恶者自恶，吾不知其恶也。”阳子曰：“弟子记之！行贤而去自贤之行，安往而不爱哉！”又见于《韩非子·说林上》：杨子过于宋，东之逆旅。有妾二人，其恶者贵，美者贱。杨子问其故。逆旅之父答曰：“美者自美，吾不知其美也；恶者自恶，吾不知其恶也。”杨子谓弟子曰：“行贤而去自贤之心，焉往而不美。”

②逆旅：旅店。

③恶：丑陋，与“美”相对。

④自贤：自以为贤。行：《韩非子·说林上》作“心”。较之“行”更文从意顺，当从之。

译文

杨朱路过宋国，一路向东来到旅店投宿。旅店的主人有两个小妾，一个很漂亮，另一个则很难看，难看的备受尊宠，而漂亮的反而遭受冷落。杨子问这究竟是为什么。店主人回答说：“那漂亮的是自以为漂亮，可我并不觉得她漂亮；而那难看的是自以为难看，但我并不认为她难看。”杨子说：“弟子们要记住：品行贤良的人如果能够去掉自以为贤良的念头，那么他到哪里不被人爱戴呢？”

天下有常胜之道，有不常胜之道[①]。常胜之道曰柔，常不胜之道曰强。二者亦知[②]，而人未之知。故上古之言：强，先不己若者[3]；柔，先出于己者[4]。先不己若者，至于若己，则殆矣[5]。先出于己者，亡所殆矣。以此胜一身若徒[6]，以此任天下若徒。谓不胜而自胜，不任而自任也。粥子曰[7]："欲刚，必以柔守之；欲强，必以弱保之。积于柔必刚，积于弱必强。观其所积，以知祸福之乡。强胜不若己[8]，至于若己者刚[9]；柔胜出于己者，其力不可量。"老聃曰："兵强则灭，木强则折。柔弱者生之徒，坚强者死之徒。[10]"

注释

① 不常胜：据下文"常胜之道柔，常不胜之道强"，当作"常不胜"。

② 亦："易"的同声假借字。

③ 先：战胜。不己若者：不若己者。

④ 出：超出。

⑤ 殆：危险。

⑥ 一身：一人。若徒：此道，这样的取胜之道。

⑦ 粥子：即鬻 yù 子，姓芈 mǐ，名熊，传说他九十岁为周文王之师，后来武王、成王都把他当作老师。成王分封异姓诸侯，其时鬻熊已经去世，其曾孙熊绎被封于楚，子孙都以熊为姓。今本《鬻子》一卷，是后人的伪托之作。下文所引，不见于此书。

⑧ 强胜不若己：据《淮南·原道训》和《文子·道原》"己"下当脱"者"字。

⑨ 至于若己者刚：此句文意不顺，疑有误脱之文。

似应作"至于若己者则殆"。

⑩此引老子之言见《老子》七十六章："故坚强者死之徒，柔弱者生之徒。是以兵强则不胜，木强则兵。"徒：属。《韩非子·解老》："属之谓徒也。"

译文

天下有战无不胜之道，也有通常不能够取胜之道。战无不胜之道就是柔弱，而通常不能够取胜之道则是刚强。这两者其实很容易了解，但人们往往并不懂得其中的道理。古人有言：所谓刚强，就是可以战胜力量不如自己的人；所谓柔弱，则是能够战胜力量超过自己的人。刚强者虽然能够战胜力量不如自己的人，但是如果遇到力量与他相当的人，那就很危险了。而柔弱者因为能够战胜力量超过自己的人，所以当他遇到与自己力量相当的人的时候，就会化险为夷了。柔能克刚，战胜一个人的道理是这样，治理天下的道理也是这样。这就叫作虽无求胜之心却可以自然而然取胜，虽无治理天下之念却可以自然而然治理。鬻子说："若要刚，必须要坚守柔而不求刚；若要强，必须要保持弱而不求强。积柔必成刚，积弱必成强。只要观察他积柔积弱的情况，就可以判断他将来的成败。强者虽然能一时战胜力量不如自己的人，但如果遇到力量与他相当的人就可能遭受挫折；而弱者最终战胜力量超过他的人，他的力量才是真正难以估量的。"老聃说："兵力过于强大反而会被消灭，树木过于强壮反而容易折断。

柔弱是那种能够得以生存者的属性，而坚强则是那种终将灭亡者的属性。”

状不必童而智童[1]，智不必童而状童。圣人取童智而遗童状，众人近童状而疏童智。状与我童者，近而爱之；状与我异者，疏而畏之。有七尺之骸[2]，手足之异，戴发含齿，倚而趣者[3]，谓之人，而人未必无兽心。虽有兽心，以状而见亲矣。傅翼戴角[4]，分牙布爪，仰飞伏走，谓之禽兽，而禽兽未必无人心。虽有人心，以状而见疏矣。庖牺氏[5]、女蜗氏[6]、神农氏[7]、夏后氏[8]，蛇身人面，牛首虎鼻，此有非人之状，而有大圣之德。夏桀[9]、殷纣[10]、鲁桓[11]、楚穆[12]，状貌七窍，皆同于人，而有禽兽之心。而众人守一状以求至智，未可几也[13]。黄帝与炎帝战于阪泉之野[14]，帅熊罴狼豹貙虎为前驱[15]，鵰鹖鹰鸢为旗帜[16]，此以力使禽兽者也。尧使夔典乐[17]，击石拊石[18]，百兽率舞；箫韶九成[19]，凤皇来仪[20]，此以声致禽兽者也。然则禽兽之心，奚为异人？形音与人异，而不知接之之道焉[21]。圣人无所不知，无所不通，故得引而使之焉。禽兽之智，有自然与人童者，其齐欲摄生[22]，亦不假智于人也[23]。牝牡相偶，母子相亲；避平依险，违寒就温；居则有群，行则有列；小者居内，壮者居外；饮则相携，食则鸣群。太古之时，则与人同处，与人并行。帝王之时，始惊骇散乱矣。逮于末世[24]，隐伏逃窜，以避患害。今东方介氏之国[25]，其国人数数解六畜之语者[26]，盖偏知之所得[27]。太古神圣之人，备知万物情态，悉解异类音声。会而聚之，训而受之，同于人民。故先会鬼神魑魅[28]，次达八方人民，末聚禽兽虫蛾。言血气之类[29]，心智不殊远也。神圣知其如此，故其所教训者无所遗逸焉。

注释

①童："同"的同声假借字，下同。

②骸：形骸，这里指身躯。

③倚：站立。趣 qū：通"趋"，快步行走。

④傅：通"附"，附着。这里是"长有"之义。

⑤庖 páo 牺氏：也作伏羲、宓羲、包牺、伏戏。神话传说中的远古帝王，继燧人氏王天下，养牺牲以为庖厨，故称庖牺氏。教民渔猎畜牧，作八卦。

⑥女娲氏：神话传说中人类的始祖。传说她与伏羲由兄妹而结为夫妇，产生人类。又传说她曾用黄土造人，炼五色石补天，断鳌足支撑四极，平治洪水，使人民得以安居。后继伏羲而为帝。

⑦神农氏：神话传说中的远古帝王，发明农具，教民耕种，又尝百草，教人治病。

⑧夏后氏：禹受舜禅而建立夏王朝，称夏后氏。也作"夏氏""夏后"，这里指禹。先秦时代姓、氏含义不同，夏朝君主以夏为氏，以姒为姓。

⑨夏桀：夏朝最后一个帝王，姓姒，庙号履癸，桀为谥号。荒淫暴虐，被商汤所灭。

⑩殷纣：即商纣王，商朝的最后一个帝王，姓子，名受，庙号帝辛，纣为谥号。荒淫暴虐，被周武王所灭。

⑪鲁桓：春秋时期鲁国第十五代国君，姬姓，名允，一名轨，为鲁惠公之子，鲁隐公之弟。公元前711—前694年在位。听信谗言，杀兄自立。

⑫楚穆：即楚穆王，芈姓，名商臣。春秋时楚国国君，公元前625—前614年在位。公元前626年得知其父楚成王欲改立王子职为太子，以宫甲包围王宫，逼成王上吊而死，自立为楚君。

⑬几 jī：同“机”，机心，内心。

⑭阪泉：其地所在，有三种说法：(1) 在今河北涿鹿县东南。(2) 在今山西阳曲县东北。(3) 在今山西省运城市南。

⑮帅熊罴 pí 狼豹貙 chū 虎为前驱：《史记·五帝本纪》作“教熊罴貔貅貙虎”。罴，棕熊。貙，虎属之猛兽，似狸而大。一说虎五趾为貙。

⑯鹖 hé：古书上说的一种善斗的鸟。鸢 yuān：老鹰。

⑰夔 kuí：传说为尧、舜时的乐官，相传他只有一足。

⑱石：石制的打击乐器，磬。拊 fǔ：拍打。

⑲箫韶九成：以竹箫演奏《韶乐》九章。韶，舜乐名。九成，乐曲一终为一成。

⑳来仪：来献祥瑞。

㉑接：接近；亲近。

㉒齐：与……相同。摄生：保持生命。

㉓假：读 xiá，通“暇”，在……之下。

㉔逮：到；及。末世：衰亡之世。

㉕东方介氏之国：即介国，春秋时期的一个诸侯小国，地在今山东胶州一带。《左传·僖公二十九年》：(介国之君) 介葛卢闻牛鸣，曰：“是生三牺，皆用之矣，其音云。”问之而信。杜预注：“传言人听，或通鸟兽之情。”

㉖数 shuò 数：常常。

㉗偏知：偏僻之地偶为人知。

㉘魑魅 chīmèi：指传说中山林里能害人的妖怪。

㉙言：用于句首的语气助词，无义。

译文

外形不一定相同而智力可能相等，智力不一定相等而外形则可能相同。圣人着重于相同的智力，而摒弃相同的外形。普通人却是看重相同的外形，而不重视相同的智力。对于外形与自己一样的，就亲近它喜爱它；而对于外形与自己不同的，就疏远它惧怕它。那种长有七尺之高的身躯，手与脚已经区分开，头上长有头发，口中生有牙齿，双脚能站立能快跑的，被称之为人，可是人却未必没有禽兽之心。虽然有的人有禽兽之心，但别人也还会因为他与自己外形一样而去亲近他。那些身上长有翅膀，头上生着角，张牙舞爪，或昂首高飞，或伏地而走的，被称之为禽兽，但禽兽却未必没有人心。可是禽兽虽然也有人心，却因为其外形与人不同而被人疏远。庖牺氏、女娲氏、神农氏、夏后氏，他们或者是人首蛇身，或者是牛头虎鼻，这些都不是人所应有的外貌，但他们却都具有崇高神圣的德行。而夏桀王、殷纣王、鲁桓公、楚穆王这些人，他们的外形面貌和五官七窍都和人一样，然而却统统都怀禽兽之心。人们仅仅根据他们都有和人一样的外表就认为他们应该有极高的智慧，却并没有看清他们真正的内心。当年黄帝在阪泉的郊野与炎帝作战的时候，曾以熊罴狼豹貙虎等猛兽为前驱，以雕鹖鹰鸢为旗帜，这是以人力驱使禽兽。从前尧任用夔主管音乐的时候，随着石磬击打之音，百兽就会闻声起舞；竹箫奏响了九章《韶乐》，凤凰也会来呈献祥瑞，这是以乐声招徕禽兽。既然如此，禽兽之心与人又有什么不同呢？只不过是因为禽兽的外貌和声音与人不同，普通的人就不知道应该如何与它们接近罢了。而圣人则无所不知，无所不通，所以能够吸引和驱使它们。禽兽也有与人一样的天生智力，它们和人一样也都想保持生命，智力也并不在人之下。他们也知道雌雄相爱，母子相亲；避开平地，依托险峻；逃离寒冷，靠近温暖；结群而居，列队而行；幼小在里，强壮在外；饮水互助，食物共享。上古的时候，它们可以和人类住在一起，与人类一同出行。到了有帝王的时候，它们才开始被人类吓得四处逃散。等到了衰乱之世，它们更是害怕得东躲西藏，以避免祸患。如今东方的介氏之国的国民还往往能听懂六畜的语言，这大约是今天偏僻之地偶为人知的例外之事了。上古的神圣之人，完全知晓万物的内心情态，对于异类发出的声音全都了解，所以能把它们会聚在一起，并对它们进行训练教导，就和训练教导民众一样。他们就是这样首先与鬼神妖怪相会，然后召集四面八方的民众，最后则是会聚各类禽兽昆虫。凡是有血气的动物，它们的智力相差并没有多远。因为神圣之人明白这个道理，所以他们对于教导训练的对象绝不会有所遗漏。

宋有狙公者[①]，爱狙。养之成群，能解狙之意，狙亦得公之心。损其家口，充狙之欲。俄而匮焉[②]，将限其食。恐众狙之不驯于己也[③]，先诳之曰："与若芧[④]，朝三而暮四，足乎？"众狙皆起而怒。俄而曰："与若芧，朝四而暮三，足乎？"众狙皆伏而喜。物之以能鄙相笼[⑤]，皆犹此也。圣人以智笼群愚，亦犹狙公之以智笼众狙也。名实不亏[⑥]，使其喜怒哉！

注释

①此节出自《庄子·齐物论》：狙公赋芧，曰："朝三而暮四，"众狙皆怒。曰："然则朝四而暮三，"众狙皆悦。名实未亏，而喜怒为用，亦因是也。狙jū公：养猴子的人。狙，古书上说的一种猴子。

② 匮：匮乏；不足。

③ 驯 xùn：顺从；服从。

④ 芧 xù：栎 lì 树，结球形坚果，也称橡树、柞树，这里指果实。

⑤ 以能鄙相笼："能"与"鄙"相对，正如下文的"智"与"愚"相对。笼，笼络，义同上文的"诳"。

⑥ 名实不亏：形式与内容都未改变。名，名称，形式。实，实际，内容。

译文

宋国有个养猴子的人，很喜爱猴子。他养的猴子成群结队，而且善于理解猴子的想法，猴子也很懂得他的心意。他甚至不惜削减家人的口粮，来满足猴子的要求。过了不久，因为家里生活越来越困难了，他就打算限制猴子的食物，可又担心众猴子不顺从自己，于是先诳骗它们说："从今天开始，每天给你们早上三个果子，晚上四个，够了吧？"众猴子都愤怒地跳起来。过了一会儿，他又说："那就改成早上四个，晚上三个，这回够了吧？"猴子们听了，都高兴得在地上打滚。动物之间以智力的高低来相互笼络诳骗，往往都是如此。圣人靠他的聪明来笼络诳骗那些愚蠢的人，也就像那个养猴的人靠他的聪明笼络诳骗那群猴子一样。虽然笼络手段在形式与内容上都并未改变，却能让它们的喜怒情绪发生那样大的变化！

纪渻子为周宣王养斗鸡[①]。十日而问："鸡可斗已乎？"曰："未也。方虚骄而恃气。"十日又问。曰："未也。犹应影向[②]。"十日又问，曰："未也。犹疾视而盛气[③]。"十日又问。曰："几矣[④]。鸡虽有鸣者，已无变矣。望之似木鸡矣。其德全矣[⑤]。异鸡无敢应者，反走耳。"

注释

①此节出自《庄子·达生》：纪渻子为王养斗鸡。十日而问："鸡已乎？"曰："未也，方虚憍而恃气。"十日又问，曰："未也。犹应向景。"十日又问，曰："未也。犹疾视而盛气。"十日又问，曰："几矣。鸡虽有鸣者，已无变矣，望之若木鸡矣，其德全矣，异鸡无敢应，反走矣。"

渻：读 shěng。

②犹应影向：闻声而应，见影而动。形容反应敏捷。向，同"响"。

③疾视：怒目而视。

④几：差不多。

⑤其德全矣：即心神凝聚专一，不为外物所动，处于已忘胜负的无我状态。

译文

纪渻子为周宣王饲养斗鸡。十天以后，宣王派人来问："鸡可以斗了吗？"纪渻子回答说："不行。它正仗气虚骄，还没有什么真本领。"过了十天又来问。纪渻子说："还是不行。它只要一看到别的鸡的影子，一听到别的鸡的声音就想应战。"过了十天以后，来人又问了。纪渻子说："仍然不行。它还是怒目而视，火气太旺了。"又是十天过去了，宣王又派人来问。纪渻子回答说："这回差不多了。即使别的鸡再大声鸣叫，它也全然不为所动，看起来简直就像一只木鸡了。这说明它的心神已经完全凝聚专一，绝不会为外物所动。别的鸡再没有敢上前应战的，反而掉头逃之夭夭了。"

惠盎见宋康王[①]。康王蹀足謦欬[②]，疾言曰："寡人之所说者，勇有力也，不说为仁义者也。客将何以教寡人？"惠盎对曰："臣有道于此，使人虽勇，刺之不入；虽有力，击之弗中。大王独无意邪？"宋王曰："善。此寡人之所欲闻也。"惠盎曰："夫刺之不入，击之不中，此犹辱也。臣有道于此，使人虽有勇，弗敢刺；虽有力，弗敢击。夫弗敢，非无其志也。臣有道于此，使人本无其志也。夫无其志也，未有爱利之心也。臣有道于此，使天下丈夫女子莫不欢然皆欲爱利之。此其贤于勇有力也，四累之上也[③]。大王独无意邪？"宋王曰："此寡人之所欲得也。"惠盎对曰："孔、墨是已。孔丘、墨翟无地而为君，无官而为长，天下丈夫女子莫不延颈举踵而愿安利之。今大王，万乘之主也，诚有其志，则四竟之内④，皆得其利矣。其贤于孔、墨也远矣。”宋王无以应。惠盎趋而出。宋王谓左右曰：“辩矣，客之以说服寡人也。”

注释

①此节又见于《文子·道德》《吕氏春秋·顺说》《淮南子·道应训》。《列子》此节的文字更接近于《淮南子》。《文子》一书，古人或疑其伪，近年汉墓中有《文子》古本出土，足证其为先秦古籍。

宋康王：战国时期宋国的末代国君，名戴偃。公元前317年，自称为王，在位期间暴政不断，诸侯皆称之“桀宋”。公元前286年，齐湣王灭宋，后宋康王死于魏国。

②蹀dié足：顿足；跺脚。謦欬qǐngkài：咳嗽。

③四累之上：即“有道”在“四累”之上。四累，即有勇、有力、有志、有爱利之心四者层递累进。钱钟书说：此节本《淮南子·道应训》，而淮南又本《吕氏春秋·顺说》，高诱于两家皆有注，其注吕书云：“四累谓卿、大夫、士及民四等也”，注刘书云：“凡四事皆累于世而男女莫不欢然为上也”；虞兆隆《天香楼偶得》尝释“四累”为“四更端”而斥高注“四等”为“盲人说梦”；张（谌）乃曰：“处卿、大夫、士、民之上，故言‘四累’”，是本文袭《淮南子》，而注文又沿《吕氏春秋》高

注之误也。《柳河东集》卷一五《晋问》："吾闻君子患无德，不患无土；患无土，不患无人；患无人，不患无宫室；患无宫室，不患材之不己有；先生之所陈，四累之下也"；正用"四累"，累积之"累"，故可以迭而居"上"，亦可以压而在"下"也。

④竟："境"的同声假借字。

译文

惠盎朝见宋康王。康王边跺脚边咳嗽，急躁地说道："我所喜欢的是那种有勇气有力量的人，不喜欢那些谈论仁义道德的人。您打算用什么来让我受益呢？"惠盎回答说："我这里有一种方法，能使别人即使有勇气，也刺不进我的身体；即使有力量，也打不中我。难道大王对此没有兴趣吗？"宋康王说："好！这正是我很想听的。"惠盎说："虽然刺我不进，打我不中，可这样还是会使我受到侮辱。我这里还有一种方法，能使别人虽然有勇气却不敢刺我，虽然有力量却不敢打我。不过不敢并不等于不想。那么我这里还有一种方法，能使别人根本就不想打我。虽然他不想打我，但他还没有亲近我帮助我的念头。所以我这里还有一种方法，可以让天下之人无不心甘情愿地爱护别人帮助别人。这就要比有勇气有力量好得多，它要在前面说过的一个比一个更好的方法之上。难道大王对此没有兴趣吗？"宋康王说："这正是我所想要得到的。"惠盎说："这就是孔子和墨子的主张了。孔丘和墨翟虽然没有国土却能成为君主，虽然没有官位却是受人敬重的长者，天下之人无不伸长脖子、踮起脚跟盼望他们能给自己带来安定和好处。如今大王作为大国之君，如果您真有安民利民这种志向，那么全国的百姓，就都会受益无穷了。而大王您的贤德也就会远远地超过孔子和墨子了。”宋康王听完后，始终没说话。惠盎就赶紧快步走了出去。宋康王这才对身边的人说：“惠盎可真是善辩啊！他竟然把我说得心服口服。”

周穆王第三

周穆王时[1]，西极之国有化人来[2]，入水火，贯金石[3]，反山川[4]，移城邑，乘虚不坠，触实不硋[5]，千变万化，不可穷极，既已变物之形，又且易人之虑[6]。穆王敬之若神，事之若君，推路寝以居之[7]，引三牲以进之[8]，选女乐以娱之。化人以为王之宫室卑陋而不可处，王之厨馔腥蝼而不可飨[9]，王之嫔御膻恶而不可亲。穆王乃为之改筑，土木之功，赭垩之色[10]，无遗巧焉。五府为虚[11]，而台始成。其高千仞，临终南之上[12]，号曰中天之台。简郑卫之处子娥媌靡曼者[13]，施芳泽，正娥眉，设笄珥[14]，衣阿锡[15]，曳齐纨[16]，粉白黛黑[17]，珮玉环，杂芷若以满之[18]，奏《承云》《六莹》《九韶》《晨露》以乐之[19]，月月献玉衣，旦旦荐玉食。化人犹不舍然[20]，不得已而临之。居亡几何，谒王同游[21]。王执化人之祛[22]，腾而上者，中天乃止。暨及化人之宫[23]。化人之宫构以金银，络以珠玉，出云雨之上，而不知下之据[24]，望之若屯云焉。耳目所观听，鼻口所纳尝，皆非人间之有。王实以为清都、紫微、钧天、广乐[25]，帝之所居。王俯而视之，其宫榭若累块积苏焉[26]。王自以居数十年不思其国也。化人复谒王同游。所及之处，仰不见日月，俯不见河海。光影所照，王目眩不能得视；

音响所来，王耳乱不能得听。百骸六藏，悸而不凝，意迷精丧。请化人求还。化人移之[27]，王若殒虚焉[28]。既寤，所坐犹向者之处，侍御犹向者之人。视其前，则酒未清，肴未昲[29]。王问所从来。左右曰："王默存耳[30]。"由此穆王自失者三月而复。更问化人。化人曰："吾与王神游也，形奚动哉？且曩之所居，奚异王之宫？曩之所游，奚异王之圃？王闲恒有[31]，疑暂亡。变化之极，徐疾之间，可尽模哉[32]？"王大悦。不恤国事，不乐臣妾，肆意远游。命驾八骏之乘，右服䮍骝而左绿耳[33]，右骖赤骥而左白㸦[34]。主车则造父为御[35]，𫖮𫘂为右[36]。次车之乘，右服渠黄而左踰轮，左骖盗骊而右山子，柏夭主车，参百为御，奔戎为右。驰驱千里，至于巨蒐氏之国[37]。巨蒐氏乃献白鹄之血以饮王，具牛马之湩以洗王之足[38]，及二乘之人。已饮而行，遂宿于昆仑之阿[39]，赤水之阳[40]。别日升于昆仑之丘，以观黄帝之宫[41]，而封之以诒后世[42]。遂宾于西王母[43]，觞于瑶池之上。西王母为王谣[44]，王和之，其辞哀焉。西观日之所入，一日行万里。王乃叹曰："於乎[45]！予一人不盈于德而谐于乐[46]，后世其追数吾过乎！"穆王几神人哉？能穷当身之乐，犹百年乃徂[47]，世以为登假焉[48]。

注释

① 此节为截取《穆天子传》《竹书纪年》《山海经》等书并予以铺张增饰而成。

周穆王：西周第五代君主，姓姬，名满，约于公元前十世纪在位。

②化人：能为千变万化的人。《庄子》中的“真人”“至人”以及《列子·黄帝》中的“至人”都与“化人”同义。化，变化，化幻。即下节的老成子所学之“幻”。

③贯：穿过。

④反：反转；颠倒。

⑤硋 ài：古同“碍”。

⑥易：消除。

⑦路寝：古代天子、诸侯的正厅。

⑧三牲：古时祭祀用的供品，分大三牲（猪、牛、羊）和小三牲（鸡、鸭、鱼）两种。

⑨腥蝼：胡怀琛说：“蝼”应作“偻”。“偻”字与下“膻”字互讹。应作“王之宫室卑陋而不可处，厨馔腥膻而不可飨，嫔御偻恶而不可亲”。

⑩赭 zhě：红褐色矿物。垩 è：一种可用来涂饰的白色土。

⑪五府：周代指太府、玉府、内府、外府、膳府。

⑫终南：指终南山。

⑬简：拣选。娥媌 miáo：面貌姣好。靡曼：身材柔弱。

⑭笄 jī：簪子。珥 ěr：珠玉耳饰。

⑮阿 ē：齐国的阿县。锡：通“緆 xī”，细布。阿緆，与下文的“齐纨”相对。

⑯曳：拖。纨 wán：细绢。

⑰黛：青黑色的颜料，古代女子用以画眉。
⑱芷若：香草名。芷，即白芷，也叫辟芷。若，即杜若。
⑲《承云》：黄帝之乐。《六莹》：帝喾之乐。《九韶》：帝舜之乐。《晨露》：汤王之乐。
⑳舍然：即释然；高兴。舍，通“释”。
㉑谒：请。
㉒祛 qū：袖口。
㉓及：应为衍字。
㉔据唐释神清撰《北山录》所引，此句“据”字上脱“所”字。
㉕清都、紫微、钧天、广乐：神话传说中天帝的居所。
㉖块：土块。苏：木柴。
㉗移：推。
㉘殒：坠落。
㉙晞 fèi：晒干。
㉚默存：闭目静坐。
㉛闲：通“娴”，熟习。
㉜模：描述。
㉝服：服马。古代四马驾一车，居中的两匹叫服。骅：即古“骅”字。骅骝、绿耳，骏马名。
㉞骖：一车四马中外侧的两匹马。瀡：古“羲”字。赤骥、白羲，骏马名。
㉟造父：人名，周穆王时的善御者。
㊱𦉭𦉭 tàibǐng：人名。𦉭，张湛注：上齐下合，此古字，未审。

㊲巨蒐 sōu 氏之国：西戎国名。

㊳湩 dòng：乳汁。

㊴阿 ē：凹曲处。

㊵阳：山的南面、水的北面均称阳。

㊶黄帝之宫：陆贾《新语》："黄帝巡游四海，登昆仑山；起宫，望于其上。"

㊷封：与"丰"通，扩大。诒：传给。

㊸宾：做客。西王母：《竹书纪年》："穆王十七年西征，见西王母，宾于昭宫。"张湛注："西王母，人类也。虎齿蓬发，戴胜善啸也。出《山海经》。"见《山海经·西山经》："又西三百五十里，曰玉山，是西王母所居也。西王母其状如人，豹尾虎齿而善啸，蓬发戴胜，是司天之厉及五残。"

㊹谣：没有伴奏乐的清唱。

㊺於 wū 乎：同"呜呼"。

㊻谐：专情于。

㊼徂 cú：通"殂"，死亡。

㊽世："时"的同声假借字。登假 xiá：升天。帝王去世的讳称。登，上。假，当作"遐"，远去。《礼记·曲礼下》："告丧，曰天子登假。"孔颖达疏："登，上也；假，已也。言天子上升已矣，若仙去然也。"

译文

周穆王的时候，从极遥远的西方之国来了一个会千变万化的人，他可以出入于水火之中，在金属和岩石里穿行，还能翻转山川河流，把城市移走，身体悬在空中不会坠落，不会被任何实物挡住，总之他能千变万化，而且无穷无尽，既能改变物体的形状，又能消除人的意念。因此穆王敬之如天神，待之如国君，甚至让出自己的寝宫给他居住，把祭祀的牺牲送给他享用，挑选女乐供他娱乐。可是这个会变化的人却认为穆王的宫殿低矮简陋无法居住，穆王的膳食又腥又臭难以享用，穆王的嫔妃弓腰缩背不可亲近。于是穆王为他另建宫室，土木工程之宏大、雕梁画栋之精美，都极尽能工巧匠之能事。直到耗尽了府库的钱财，才把楼台建成。楼台高达八千尺，比终南山还要高，称作中天之台。然后从郑国和卫国挑选苗条漂亮的少女，这些香气浓郁、蛾眉齐整、头戴首饰、身穿绸缎、涂脂抹粉、腰佩珠玉的美女，与各种奇花异草一起布满了整座楼台，并演奏《承云》《六莹》《九韶》《晨露》等美妙的乐曲以使他兴奋快乐，还月月为他献上华丽的衣服，天天为他奉上精美的膳食。然而他还是高兴不起来，只是不得已才到楼台去。住了没有多久，他邀请穆王和他一同去远游。穆王于是拉住他的衣袖，随之腾空而起，直到半天空才停下来，接着就到了那个会变化的人在天上的宫殿。他的宫殿用金银建成，用珍珠和玉石来装饰，宫殿远远高出云层之上，却看不到它的下面立在哪里，看上去就好像是驻留在云朵之中。并且耳朵听到的，眼睛看到的，鼻子闻到的，口舌尝到的，都是人间所没有的东西。穆王还以为真的到了清都宫、紫微宫、钧天宫、广乐宫这些天帝所住的地方。他又低头向下看去，只见他自己的宫殿楼台简直就像一堆堆土块和劈柴一样。穆王心里觉得即使在这里住上几十年也不会再想念自己的国家了。那个会变化的人又请穆王一同去别处游览。所到之处，抬头看不见太阳月亮，低头看不见江河海洋。光芒四射，使穆王两眼昏花难以看见东西，响声频传，使穆王双耳轰鸣无法听得清楚。浑身上下，五脏六腑，都被震撼得难以安宁，只感到神情迷离，丧魂失魄。于是就请求那个会变化的人带他回去。那个人推了他一把，穆王感觉好像跌落到了虚空里。醒来一看，自己还是坐在原来的地方，左右也还是原来侍候他的那些人。再看看眼前，那杯子里的酒还没有喝光，桌上的饭菜还没有放凉。穆王问："我刚才是从哪里来的？"左右的人说："大王不过是闭目静坐了一会儿而已。"从此穆王精神恍惚了三个月才恢复正常。他又问那个会变化的人究竟是怎么回事。那个人说："我那是和大王的神灵在一起远游，身体何尝动过地方呢？您觉得先前在天上待过的宫殿，与您现在的宫殿有什么不同吗？您在天上游玩过的花园，与您现在的花园有什么不同吗？您对于经常看到的东西已经习惯成自然了，所以对于那些刚刚消失的一切会怀疑其存在。其实最终发生的变化，不管是缓慢的变化还是迅速的变化，哪能都如实地描述清楚呢？"穆王听了非常高兴，从此不再过问国家大事，也不再亲近臣下和妃嫔，而是毫无顾忌地外出远游，下令用八匹骏马来驾车，右边的服马叫骅骝，左边的服马叫绿耳，右边的骖马叫赤骥，左边的骖马叫白羲。穆王的主车由造父驾驭，泰丙为副手。而第二辆车右边的服马叫渠黄，左边的服马叫踰轮，左边的骖马叫盗骊，右边的骏马叫山子，由柏夭来驾驭，参百做护卫，奔戎做副手。驱驰千里之遥，来到了巨蒐氏之国。巨蒐氏献上白鹄之血供穆王饮用，准备了牛马的乳汁给穆王洗脚，同时也盛情款待了这两辆车上的其他人。饮食完毕继续前行，又歇宿在昆仑山的凹曲之处，赤水的北岸。次日登上了昆仑山的顶端，观看了黄帝当年所兴建的宫殿，并大加扩建修缮，以传之后世。随后又拜会了西王母，西王母在瑶池之上宴请穆王，并为穆王吟唱歌谣。穆王也随之唱和，歌辞哀婉悲戚。又一同观赏了夕阳西下的壮景，一天行程万里之遥。穆王于是感叹道："哎呀！我德行有亏却又只是一心享乐，后世之人恐怕会谴责我的过错的！"穆王难道是个神人吗？他在有生之年享尽了快乐，仍然活了一百岁才去世，当时的人们还以为他升天了呢。

老成子学幻于尹文先生[①]，三年不告。老成子请其过而求退。尹文先生揖而进之于室，屏左右而与之言曰："昔老聃之徂西也[②]，顾而告予曰：'有生之气，有形之状，尽幻也。造化之所始，阴阳之所变者，谓之生，谓之死。穷数达变，因形移易者，谓之化，谓之幻。造物者其巧妙，其功深，固难穷难终。因形者其巧显，其功浅，故随起随灭。'知幻化之不异生死也，始可与学幻矣。吾与汝亦幻也，奚须学哉？”老成子归，用尹文先生之言深思三月，遂能存亡自在，憣校四时[3]，冬起雷，夏造冰，飞者走，走者飞。终身不著其术[4]，故世莫传焉。子列子曰：“善为化者，其道密庸[5]，其功同人。五帝之德[6]，三王之功[7]，未必尽智勇之力，或由化而成，孰测之哉？”

注释

① 尹文（约前360—前280）：齐国人。战国时代著名的哲学家。与宋钘齐名，属稷下道家学派。《庄子·天下》以宋钘、尹文为一家，“不累于俗，不饰于物，不苟于人，不忮于众，愿天下之安宁以活民命，人我之养毕足而止，以此白心。古之道术有在于是者，宋钘、尹文闻其风而悦之。”其思想具有调和色彩，对后期儒家思想有深刻影响。今存《尹文子》上下两篇系后人伪托。

幻：幻、化同义，即变化、变幻。指外形的变化。《荀子·正名》：“状变而实无别而为异者，谓之化。”杨倞注：“化者，改旧形之名，若田鼠化为鴽之类。”

② 徂 cú：往，到。

③ 憣 fān 校：变乱交错。憣，通“翻”。校，通“交”。

④ 著：著书。

⑤ 密庸：暗中显功效。庸，古通“用”，功用，功效。

⑥五帝：传说中的上古帝王，说法不一。一般指黄帝、颛顼、帝喾、唐尧、虞舜。

⑦三王：指夏、商、周三代开国之君，即夏禹、商汤、周武王（一说也包括周文王）。

译文

老成子向尹文先生学习幻化之术，可是尹文先生三年都没有告诉他。老成子请问自己错在哪里，并要求退学。尹文先生向他拱了拱手，请他进屋，并让身边的其他人退出去，然后对老成子说："从前老聃将要西行，临走时回头对我说：'不论是构成生命的气，还是构成物体外表的形状，都是虚幻而不真实的。万物从开始产生到发生变化的过程，也就是从生到死的过程。事物发展到尽头就会产生变化，其外形将发生改变，变成另一种事物，这就叫作幻化。自然界创造万物，技巧之微妙，功力之高深，确实是难以为人所穷尽的。而万物从一种形态变化为另一种形态，则技巧显而易见，功力浅不足数，所以变化会接连不断地产生。'只有明白了幻化与生死没有什么不同，才可以学习幻化之术。我和你一样，都是那不断发生的幻化的产物，哪里有必要学它呢？"老成子回去后，对尹文先生的话足足深思了三个月之久，然后就可以变化自如了，他能使四季变化无常，让冬天打雷，夏天结冰，使飞禽在地上行走，走兽在天上飞翔。但他终其一生也没有把这些法术著录成书，所以后世没有流传下来。先生列子说："善于幻化的人，他的道术是在暗中发生效力，其结果与别人是相同的。五帝的德行，三王的功绩，未必都是靠他们的智慧和勇力成功的，也许就是靠幻化才成功的，可是又有谁能搞清楚他们暗中幻化的真相呢？”

觉有八征[①]，梦有六候[②]。奚谓八征？一曰故[③]，二曰为[④]，三曰得，四曰丧[⑤]，五曰哀，六曰乐，七曰生，八曰死。此者八征，形所接也[⑥]。奚谓六候？一曰正梦[⑦]，二曰蘁梦[⑧]，三曰思梦[⑨]，四曰寤梦[⑩]，五曰喜梦，六曰惧梦，此六者，神所交也[⑪]。不识感变之所起者，事至则惑其所由然；识感变之所起者，事至则知其所由然。知其所由然，则无所怛[⑫]。一体之盈虚消息，皆通于天地，应于物类。故阴气壮，则梦涉大水而恐惧；阳气壮，则梦涉大火而燔焫[⑬]；阴阳俱壮，则梦生杀[⑭]。甚饱则梦与，甚饥则梦取。是以以浮虚为疾者，则梦扬；以沈实为疾者[⑮]，则梦溺。藉带而寝则梦蛇[⑯]，飞鸟衔发则梦飞。将阴梦火，将疾梦食。饮酒者忧，歌舞者哭[⑰]。子列子曰：“神遇为梦，形接为事。故昼想夜梦，神形所遇。故神凝者想梦自消。信觉不语，信梦不达，物化之往来者也。古之真人，其觉自忘，其寝不梦，几虚语哉[⑱]？”

注释

① 征：征兆；预示。

②钱钟书说："'梦有六候'一节。按此本《周礼·春官·占梦》，张湛注亦径取之郑玄注。"候，占验；预测。

③故：过去做的事。

④为：现在做的事。

⑤丧：丧失；损失。

⑥形：形体；身体。接：交接；相关。

⑦正梦：郑玄注："无所感动，平安自梦。"

⑧蘁：《周礼·春官·占梦》作"噩"。蘁与"噩"通。噩梦，惊愕之梦。

⑨思梦：郑玄注："觉时所思念之而梦。"

⑩寤梦：郑玄注："觉时所道之而梦。"

⑪交：交接；关联。与上文"接"同义。

⑫怛 dá：惧怕。

⑬燔 fán：焚烧。焫 ruò：古同"爇"，点燃，焚烧。

⑭阴阳俱壮，则梦生杀：张湛注："阴阳，以和为用者也。抗则自相利害，故或生或杀也。"

⑮沈 chén：同"沉"。浮沉虚实是中医诊断的四种脉象。疾：疾病；病症。

⑯藉：以物枕垫。梦蛇：与下文的梦飞均见于张华《博物志》卷十："人藉带眠者，则梦蛇。鸟衔人之发，梦飞。"

⑰饮酒者忧，歌儛者哭：陶鸿庆曰：饮酒者忧，歌舞者哭，两句之首皆当有"梦"字。杨伯峻案：陶说是也。《庄子·齐物论》："梦饮酒者旦而哭泣，梦

哭泣者旦而田猎”，文虽小异，而有“梦”字则同。钱钟书说：“庄、列皆言预兆先几之迷信，等梦于卜筮；倘能曰‘旦哭泣者夜梦饮酒，旦田猎者夜梦哭泣’，则窥见心情损益盈亏之秘蕴，而非神话呓语矣。”

⑱几：岂。

译文

人在醒着的时候有八种特征，使人做梦的原因有六种。这八种特征是什么呢？一是做旧事，二是做新事，三是有所得，四是有所失，五是悲哀，六是喜悦，七是新生，八是死亡。这八个方面，都是与人的身体直接相关的。做梦的六种原因是什么呢？一是毫无所感自然而致梦，二是因惊吓而致梦，三是因思虑而致梦，四是因言语而致梦，五是因喜悦而致梦，六是因畏惧而致梦。这六种致梦原因，都是与人的精神直接关联的。如果认识不到引发人的身体与精神的感应变化的原因，那么等到事情发生了就搞不清楚为什么会是这样；弄清了形神感应变化的来由，事情出现以后就能明白是怎么回事。知道为什么如此，才能无所惧怕。人的身体虚实消长等变化的发生，都是与天地相通，与外物相感应的。所以如果人的阴气过于旺盛，就会梦见涉过大河而恐惧；而如果阳气过于旺盛，就会梦见靠近大火而被灼烤；阴阳二气都过于旺盛，就会梦见自相残杀，或生或死。如果吃得太饱会梦见给予别人财物，饥饿难耐则会梦见向别人索取财物。所以因元气虚浮而致病的，就会梦见飘飞上天；因元气沉实而致病的，就会梦见没入水中。枕着带子睡觉会梦见蛇，睡觉时被鸟衔住头发会梦见飞升。天气将阴会梦见大火，身体将病会梦见吃饭。梦见喝酒的人醒来后心中会有忧愁，梦见唱歌跳舞的人醒来后会伤心哭泣。列子说："人的精神与他的行事相感应就会形成梦，而人的身体所作所为则是他的所行之事。所以白天的所思所想，就是夜间所梦的缘由，因为人的精神与身体在睡梦中交汇。所以精神凝结为一的人，白天既无所思，夜间就自然无所梦。真正的清醒是并不言语，而那所梦见的也并不是真实的存在，只不过是事物时时在发生的变化往来而已。古时的真人，醒着的时候连自己都忘记了，睡着的时候也就自然不会有梦，这难道能是虚假之言吗？"

西极之南隅有国焉[①]，不知境界之所接，名古莽之国。阴阳之气所不交，故寒暑亡辨[②]；日月之光所不照，故昼夜亡辨。其民不食不衣而多眠。五旬一觉，以梦中所为者实，觉之所见者妄。四海之齐谓中央之国[③]，跨河南北，越岱东西[④]，万有余里。其阴阳之审度[⑤]，故一寒一暑；昏明之分察[⑥]，故一昼一夜。其民有智有愚。万物滋殖，才艺多方。有君臣相临，礼法相持，其所云为不可称计。一觉一寐，以为觉之所为者实，梦之所见者妄。东极之北隅有国曰阜落之国。其土气常燠[7]，日月余光之照。其土不生嘉苗，其民食草根木实，不知火食，性刚悍，强弱相藉[8]，贵胜而不尚义，多驰步，少休息，常觉而不眠。

注释

① 隅 yú：靠边沿的地方。

② 亡：无。辨：区别。

③ 齐：通“脐”，引申为中央、中心之义。

④ 岱：泰山的别名。

⑤ 审度：清楚。

⑥ 分察：分明。

⑦ 燠 yù：温暖。据下文“日月余光之照”，当指太阳光线很弱的寒冷地区，故“燠”字恐有误，当为“寒”字之误。

⑧ 藉：践踏，欺凌。

译文

最西方的南部边缘有个国家，不知道与哪些国家接壤，名叫古莽国。那里阴阳之气不相汇合，因而没有冬夏之分；日月之光照不到那里，因而也没昼夜之别。那里的国民不吃不穿，长时间睡觉。连睡五十天一醒，他们把在梦里所做的事看成真实存在，而把醒来后的所见所闻视为虚妄不实。四海之内的中心有个中央之国，纵跨大河南北，横越岱岳东西，幅员达一万多里。这里的阴气阳气之分非常清楚，所以一冷一热周而复始；黑天白天之别十分明确，所以一昼一夜循环不断。这里的国民有的聪明，有的愚笨。万物在这里生长发育，人们在这里展现各种才艺。他们之间以上下君臣相对待，以礼仪法令相约束，他们所说的话所做的事多得数不胜数。这里的人们时而醒来，时而睡觉，视醒时的所作所为为真实存在，而视梦里的所见所闻为虚妄不实。最东方的北部边缘有个国家，名叫阜落国。那里的气候常年寒冷，只有不多的日月余光能照到那里。土地不长庄稼，民众只能吃草根和树木的果实，也不知道用火烧烤食物，而且性情勇猛凶悍，以强欺弱，尊崇胜者而不崇尚仁义，奔波忙碌的时候多，而休息的时候很少，所以通常是醒着而不睡觉。

周之尹氏大治产[①]，其下趣役者侵晨昏而弗息[②]。有老役夫筋力竭矣，而使之弥勤，昼则呻呼而即事，夜则昏惫而熟寐。精神荒散，昔昔梦为国君[③]，居人民之上，总一国之事，游燕宫观[④]，恣意所欲，其乐无比。觉则复役。人有慰喻其勤者[⑤]，役夫曰："人生百年，昼夜各分。吾昼为仆虏，苦则苦矣，夜为人君，其乐无比。何所怨哉？"尹氏心营世事，虑钟家业[⑥]，心形俱疲，夜亦昏惫而寐，昔昔梦为人仆，趋走作役，无不为也，数骂杖挞[⑦]，无不至也。眠中啽呓呻呼[⑧]，彻旦息焉。尹氏病之，以访其友。

友曰："若位足荣身[9]，资财有余，胜人远矣。夜梦为仆，苦逸之复，数之常也[10]。若欲觉梦兼之，岂可得邪？"尹氏闻其友言，宽其役夫之程[11]，减己思虑之事，疾并少间[12]。

注释

① 钱钟书说："'周之尹氏大治产'一节，……奇情妙想，实自《庄子·齐物论》论梦与觉之'君乎牧乎固哉'六字衍出，说者都未窥破。"

② 趣：同"趋"。即下文"趋走"，奔走。侵：接近。

③ 昔："夕"的同声假借字。下同。

④ 燕：通"宴"，宴饮。

⑤ 慰喻：也作"慰谕"，抚慰晓谕。

⑥ 钟：专注。

⑦ 数：数落；责怪。

⑧ 唵 ǎn 呓：说梦话。

⑨ 若：你。

⑩ 数：理。

⑪ 程：期限。

⑫ 少间：病好了一些。

译文

周国有个姓尹的人竭尽全力发家致富，为他奔走服役的奴仆从早到晚都难得休息。他家有个老奴仆早已累得筋疲力竭了，可还是更加频繁地被差来唤去，老奴仆白天呼哧带喘地干活，夜里则昏昏沉沉疲惫不堪地呼呼大睡。这时的他精神飘散恍惚，夜夜都梦见自己当上了国君，位居万民之上，总揽国家大事，在皇宫花园中游乐饮宴，随心所欲，快乐无比。醒来后他仍然接着卖苦力。有人颇为同情地抚慰他的勤苦，老奴仆却说："就算人活百年的话，白天与黑夜也各占一半。我白天做奴仆，虽然很辛苦，但夜里我就可以做国君了，那种快乐是没人能比得上的。我又有什么可抱怨的呢？"那个姓尹的人因为一门心思操劳世间杂事，处心积虑地经营钱财家业，以致把自己搞得精神和身体都疲惫不堪，一到夜晚也是昏昏沉沉疲倦劳累地卧床而睡，却夜夜都会梦见自己给人家做奴仆，不停地奔走忙碌，什么活都得干，还要受骂挨打，简直没有遭不到的罪。睡觉的时候他梦话不断，痛苦呻吟，一直要到天亮醒来以后才能止住。他为此忧心忡忡，就去请教他的朋友。朋友说："你如今的地位已经足以使你感到荣耀，你的财产用度也是绰绰有余，远远超过了别人。那么你夜里梦见自己做了奴仆，这种苦与乐的循环往复，就是物极必反的世间常理。你还希望在睡梦里和醒着的时候一样都能享受富人的快乐，那怎么能办得到呢？"姓尹的人听了朋友的这番话，从此就放宽了对奴仆们做工的期限要求，同时也减少了自己的苦心思虑之事，他和奴仆们的痛苦也就都减轻了。

郑人有薪于野者[①]，遇骇鹿，御而击之[②]，毙之。恐人见之也，遽而藏诸隍中[③]，覆之以蕉[④]，不胜其喜。俄而遗其所藏之处，遂以为梦焉，顺涂而咏其事[⑤]。傍人有闻者，用其言而取之。既归，告其室人曰："向薪者梦得鹿而不知其处，吾今得之，彼直真梦矣。"室人曰："若将是梦见薪者之得鹿邪？讵有薪者邪[⑥]？今真得鹿，是若之梦真邪？"夫曰："吾据得鹿，何用知彼梦我梦邪？"薪者之归，不厌失鹿[⑦]。其夜真梦藏之之处，又梦得之之主。爽旦[⑧]，案所梦而寻得之。遂讼而争之，归之士师[⑨]。士师曰："若初真得鹿，妄谓之梦；真梦得鹿，妄谓之实。彼真取若鹿，而若与争鹿。室人又谓梦仞人鹿[⑩]，无人得鹿。今据有此鹿，请二分之。"以闻郑君。郑君曰："嘻！士师将复梦分人鹿乎？"访之国相。国相曰："梦与不梦，臣所不能辨也。欲辨觉梦，唯黄帝、孔丘[⑪]。今亡黄帝、孔丘，孰辨之哉？且恂士师之言可也[⑫]。"

注释

① 钱钟书说："'郑人有薪于野者，……真得鹿，妄谓之梦，真梦得鹿，妄谓之实。'按《庄子·大宗师》：'且汝梦为鸟而厉于天，梦为鱼而没于渊，不识今之言者其觉者乎？其梦者乎？'即《列子》此节所胎息也。"

薪：砍柴。

②御：迎。

③遽：连忙。隍 huáng：没有水的池塘。《说文》："隍，城池也。有水曰池，无水曰隍。"

④蕉：古通"樵"，柴草。

⑤涂：古同"途"。咏：诉说；念叨。

⑥讵 jù：岂；难道。

⑦厌 yān：通"恹"，心安。引申为甘心。

⑧爽旦：天亮。爽，明。

⑨士师：也作"士史"。古代执掌禁令刑狱的官名。

⑩仞："认"的同声假借字。

⑪欲辨觉梦，唯黄帝、孔丘：张守节《史记正义》引《帝王世纪》："黄帝梦大风吹天下之尘垢皆去，又梦人执千钧之弩，驱羊万群。帝寤而叹曰：'风为号令，执政者也。垢去土，后在也。天下岂有姓风名后者哉？夫千钧之弩，异力者也。驱羊数万群，能牧民为善者也，天下岂有姓力名牧者哉？'于是依二占而求之，得风后于海隅，登以为相。得力牧於大泽，进以为将。黄帝因著《占梦经》十一卷。"《礼记·檀弓》："孔子蚤作，负手曳杖，消摇于门。歌曰：'泰山其颓乎？梁木其坏乎？哲人其萎乎？'既歌而入，当户而坐。子贡闻之，曰：'泰山其颓，则吾将安仰？梁木其坏，哲人其萎，则吾将安放？夫子殆将病也。'遂趋而入。夫子曰：'赐，尔来何迟也？夏后氏殡于东阶之上，则犹在阼也。殷人殡于两楹之间，则与宾主夹之也。周人殡于西

阶之上，则犹宾之也。而丘也，殷人也。予畴昔之夜，梦坐奠于两楹之间。夫明王不兴，而天下其孰能宗予？予殆将死也。’盖寝疾七日而没。”

⑫恂：相信。

译文

郑国有个人在野外砍柴的时候，忽然碰到了一只受惊的鹿，便迎上去把它打死了。他担心别人看见，就急急忙忙把鹿藏在一个没有水的池塘里，再用柴草把它盖好，他高兴得不得了。可是，不一会儿，他又忘记把鹿藏在哪个地方了，就以为刚才不过是做了个梦而已，他一路上反复念叨这件事。旁边一个人听到了，于是就照着他的话把鹿给取走了。回家以后，告诉妻子说：“刚才有个砍柴的人说梦见自己得了一只鹿却忘了放在什么地方，现在让我给得到了，看来他做的梦简直和真的一样啊。”他的妻子说：“是你梦见砍柴的人得到鹿了吗？难道真有那个砍柴的人吗？现在你既然真的得到了鹿，那就是说你的梦也是真的了？”丈夫说：“反正现在鹿在我的手里，哪里还有必要弄明白是他在做梦还是我在做梦呢？”那个砍柴的人回家后，不甘心失去了鹿。这天夜里他果真梦到了藏鹿的地方，而且也梦见了那个取走了鹿的人。第二天，天刚亮，他就根据梦中的线索找到那个取走鹿的人。结果两个人因为争鹿而吵个不休，最后告到法官那里。法官对砍柴的人说：“你当初已经确实得到了鹿，却胡说成是做了一个梦；而现在你明明是在梦中得到的鹿，却又胡说成是真实的。他则是实实在在地取走了你的鹿，你又来和他争这只鹿。他老婆又说他是在梦中认为这鹿是别人的，可当时并没有谁得到它，现在鹿既然在他的手里，那么你们就把它平分了吧！”这件事被郑国的国君知道了。国君说：“唉！这个法官可能也是在梦中让他们分鹿的吧？”他为此事而询问宰相。宰相说道：“究竟是谁在梦里谁不在梦里，我也无法分辨明白。如果要分辨清楚是醒着还是做梦，只有黄帝和孔丘才能做到。可如今黄帝与孔丘都已经不在了，谁还能辨别明白呢？所以就姑且相信法官的裁决算了。”

宋阳里华子中年病忘，朝取而夕忘，夕与而朝忘；在涂则忘行，在室则忘坐①；今不识先，后不识今②。阖室毒之③。谒史而卜之④，弗占⑤；谒巫而祷之，弗禁；谒医而攻之，弗已。鲁有儒生自媒能治之⑥，华子之妻子以居产之半请其方⑦。儒生曰：“此固非卦兆之所占，非祈请之所祷，非药石之所攻。吾试化其心，变其虑，庶几其瘳乎！”于是试露之，而求衣；饥之，而求食；幽之，而求明。儒生欣然告其子曰：“疾可已也。然吾之方密，传世不以告人。试屏左右，独与居室七日。”从之。莫知其所施为也，而积年之疾一朝都除。华子既悟，乃大怒，黜妻罚子，操戈逐儒生。宋人执而问其以。华子曰：“曩吾忘也，荡荡然不觉天地之有无。今顿识既往数十年来存亡得失、哀乐好恶，扰扰万绪起矣。吾恐将来之存亡得失、哀乐好恶之乱吾心如此也，须臾之忘，可复得乎？”子贡闻而怪之，以告孔子。孔子曰：“此非汝所及乎！”顾谓颜回纪之。

注释

①据钱钟书引古语：“胥山子既弱冠，得健忘疾，坐则忘起，起则忘所适，与人语则忘所以对……莫知所以治之。有老子之徒教之曰：‘……然子自知其忘，忘未甚也；并此不知，乃其至欤！’”即本此节而兼《仲尼》篇尹生“九年后内外尽”节之旨。涂：古同“途”。在室则忘坐：当作“在室坐则忘起”。

②今不识先，后不识今：《太平御览》卷七三八所引作“不识先后，不识今古”。

③阖：全。毒：苦。

④史：即祝史。古代担任祭祀、星历、卜筮、记事等职的官员。此处应指算卦的人。

⑤占：灵验。

⑥自媒：自荐。

⑦居：蓄积。《天瑞篇》：“没其先居之财”，义与此同。

译文

宋国阳里的华子在中年的时候得了健忘症，早晨拿的东西到晚上就忘记在哪儿拿的了，晚上放下的东西到第二天早晨就忘记放在哪儿了；正走在路上会忘了要去哪里，在家里站着就会忘了坐下；甚至不知道先后，也不知道古今。全家人都为他感到苦恼。于是就请算卦的人来抽签占卜，却不能灵验；又请巫师来祈祷鬼神，也没有效果；接着又请医生来看病下药，还是不见好转。从鲁国来了个儒生，自我推荐说能治好这个病，华子的妻子和儿女拿出了一半的家产来请他开药方。儒生说："要治这种病，根本就不能靠抽签算卦的灵验，也不能靠请神求鬼的祈祷，更不是草药针石所能治好的。我来试试改变他的内心，转换他的思想，也许可以治好。"于是试着不给他穿衣服，他就知道要衣服；不给他饭吃，他就知道要吃的；把他关在黑屋里，他就知道寻找光明。儒生高兴地告诉华子的儿子说："这病完全可以治好。但我的方法是保密的，只传给自己的子孙而不告诉外人。请其他人回避一下，让我单独和他在屋里待七天。"大家就按他的要求办了。谁也不知道那个儒生在屋里做了些什么，可是华子持续多年的病突然在一个早晨就全都消除了。华子清醒过来以后，却大发雷霆，休掉了妻子，惩罚了儿子，还操起戈矛四处追杀那个儒生。宋国人捉住他并问他为什么要这样做。华子说："过去我忘掉一切的时候，我的内心坦荡宽广，甚至都感觉不到天地是否还存在。可我今天突然明白了过去数十年来的有无与得失、美丑与悲喜，这些千头万绪的情感纷纷扰扰地进入了我的内心。我恐怕这些有无与得失、美丑与悲喜的情绪将来还会这样扰乱内心，到那时，我想求得片刻的遗忘，还有希望得到吗？”子贡听到这些话后感到很奇怪，就把这事告诉了孔子。孔子说：“这可不是你所能理解的啊！”然后就回头告诉颜回把这件事记录下来。

秦人逢氏有子[①]，少而惠[②]，及壮而有迷罔之疾。闻歌以为哭，视白以为黑，飨香以为朽[③]，尝甘以为苦，行非以为是。意之所之，天地四方、水火寒暑，无不倒错者焉。杨氏告其父曰：“鲁之君子多术艺，将能已乎！汝奚不访焉？”其父之鲁，过陈，遇老聃，因告其子之证[④]。老聃曰：“汝庸知汝子之迷乎？今天下之人皆惑于是非，昏于利害。同疾者多，固莫有觉者。且一身之迷不足倾一家，一家之迷不足倾一乡，一乡之迷不足倾一国，一国之迷不足倾天下。天下尽迷，孰倾之哉[⑤]？向使天下之人其心尽如汝子，汝则反迷矣。哀乐声色、臭味是非，孰能正之？且吾之此言未必非迷，而况鲁之君子迷之邮者[⑥]，焉能解人之迷哉？荣汝之粮[⑦]，不若遄归也[⑧]。”

注释

① 张湛注：“此章明是非之理未可全定，皆众寡相倾以成辩争也。”钱钟书说：“《庄子·天地》：‘三人行而一人惑，所适者犹可致也，惑者少也；二人惑则劳而不至，惑者胜也。而今也以天下惑，予

虽有祈向不可得也。”实《列子》此节之所滥觞。

逄 páng：同“逢”。

② 惠：“慧”的同声假借字，聪明。

③ 飨：同“享”。朽：臭。

④ 证：通“症”，病症。

⑤ 孰倾之哉：钱钟书按，“倾”即“倾轧”之“倾”，如《史记·魏其武安侯列传》：“欲以倾魏其诸将相”，逾越其上也。盖谓辩争之时，寡不敌众。逄氏子所以为“迷”者，以其如众醉独醒之特异，遂横被指目；苟尽人皆然，则此子不为“迷”矣。……一家之见同而一身有异议，众口同声，一喙莫置，与浑家争，不能胜也；一家之于一乡，一乡之于一国，一国之于天下，小不胜大而反为大所胜，可以类推。天下者，无外而莫大，倘遍天下尽“迷”，则不复有能“倾”、“胜”之者。《太平御览》卷四九引“孰倾之哉”作“孰正之哉”，乃不顾张注“相倾”，未解文意而臆改耳。又按本篇上文记古莽之国，“其民不衣不食而多眠，五旬一觉，以梦中所为者实，觉之所见者妄”，当与此节合观，皆造微之论。彼言实妄之判，本乎久促，此明是非之争，定于众寡。人之较量事物，每以长存者为实而暂见者为幻，觉长久之可信恃胜于暂促。

⑥ 邮：“尤”的同声假借字，甚，更加。

⑦ 荣：“赢”的同声假借字，担负。

⑧ 遄 chuán：赶快。

译文

秦国有个姓逢的人，他的儿子小的时候很聪明，长大以后却得了精神错乱失常的毛病。他把唱歌听为哭泣，把白色看成黑色，把香气当成臭气，把甜味说成苦味，把错误视为正确。只要是他能想到的事情，无论是天地四方还是冷热水火，没有不搞得颠倒错乱的。一个姓杨的人对这个孩子的父亲说：“鲁国的君子多才多艺，可能会把这个病治好，你为什么不去请教他呢？”这个父亲就去往鲁国，当路过陈国的时候，遇到了老聃，就把儿子生病的情况告诉了他。老聃说：“你怎能知道你的儿子是精神错乱呢？如今全天下的人在是和非、利与害的问题上都犯迷惑不清的毛病，正因为犯这种病的人太多了，所以根本就没有真正清醒的人。一个人迷惑难以战胜一家人清醒，一家人迷惑难以战胜一乡人清醒，一乡人迷惑难以战胜一国人清醒，一国人迷惑难以战胜天下人清醒。如果全天下的人都迷惑，还有谁能战胜他们呢？假使全天下人的精神状态都像你儿子那样，那么在他们看来，你反倒成了精神错乱失常的人了。到那时，对于悲喜声色、香臭是非的判断，究竟谁的说法是正确的呢？恐怕就连我说的这些话都未必不被看作是胡言乱语，何况鲁国那些专讲仁义道德的君子们，他们都是迷惑不堪的人，又怎么能替别人解除迷惑呢？你还不如背着你的干粮，赶紧回家去吧！”

燕人生于燕，长于楚，及老而还本国。过晋国，同行者诳之，指城曰："此燕国之城。"其人愀然变容[①]。指社曰："此若里之社[②]。"乃喟然而叹。指舍曰："此若先人之庐。"乃涓然而泣[③]。指垅曰[④]："此若先人之冢。"其人哭不自禁。同行者哑然大笑，曰："予昔绐若[⑤]，此晋国耳。"其人大惭。及至燕，真见燕国之城社，真见先人之庐冢，悲心更微。

注释

①愀 qiǎo：脸色改变，多指悲伤、严肃。

②社：土地庙。

③涓：细流。

④垅 lǒng：同"垄"，坟墓。

⑤绐 dài：欺骗。

译文

有个燕国人虽出生在燕国，却是在楚国长大的，一直到了老年才准备回到本国去。在路过晋国的时候，同行的人骗他，指着晋国的一个城市说："这就是燕国的都城。"那个燕国人的脸色立刻变得伤感悲凄起来。同行的人又指着晋国的土地庙说："这就是你家乡的土地庙。"那个燕国人于是长叹不已。同行的人又指着一处房子说："这就是你的先辈住过的房子。"那个燕国人泪流满面地抽泣起来。接着同行的人又指着一座坟墓说：“这就是你祖宗的坟墓。”那个燕国人当时情不自禁地失声痛哭。同行的人忍不住大笑着说：“我刚才是在骗你呢，这里是晋国啊！”那个燕国人听了这话，非常难为情。后来，等到了燕国，当他果真见到了燕国的城市和土地庙，又果真见到了先人的房屋和坟墓的时候，他悲伤的心情反而不那么强烈了。

仲尼第四

仲尼闲居，子贡入侍，而有忧色。子贡不敢问，出告颜回。颜回援琴而歌。孔子闻之，果召回入，问曰："若奚独乐？"回曰："夫子奚独忧？"孔子曰："先言尔志。"曰："吾昔闻之夫子曰：'乐天知命故不忧'，回所以乐也。"孔子愀然有间，曰："有是言哉？汝之意失矣。此吾昔日之言尔，请以今言为正也。汝徒知乐天知命之无忧，未知乐天知命有忧之大也[①]。今告若其实：修一身，任穷达，知去来之非我，亡变乱于心虑[②]，尔之所谓乐天知命之无忧也。曩吾修《诗》、《书》，正礼乐，将以治天下，遗来世，非但修一身、治鲁国而已。而鲁之君臣日失其序，仁义益衰，情性益薄。此道不行一国与当年，其如天下与来世矣[③]？吾始知《诗》、《书》、礼乐无救于治乱，而未知所以革之之方。此乐天知命者之所忧。虽然，吾得之矣。夫乐而知者，非古人之所谓乐知也[④]。无乐无知，是真乐真知，故无所不乐，无所不知，无所不忧，无所不为。《诗》、《书》、礼乐，何弃之有？革之何为？"颜回北面拜手曰[⑤]："回亦得之矣。"出告子贡。子贡茫然自失，归家淫思七日[⑥]，不寝不食，以至骨立。颜回重往喻之，乃反丘门，弦歌诵书，终身不辍。

注释

①张湛注：无所不知，无所不乐，无所不忧，故曰大也。

②亡：无。

③其如天下与来世矣：当作“其如天下与来世何”。

④所谓：《集释》：“‘所谓’二字，各本皆倒作‘谓所’，今从吉府本正。”

⑤拜手：拱手而拜。

⑥淫：深。

译文

孔子无事闲坐，子贡进来侍候，看见先生面带愁容。子贡没敢询问原因，就出去告诉了颜回。颜回听完便操起琴边弹边歌。孔子在屋里听到了琴声，结果把颜回叫了进去，问道：“你为什么偏偏这么高兴？”颜回说：“先生为什么偏偏这么忧愁？”孔子说：“先谈谈你的想法吧。”颜回说道：“我过去曾听先生说过：‘乐天知命故不忧’，这就是我高兴的原因。”孔子的脸色立刻变得有些悲伤，过了一会儿，说道：“我说过这话吗？你把我的意思领会错了。这是我以前说过的话，请你以我今天所说的为准吧。你仅仅知道乐于接受上天的安排，甘心服从命运的支配，可以没有忧虑，却不知道同时还要有所忧虑的重要性。现在让我来告诉你其中的缘由：提高个人的自身修养，任凭境遇的贫穷或富贵，明白生与死都是身不由己，把一切变乱都置之度外，这就是你所理解的乐于接受上天的安排，甘心服从命运支配的无忧无虑。过去我整理《诗经》《尚书》，订正礼制与乐律，就是为了以此治理天下，留给后人，而并非仅仅是为了提高个人的自身修养、治理好鲁国而已。可是鲁国的君臣之礼越来越糟糕，仁义道德越来越衰败，日益刻薄寡恩。仁义礼乐的治国之道今天在一国之内都无法行得通，又怎能指望通行于天下和将来呢？我终于知道了：诗书礼乐是无助于治理乱世的。但是，我又不知道用什么办法来改进它，这就是我所说的虽然乐于接受上天的安排，甘心服从命运的支配，却仍然有所忧虑的原因。尽管如此，我还是悟出了一些道理。所谓的乐于接受上天的安排，甘心服从命运的支配，并不是古人所说的这句话的本意。古人说的意思是只有无所谓乐，无所谓知，才是真正的乐、真正的知，只有达到无乐无知的境界，才能无所不乐，无所不知，也就不再有任何忧虑，不再有做不到的事。诗书礼乐，有什么必要弃而不用呢？又有什么必要改进这种治国之道呢？”颜回听完这番话，向先生拱手而拜，说道：“我也明白这个道理了。”他出来后告诉了子贡。子贡感到茫然不解，回家苦思冥想了七天，不睡觉不吃饭，以致骨瘦如柴。颜回又去开导他，子贡才又回到孔子门下，弹琴唱歌，诵读诗书，终其一生也没有停歇。

陈大夫聘鲁[①]，私见叔孙氏[②]。叔孙氏曰："吾国有圣人。"曰："非孔丘邪？"曰："是也。""何以知其圣乎？"叔孙氏曰："吾常闻之颜回曰：'孔丘能废心而用形。'"陈大夫曰："吾国亦有圣人，子弗知乎？"曰："圣人孰谓？"曰："老聃之弟子有亢仓子者[③]，得聃之道，能以耳视而目听。"鲁侯闻之大惊，使上卿厚礼而致之。亢仓子应聘而至。鲁侯卑辞请问之。亢仓子曰："传之者妄。我能视听不用耳目，不能易耳目之用。"鲁侯曰："此增异矣。其道奈何？寡人终愿闻之。"亢仓子曰："我体合于心，心合于气，气合于神，神合于无。其有介然之有[④]，唯然之音[⑤]，虽远在八荒之外，近在眉睫之内，来干我者，我必知之。乃不知是我七孔四支之所觉，心腹六藏之所知，其自知而已矣。"鲁侯大悦。他日以告仲尼，仲尼笑而不答。

注释

①聘：访问。

②叔孙氏：春秋后期掌握鲁国政权的三家贵族之一。另两家是孟孙氏、季孙氏。他们都是鲁桓公之子仲庆父的后代，被称为"三桓"。

③亢仓子：又名亢桑子、庚桑子。传说《庄子》中的庚桑楚即为此人，陈国人。相传《亢仓子》一书为其所著，唐玄宗天宝元年诏称为《洞灵真经》，封其人为洞灵真人。

④介然：微小的。孙诒让曰："此文以'有'与'音'相俪，'有'疑当作为'形'。"

⑤唯然：微弱的。

译文

陈国的一位大夫到鲁国去访问，他以私人身份会见了叔孙氏。叔孙氏对他说："我国有一位圣人。"陈国大夫问："不就是孔丘吗？"叔孙氏说："是的。"陈国大夫问："怎么知道他就是圣人呢？"叔孙氏说："我曾经听颜回说过：'孔丘可以不用精神而只凭形体来处世。'"陈国大夫说："我国也有一位圣人，您不知道吗？"叔孙氏问："那位圣人是谁？"陈国大夫说："老聃的弟子中有个叫亢仓子的人，深得老聃的道术，能用耳朵看东西，用眼睛听声音。"鲁侯听说此事大为惊异，就派一位上卿带上厚礼去把他请来。亢仓子应邀来到鲁国。鲁侯谦虚地向他请教道术。亢仓子说："那些传言并不真实。其实我是可以不用耳朵就能听，不用眼睛就能看，而不是能变换耳朵和眼睛的功能。"鲁侯说："这就越发神奇了。那么你的道术究竟如何呢？我很想见识见识。"亢仓子说："我的身体与精神合而为一，精神与元气合而为一，元气与神灵合而为一，神灵又与虚无合而为一。所以那些很微小的形体，极细弱的声音，不论是远在天边之外，还是近在眉睫之前，只要与我接触，我就一定能感觉到。我也不晓得究竟是我身体的七窍四肢所感觉到的，还是心腹六脏所感受到的，反正是我自己能感觉到它罢了。”鲁侯听了，非常高兴。后来他把这事告诉了孔子，孔子只是笑了笑，没有说什么。

商太宰见孔子曰[①]：“丘圣者欤？”孔子曰：“圣则丘何敢，然则丘博学多识者也。”商太宰曰：“三王圣者欤[②]？”孔子曰：“三王善任智勇者，圣则丘弗知。”曰：“五帝圣者欤[③]？”孔子曰：“五帝善任仁义者，圣则丘弗知。”曰：“三皇圣者欤[④]？”孔子曰：“三皇善任因时者，圣则丘弗知。”商太宰大骇，曰：“然则孰者为圣？”孔子动容有间，曰：“西方之人有圣者焉，不治而不乱，不言而自信，不化而自行，荡荡乎民无能名焉[⑤]。丘疑其为圣，弗知真为圣欤？真不圣欤？”商太宰嘿然心计曰[⑥]：“孔丘欺我哉！”[⑦]

注释

① 商：此指春秋时期的宋国，宋是商的后裔之国，故又称商。太宰：官名，相传殷置太宰。周代称冢宰，为天官之长，掌建邦之六典，以佐王治邦国。春秋列国亦多置太宰之官，职权不尽相同。

② 三王：即夏、商、周三代之君禹王、汤王、文王和武王。

③ 五帝：即黄帝、颛顼、帝喾、尧、舜。

④ 三皇：传说中上古的三位帝王，所指说法不一。(1) 伏羲、神农、黄帝。(2) 伏羲、神农、女娲。(3) 伏羲、神农、燧人。(4) 伏羲、神农、祝融。(5) 天皇、地皇、泰皇。(6) 天皇、地皇、人皇。

⑤ 名：称誉。

⑥ 嘿 mò：同"默"。

⑦ 孔子动容有间……商太宰嘿然心计曰："孔丘欺我哉！"钱钟书按：隐称释迦而不著其名，且故示商太宰之勿信，闪烁惝恍，工于掩饰者也。故《广弘明集》卷二载王邵《齐书·述佛志》撮述此节及《黄帝》篇梦游华胥节而论之曰："此之所言，仿佛于佛"；编者释道宣于卷一径说此节曰："孔子深知佛为大圣也，时缘未升，故默而识之。"其事仿《论语·子罕》太宰问"夫子圣者与？"及《说苑·善说》太宰嚭问"孔子何如？"，而其意则师《庄子·天运》孔子赞老子曰"吾乃今于是乎见龙！"，庄子托孔子语以尊老子，列子托孔子语以尊释迦，作用大同。

译文

宋国的太宰见到孔子后，问道："你是圣人吗？"孔子说："我怎么敢自称圣人，我不过是博学多识而已。"宋国太宰问："三王是圣人吗？"孔子说："三王都是善于任用有智力和勇力的人，至于他们是不是圣人，我不知道。”又问：“五帝是圣人吗？”孔子说：“五帝都善于任用有仁义道德的人，至于他们是不是圣人，我也不知道。”又问：“三皇是圣人吗？”孔子说：“三皇都善于任用顺应时势的人，至于他们是不是圣人，我还是不知道。”宋国太宰大为惊讶，说：“那么究竟谁可以称得上圣人呢？”孔子的脸色变得有些激动，过了一会儿说道：“西方有一位圣人，他虽不刻意治国但国家却不混乱，虽不口若悬河但人民却自然信服，虽不施行教化但礼乐却畅通无阻，这位圣人虚怀若谷，清静无为，人民也不知道如何赞誉他。我怀疑他应该是个圣人，但我也不清楚他确实是圣人呢，还是并非真的圣人。”宋国太宰听后，心里默默地说：“这孔丘是在蒙我呢！”

子夏问孔子曰[①]：“颜回之为人奚若[②]？”子曰：“回之仁贤于丘也。”曰：“子贡之为人奚若[③]？”子曰：“赐之辩贤于丘也。”曰：“子路之为人奚若[④]？”子曰：“由之勇贤于丘也。”曰：“子张之为人奚若[⑤]？”子曰：“师之庄贤于丘也。”子夏避席而问曰：“然则四子者何为事夫子？”曰：“居！吾语汝。夫回能仁而不能反[⑥]，赐能辩而不能讷[⑦]，由能勇而不能怯，师能庄而不能同。兼四子之有以易吾，吾弗许也。此其所以事吾而不贰也。”

注释

①此节与《孔子家语·六本》及《说苑·杂言》二书几乎完全相同。《淮南子·人间训》则较为简略。又见于《论衡·定贤》。

子夏：姓卜，名商，字子夏，晋国人，孔子弟子。

②奚若：何如，怎么样。

③子贡：姓端木，名赐，字子贡，卫国人，孔子弟子。

④子路：名仲由，字子路，又字季路，鲁国人，孔子弟子。

⑤子张：姓颛孙，名师，字子张，陈国人，孔子弟子。

⑥反：张湛注："反，变也。"俞樾曰："反"字无义，疑"刃"字之误。俗书"刃"字作"刄"，故误为"反"耳。刃与"忍"通。……"能仁而不能刃"，即"能仁而不能忍"；正与下文"赐能辩而不能讷，由能勇而不能怯，师能庄而不能同"一律。《淮南子·人间训》篇亦载此事，曰"丘能仁且忍，辩且讷，勇且怯"，字正作"忍"，是其明证。张注曰"反，变也"，是其所据本已误矣。忍，忍心，狠心。

⑦讷：说话迟钝。

译文

子夏问孔子道："颜回的为人怎样？"孔子说："颜回的仁慈超过我。"又问："子贡的为人怎样？"孔子说："端木赐的善辩超过我。"又问："子路的为人怎样？"

孔子说："仲由的勇敢超过我。"又问："子张的为人怎么样？"孔子说："颛孙师的庄重超过我。"子夏离席而起，问道："那为什么他们四人还要来做您的学生呢？"孔子说："请坐下！我来告诉你为什么。颜回虽然仁慈却缺乏狠心，端木赐虽然善辩却不懂如何保持沉默，仲由虽然勇敢却不明白何时应该示弱，颛孙师虽然庄重严肃却缺少和蔼随和。如果把他们四人的长处合起来和我交换，我是不会同意的。这就是他们为什么会拜我为师而且没有二心的原因。"

子列子既师壶丘子林，友伯昏瞀人，乃居南郭[①]。从之处者，日数而不及[②]。虽然，子列子亦微焉[③]，朝朝相与辩，无不闻。而与南郭子连墙二十年，不相谒请。相遇于道，目若不相见者。门之徒役以为子列子与南郭子有敌不疑[④]。有自楚来者，问子列子曰："先生与南郭子奚敌？"子列子曰："南郭子貌充心虚，耳无闻，目无见，口无言，心无知，形无惕[⑤]，往将奚为？虽然，试与汝偕往。"阅弟子四十人同行[⑥]。见南郭子，果若欺魄焉[⑦]，而不可与接。顾视子列子，形神不相偶，而不可与群。南郭子俄而指子列子之弟子末行者与言，衎衎然若专直而在雄者[⑧]。子列子之徒骇之。反舍，咸有疑色。子列子曰："得意者无言，进知者亦无言[⑨]。用无言为言亦言，无知为知亦知。无言与不言，无知与不知，亦言亦知。亦无所不言，亦无所不知，亦无所言，亦无所知。如斯而已，汝奚妄骇哉？”

注释

①郭：古代在城的外围加筑的一道城墙。

②日：胡怀琛：“‘日’为‘百’字之误。”王叔岷：“《初学记》十八引‘处’作‘游’，‘日’作‘百’，《御览》四百四引‘日’亦作‘百’，疑作‘百’者是也。”

③微：道术精微。陶鸿庆曰：“微谓精微。孙卿子《议兵》篇：‘诸侯有能微妙之以节。’杨注：‘微妙精尽也。’此言列子道术精微，故弟子虽多，亦能朝朝与辨而闻于远近也。本篇下文：‘龙叔谓文挚曰，子之术微矣；吾有疾，子能已乎？’《汤问》篇：‘师襄乃抚心高蹈曰，微矣子之弹也！’皆谓艺术精微，可证此文之义。”

④敌：仇。疑：通“凝”，合。

⑤惕：改变；变化。陶鸿庆曰：“‘惕’当为‘傷’。《说文》：‘傷，交傷也。’即‘易’之本字。‘形无傷’者，谓其形无交易也。”

⑥阅：汇集。

⑦欺魄：张湛注：“欺魄，土人也。”土人即泥人。比喻神凝形丧。

⑧衎 kàn 衎：刚直从容。

⑨进：“尽”的同声假借字。

译文

列子拜壶丘子林为师，同时也与伯昏瞀人是好友，住在南城墙附近，跟列子交往的人，多至数百人也不止。尽管人很多，但因为列子的道术精微，奥妙无穷，他可以天天和他们辩驳疑难，因此远近闻名。他虽然与南郭子隔壁相邻二十年，却彼此从不互相往来拜访。即使路上相遇的时候，彼此也好像都没有看见似的。列子门徒和仆役们都以为列子与南郭子彼此有仇，不相和睦。有一个从楚国来的人，问列子道："先生与南郭子有什么仇恨吗？"列子说："南郭子这个人外表充实而内心空虚，耳朵不听，眼睛不看，口中不言，心无知觉，形体不变，即使去他那里又能做什么呢？虽然如此，我还是试试和你一起去看看吧。"于是列子会集了四十个弟子同行。当他们见到南郭子时，果然发现他简直就和土偶一样，根本无法与之交流。弟子们再回头看列子，只见他精神与形体已经分离，也和别人不一样了。过了一会儿，南郭子指着列子弟子中最后面的一个人，和他交谈起来，这时却显出了一副刚直从容、争强好胜的神态。列子的弟子们大为震惊。回到住处后，还都面带着疑惑不解的神色。列子说："获得了事物真意的人就不再说话，对各种事物完全了解了的人也不再说话。以无言来表达也是一种表达，以无知来表示知也是一种知。所以无言就是不言，无知就是不知。也就相当于用语言表达了，对事物有所知了。那也就是无所不言，无所不知了，而实际上却又什么都没有表达；什么都不知晓，如此而已，你们又何必盲目震惊呢？”

子列子学也[1]，三年之后，心不敢念是非，口不敢言利害，始得老商一眄而已。五年之后，心更念是非，口更言利害，老商始一解颜而笑。七年之后，从心之所念，更无是非；从口之所言，更无利害；夫子始一引吾并席而坐[2]。九年之后，横心之所念，横口之所言，亦不知我之是非利害欤，亦不知彼之是非利害欤，外内进矣[3]。而后眼如耳，耳如鼻，鼻如口，口无不同[4]。心凝形释，骨肉都融；不觉形之所倚，足之所履，心之所念，言之所藏。如斯而已，则理无所隐矣。

注释

①子列子学也：指列子向老商氏学乘风之道。此节已见《黄帝》篇“列子师老商氏，友伯高子”一节。张湛注：“《黄帝》篇已有此章，释之详矣。所以重出者，先明得性之极，则乘变化而无穷；后明顺心之理，则无幽而不照。二章双出，各有攸趣，可不察哉？”

②王重民曰：“‘吾’字当衍。此事又见《黄帝》篇。《黄帝》篇为列子对尹生之言，故可有‘吾’字。

此篇既改为作者所述之言，而著‘吾’字，则不可通矣。”据此，下文“亦不知我之是非利害欤”当作“亦不知己之是非利害欤”。

③ 进：“尽”的同声假借字。

④ 口无不同：“口”字衍。“同”下应有“也”字。《黄帝》篇作“无不同也”。

译文

列子在学习乘风之道时，三年内，内心不敢考虑是与非的问题，口中不敢谈论利与害之事，这样才不过仅仅得到老商氏斜看一眼而已。此后的两年，他的内心就比较多地考虑是非问题，口中也比较多地谈论利害之事了，此时老商氏才开始给了他一个笑脸。此后又是两年，他就能任凭内心所想，而没有了所谓是与非的区别；任凭嘴巴言说，而不管什么利与害的后果；老商氏这才拉列子坐在自己身边。此后又是两年，列子已经完全听由内心的任意所思，也完全听由口中的随意所谈了，既不知道是非利害对于他自己意味着什么，也不知道是非利害对其他人意味着什么，把自身与外物都忘得一干二净。从此以后，列子眼睛就像耳朵一样能听，耳朵就像鼻子一样能嗅，鼻子就像嘴一样能言，它们彼此都没有什么区别了。而且精神凝为一体，形体散而不存，甚至连骨肉也都融化不见了；他根本感觉不到自己的身体以什么为依托，两脚踩在哪里，内心还有什么可思虑的，自己说的话是什么内容。这样一来，他所要学的乘风之道也就毫无隐藏，毕露无遗了。

初，子列子好游。壶丘子曰："御寇好游，游何所好？"列子曰："游之乐所玩无故[①]。人之游也，观其所见；我之游也，观其所变。游乎游乎！未有能辨其游者。"壶丘子曰："御寇之游固与人同欤，而曰固与人异欤！凡所见，亦恒见其变。玩彼物之无故，不知我亦无故。务外游[②]，不知务内观[③]。外游者，求备于物；内观者，取足于身。取足于身，游之至也；求备于物，游之不至也。"于是列子终身不出，自以为不知游。壶丘子曰："游其至乎！至游者，不知所适；至观者，不知所视[④]。物物皆游矣，物物皆观矣，是我之所谓游，是我之所谓观也。故曰：游其至矣乎！游其至矣乎！"

注释

①所玩无故：张湛注："言所适常新也。"玩，玩赏，欣赏。

②务：追求。

③内观：即内视。道家的修养方法之一。谓不观外物，绝念无想。

④视：察看。

译文

列子原来非常爱好四处游览。壶丘子说："列御寇你这么喜欢游览，那游览有什么值得喜欢的呢？"列子说："到处游览的快乐，就在于所欣赏的景物没有重复的。别人游览，欣赏的是所见到的景物；而我游览，则欣赏事物所发生的变化。游览啊游览！没有谁能搞清楚它真正的意义所在。"壶丘子说："列御寇所谓的游览原本就与别人一样嘛，而他还偏偏说与别人根本不同呢！凡是人能看到的事物，也就必然会同时看到这些事物发生的变化。你欣赏了那些没有重复的事物，却不知道你自身也处在不断变化之中。你只知道追求欣赏外物，却不知道追求对自己的内视。欣赏外物的人，就会力求万物具备；而内视自己的人，万物皆备于其一身。内视万物皆备的自身，才是游览的最高境界；而到万物具备的外界去游览，其实并不是真正的游览。"从此以后，列子就终身不再外出，因为他觉得自己并不懂得真正的游览。壶丘子说："这是最高境界的游览啊！这种游览，人并不知道究竟到了哪里，在这种最高境界的欣赏里，人也不知道究竟看到了什么。但是所有的地方都去了，所有的事物都察看到了，这才是我所说的游览，这才是我所说的观赏。所以我说：这才是最高境界的游览啊！这才是最高境界的游览啊！"

龙叔谓文挚曰[①]："子之术微矣。吾有疾，子能已乎？"文挚曰："唯命所听。然先言子所病之证[②]。"龙叔曰："吾乡誉不以为荣，国毁不以为辱；得而不喜，失而弗忧；视生如死，视富如贫；视人如豕，视吾如人。处吾之家，如逆旅之舍；观吾之乡，如戎蛮之国。凡此众疾，爵赏不能劝，刑罚不能威，盛衰利害不能易，哀乐不能移，固不可事国君，交亲友，御妻子，制仆隶，此奚疾哉？奚方能已之乎[③]？"文挚乃命龙叔背明而立，文挚自后向明而望之。既而曰："嘻！吾见子之心矣，方寸之地虚矣[④]，几圣人也！子心六孔流通，一孔不达[⑤]。今以圣智为疾者，或由此乎！非吾浅术所能已也。"

注释

① 文挚：《释文》："文挚，六国时人，尝医齐威王。或云：春秋时宋国良医也，曾治齐闵王，使闵王怒而病愈。"

② 证：通"症"。

③ 已：治愈。

④ 方寸：内心。

⑤ 六孔流通，一孔不达：钱钟书按："龙叔等荣辱得失，齐生死贫富，'视人如豕，视吾如人'，张湛注所谓'无往不齐'，'能以万殊为一贯'，此其'心六孔流通'也；然龙叔不识此为'圣智'之境，乃以为'疾'而求文挚'已'之，此其'一孔不

达’也。盖不如阳里华子之病忘而并忘其忘或颜回之能坐忘。”

译文

龙叔对文挚说：“您的医术那么高超。我有病，您能给我治好吗？”文挚说：“一切都听您的。但请先说说您这病的具体症状。”龙叔说：“家乡的人都赞扬我，我却不以此为荣耀，全国的人都诋毁我，我却不以此为耻辱；得到了利益我也并不高兴，失去了好处我也并不忧愁；把活着看成跟死亡一样，把富贵看成与贫穷相同；看见人就像是看见了猪，看到我自己就像是看到了别人。我住在自己的家里，感觉就像是住在旅馆里；看到自己的家乡，就好像是看到了蛮夷之国。我所有刚才说的这些病，即使是给我爵位和赏赐也难以使我戒除，用严刑重罚威吓我也不能使我屈服，再重要的盛衰利害也无法使我改变，悲伤也好快乐也罢都不能撼动我的内心，这种病症必然使我难以侍奉君主、结交亲友，也无法管教妻子儿女，约束下人奴仆，请问这究竟是什么病呢？用什么药方才能治好它呢？”文挚于是就让龙叔背对阳光站着，文挚从后面顺着光线观察他。然后对他说：“哎呀！我看见你的心了，你的内心所在之处已经空空如也，你几乎快要成为圣人了！你的心已有六个孔窍都贯通了，只剩一个孔窍还没有贯通。如今你反而把七窍皆通的圣人境界当成患病，可能你的病根就在这里。这可不是我的浅陋医术所能治好的。”

无所由而常生者[1]，道也。由生而生，故虽终而不亡[2]，常也。由生而亡，不幸也。有所由而常死者，亦道也。由死而死，故虽未终而自亡者，亦常也[3]。由死而生，幸也。故无用而生谓之道，用道得终谓之常[4]；有所用而死者亦谓之道，用道而得死者亦谓之常。季梁之死[5]，杨朱望其门而歌。随梧之死[6]，杨朱抚其尸而哭。隶人之生[7]，隶人之死，众人且歌，众人且哭。

注释

①由：用。本文“无所由”即下文“无用”，“有所由”即下文“有用”。

②虽终而不亡：按下文“虽未终而自亡者”例，此处“亡”字下脱“者”字。

③亦常也：《集释》：“各本‘亦常’下无‘也’字，今依吉府本补。”

④用道得终谓之常：按下文“用道而得死者亦谓之常”例，此句应为“用道而得终者谓之常。”

⑤季梁：人名，事迹不详。杨伯峻案：《战国策·魏策》云：“魏王欲攻邯郸，季梁闻之，中道而反，衣焦不申，头尘不去，而谏梁王”云云，不知是否即此季梁。

⑥随梧：人名，事迹不详。

⑦ 隶人：与下文“众人”同义。张湛注：隶犹群辈也。亦不知所以生，亦不知所以死，故哀乐失其中，或歌或哭也。

译文

生命并非是为了某种目的而存在，这是自然之道。伴随着形体的存在而存在，形体虽消灭但精神却没有消亡，这是恒久不变的常理。为追求生而忘却自然之道，这实在是人的不幸。虽然有所作为而终将死亡，这也是自然之道。生终将以死结束，所以虽然尚未到生命终结之时，但因为身体的机能已经耗尽而自行死亡，这也是恒久不变的常理。应死而未死，反而得生，这其实是侥幸。所以无所作为而生才符合自然之道，顺应自然之道而终其天年才符合常理；有所作为而死符合自然之道，顺应自然之道却中途夭亡也属常理。季梁死的时候，杨朱遥望他的家门放声高歌。而随梧死的时候，杨朱却抚着他的尸身放声大哭。而寻常之人生了孩子，众人就高兴地放声歌唱，寻常之人死了，众人就悲伤地放声痛哭。

目将眇者[①]，先睹秋毫[②]；耳将聋者，先闻蚋飞[③]；口将爽者[④]，先辨淄渑[⑤]；鼻将窒者，先觉焦朽[⑥]；体将僵者，先亟奔佚[⑦]；心将迷者，先识是非：故物不至者则不反[⑧]。

注释

① 眇 miǎo：失明。

② 秋毫：鸟兽在秋天新长出来的细毛，比喻极细微之物。

③ 蚋 ruì：小蚊，又名沙蚊。

④ 爽：差，失去味觉。

⑤ 淄 zī：水名，即今山东的淄河。渑 shéng：水名，源出山东淄博市东北。相传二水之味各不同，混合之则难以辨别。

⑥ 焦朽：肉焦和木朽的气味。张湛注："焦朽有节之气，亦微而难别也。"

⑦ 亟：同"急"。佚：同"逸"，快速奔跑。

⑧ 反：同"返"。

译文

眼睛将要失明的人，他原先甚至可以看清秋天时鸟兽的细毛；耳朵将要失聪的人，他当初甚至可以听见蚊子飞鸣的声音；口舌将要失去味觉的人，他原来甚至可以分辨出淄渑两水混合后的味道；鼻子将要失去嗅觉的人，他起初甚至能够辨别出是火烧焦还是朽木发出的气味；身体将要变僵硬的人，此前甚至能够奔跑如飞；内心即将迷惑不清的人，他最初甚至完全能够明辨是非：所以，事物如果没有发展到极点，是不会返回到它的另一个极端的。

郑之圃泽多贤[①]，东里多才[②]。圃泽之役有伯丰子者[③]，行过东里，遇邓析[④]。邓析顾其徒而笑曰：“为若舞[⑤]，彼来者奚若？”其徒曰：“所愿知也。”邓析谓伯丰子曰：“汝知养养之义乎[⑥]？受人养而不能自养者，犬豕之类也；养物而物为我用者，人之力也。使汝之徒食而饱，衣而息，执政之功也[⑦]。长幼群聚而为牢藉庖厨之物[⑧]，奚异犬豕之类乎？”伯丰子不应。伯丰子之从者越次而进曰：“大夫不闻齐鲁之多机乎[⑨]？有善治土木者，有善治金革者，有善治声乐者，有善治书数者，有善治军旅者，有善治宗庙者，群才备也。而无相位者[⑩]，无能相使者。而位之者无知，使之者无能，而知之与能为之使焉。执政者，乃吾之所使，子奚矜焉[⑪]？”邓析无以应。目其徒而退。

注释

① 圃泽：即《天瑞》篇之“郑之圃”，又称“圃田泽”，在今河南中牟县西。

② 东里：在今河南新郑故城内，郑国的国相子产曾住在这里。

③ 役：张湛注：“役犹弟子。”

④ 邓析：春秋末期著名的思想家。约与老子、子产、孔子同时，郑国人。他反对礼治，主张“以非为是，以是为非”，“事断于法”。子产在郑国执政时，邓析是大夫。他不满子产所铸的刑书，不顾君命，

私制刑法，书之于竹简，故称竹刑。邓析首倡“刑名之论”，操“两可之说”，被视为玩弄巧辩之术，开启了名家的思想。因主张刑名之治，引发贵族的不满，后为郑国大夫驷歂所杀。

⑤舞：“侮”的同声假借字，嘲弄。

⑥养养：被养育和养育。

⑦执政之功也：张湛注：“喻彼为大豕，自以为执政者也。”

⑧牢藉：圈；竹木围栏。

⑨机：巧术；技艺。

⑩位：古通“莅”，临。

⑪矜 jīn：自以为了不起。

译文

郑国的圃泽有很多有贤德的人，而东里也有许多有才能的人。圃泽贤者的弟子中有个名叫伯丰子的，在路过东里的时候，遇到了邓析。邓析回头对自己的弟子笑着说道：“我来为你们戏弄他一下，看看那个走过来的人有什么反应？”邓析的弟子们说：“我们也很想看看。”邓析就对伯丰子说：“你知道被养育与养育有什么区别吗？只能被别人养活而不能自己养活自己的，就是属于猪狗这一类的动物；而能养活动物又能使动物为我所用的，就只有人力才能做到。能让你们这些人吃得饱饱的，有衣服穿，又能舒舒服服地休息，这都是我们这些做官掌权的人的功劳。而你们这些人大大小小群聚一处，简直就像在围栏里被圈养和在厨房里被宰杀的动物一样，和猪狗之类又有什么区别呢？”伯丰子没有答话。跟他来的一个人一步跨向前来，说道：“大夫您没听说过齐鲁两国有许多颇具奇巧技艺的人吗？他们有的擅长土木建筑，有的檀长制作五金皮革，有的擅长演奏乐器，有的擅长写字演算，有的擅长带兵打仗，有的擅长宗庙祭祀，各种人才应有尽有。但因为他们才艺相当，所以彼此之间难以相互驾驭和驱使。而驾驭他们的人却又愚蠢无知，驱使他们的人又庸碌无能，所以那些驾驭驱使别人的人反倒要被聪明而有才能的人所驾驭驱使了。所以你们这些做官掌权的人，才真正是被我们所驾驭和驱使的，你还有什么自以为了不起的呢？”邓析终于无话可说了，就示意他的弟子们走开。

公仪伯以力闻诸侯，堂溪公言之于周宣王[①]。王备礼以聘之。公仪伯至，观形，懦夫也。宣王心惑而疑曰：“女之力何如[②]？”公仪伯曰：“臣之力能折春螽之股[③]，堪秋蝉之翼[④]。”王作色曰：“吾之力能裂犀兕之革[⑤]，曳九牛之尾[⑥]，犹憾其弱。女折春螽之股，堪秋蝉之翼，而力闻天下，何也？”公仪伯长息退席，曰：“善哉王之问也！臣敢以实对。臣之师有商丘子者，力无敌于天下，而六亲不知，以未尝用其力故也。臣以死事之，乃告臣曰：‘人欲见其所不见，视人所不窥，欲得其所不得，修人所不为。

故学视者先见舆薪[⑦]，学听者先闻撞钟。夫有易于内者无难于外。于外无难，故名不出其一家。'今臣之名闻于诸侯，是臣违师之教，显臣之能者也。然则臣之名不以负其力者也[⑧]，以能用其力者也，不犹愈于负其力者乎？"

注释

①公仪、堂溪：均为姓氏。

②女：古通"汝"。

③螽 zhōng：即蝗虫。

④堪："戡"的同声假借字，刺。

⑤犀兕 sì：犀牛。革：用兽皮制成的甲胄。

⑥曳：拖拽。

⑦舆薪：满车子的柴。比喻大而易见的事物。

⑧负：自夸。

译文

公仪伯以力大无穷闻名于各国诸侯，堂溪公将此事上奏于周宣王。宣王就命人备厚礼去请他。公仪伯到了以后，宣王一见到他的样子，感觉他像个软弱无能的人。宣王心中很是疑惑不解，就问道："你的力量到底有多大？"公仪伯说："我的力量可以折断春天蝗虫的大腿，能够穿透秋天知了的翅膀。"宣王听了，脸色骤变，说："我的力量可以撕裂犀牛皮制的甲胄，能够拽住九头牛的尾巴，即使这样，我还嫌自己力量太小。而你只不过能折断春天蝗虫的大腿，穿透秋天知了的翅膀，却以力大无穷而闻名于天下，这究竟是为什么呢？”公仪伯长叹了一口气，起身离开坐席，说道:“大王您问得正好！那我就斗胆告诉您实话吧。我有个老师名叫商丘子，他力量之大天下无敌，可是他的亲人们却谁都不知道，因为他从来没有展现过他的力量。我于是心甘情愿地拜他为师，他才对我说:‘别人都是竭力要见自己所见不到的东西，而我则是看别人所不看的东西；别人都是希望得到自己难以得到的东西，而我则是做别人所不屑于做的事。所以要锻炼眼神就应该先看满车的木柴，要锻炼听力就应该先听撞钟的宏音。先从近在身边的容易之事开始，逐渐地由近及远，对于远处的外物无所不通，就不会再有难以做到的事了。而待到不难通于远处外物之时，功力已经成于自身，外人不得而知，甚至连自己的家人都不明真相。’而如今我的名声已经为各国诸侯所知，这说明我违背了老师的教诲，把我的才能明白表现出来了。但我毕竟还不是靠自夸力大无穷而得名的，而只是因为我善于使用自己的力量而得名的，这不还是比那些自恃力大无穷的人强些吗？”

中山公子牟者[①]，魏国之贤公子也。好与贤人游，不恤国事，而悦赵人公孙龙[②]。乐正子舆之徒笑之[③]。公子牟曰:“子何笑牟之悦公孙龙也？”子舆曰:“公孙龙之为人也，行无师，学无友，佞给而不中[4]，漫衍而无家[5]，好怪而妄言，欲惑人之心，屈人之口，与韩檀等肄之[6]。”公子牟变容曰：“何子状公孙龙之过欤？请闻其实。”子舆曰：“吾笑龙之诒孔穿[7]，言‘善射者能令后镞中前括[8]，发发相及，矢矢相属[9]。前矢造准而无绝落[10]，后矢之括犹衔弦，视之若一焉’。孔穿骇之。龙曰：‘此未其妙者。逢蒙之弟子曰鸿超[11]，怒其妻而怖之，引乌号之弓[12]，綦卫之箭[13]，射其目。矢来注眸子而眶不睫[14]，矢隧地而尘不扬[15]。’是岂智者之言与？”公子牟曰：“智者之言固非愚者之所晓。后镞中前括，钧后于前[16]。矢注眸子而眶不睫，尽矢之势也。子何疑焉？”乐正子舆曰：“子，龙之徒，焉得不饰其阙[17]？吾又言其尤者。龙诳魏王曰：‘有意不心，有指不至，有物不尽，有影不移，发引千钧，白马非马，孤犊未尝有母。’其负类反伦[18]，不可胜言也。”公子牟曰：“子不谕至言而以为尤也[19]，尤其在子矣。夫无意则心同。无指则皆至。尽物者常有。影不移者，说在改也。发引千钧，势至等也。白马非马，形名离也。孤犊未尝有母，非孤犊也[20]。”乐正子舆曰：“子以公孙龙之鸣皆条也[21]。设令发于余窍[22]，子亦将承之。”公子牟默然良久，告退，曰：“请待余日，更谒子论。”

注释

①中山公子牟：张湛注、卢重玄解均说：“公子牟，文侯子，封于中山，故曰中山公子牟。”孙诒让、

沈钦韩则力辩其说为谬，认为公子牟既非魏文侯之子，中山也并非其封邑。然《列子》一书既多为寓言假托，则其所述多与史事不合也不必为怪。所以张湛于本节下文之注中又说："公子牟、公孙龙似在列子后，而今称之，恐后人所增益以广书义。苟于统例无所乖错，而足有所明，亦奚伤乎？诸如此皆存而不除。"

② 公孙龙：赵国人，战国末期著名的哲学家，名家学派的代表人物。能言善辩，曾为平原君门客。他提出了"离坚白""白马非马"等哲学命题，著有《公孙龙子》一书。

③ 乐 yuè 正子舆：人名，复姓乐正，字子舆，事迹不详。乐正，本为古代乐官之长，后以官职为姓氏。

④ 佞给 nìngjǐ：巧言诡辩。佞，巧言谄媚。给，敏捷，口齿伶俐。不中：不合理。

⑤ 漫衍：散乱无条理，不成系统。无家：学无所归。张湛注："儒墨刑名乱行而无定家。"

⑥ 韩檀：《庄子·天下》："桓团、公孙龙，辩者之徒，饰人之心，易人之意；能胜人之口，不能服人之心。辩者之囿也。"按："桓团"即韩檀。肄：学习。

⑦ 诒 dài：欺骗。

⑧ 镞 zú：箭头。括：箭尾。

⑨ 属 zhǔ：连接。

⑩ 造：到达。准：箭靶的中心。

⑪ 逄 páng 蒙：上古传说中善于射箭的人，相传他曾

学射于后羿。鸿超：人名，其事未详。

⑫乌号：古代良弓名。《淮南子·原道训》："射者扞乌号之弓，弯綦卫之箭。"高诱注："乌号，桑柘，其材坚劲，乌峙其上，及其将飞，枝必桡下，劲能复巢，乌随之，乌不敢飞，号呼其上。伐其枝以为弓，因曰乌号之弓也。一说黄帝铸鼎于荆山鼎湖，得道而仙，乘龙而上，其臣援弓射龙，欲下黄帝，不能也。乌，于也；号，呼也。于是抱弓而号。因名其弓为乌号之弓也。"

⑬綦 qí 卫：古代綦地出产的利箭。卫，张湛注："卫，羽也。"箭上的羽毛，借指箭。

⑭来："末"字之误，末端，即矢尖。睫：通"睞"，眨眼。

⑮隧 zhuì："坠"的同声假借字。

⑯钧："均"的同声假借字，相同。

⑰阙：同"缺"，缺点，过失。

⑱负：违背。类：常识。伦：常理。

⑲尤：过失。

⑳孤犊未尝有母，非孤犊也：应作"孤犊未尝有母，有母非孤犊也"。

㉑鸣：鸣叫；嘶鸣。含贬义。条：有条理。

㉒余窍：肛门。

译文

中山公子魏牟是魏国德才兼备的公子。他爱好与贤者交往，不关心国家政事，特别欣赏赵国人公孙龙。乐正子舆及其门徒总是以此嘲笑他。公子牟说：“你们为什么要嘲笑我对公孙龙先生的欣赏呢？”子舆说：“公孙龙这个人，行为没有师教，治学没有同道，巧言诡辩却不合道理，其学杂乱无章，没有依归，偏好怪异，言论荒谬，企图迷惑人心，使人口服，他和韩檀一样，搞的都是那套诡辩术。”公子牟听了，显出一脸的不高兴，说道：“你凭什么把公孙龙先生的过错说得这么严重呢？那就请你告诉我你这样说的事实根据。”子舆说：“公孙龙欺骗孔穿的话就让我感到非常可笑，他说：‘善于射箭的人可以让后一枝箭的箭头射中前一枝箭的箭尾，而且连续不断地开弓，一箭紧接着一箭，还没等前一箭到达靶心，后一箭早已搭弓上弦，这些射出的箭看起来就好像连在一起的一枝箭似的。’孔穿听了大为震惊。公孙龙却说：‘这还算不上是最高超的呢。逢蒙有个弟子叫鸿超，因为对老婆怒气大发，就准备吓唬吓唬她，于是操起宝弓，搭上利箭，对着她的眼睛射去。箭头刚要射中眼珠，还没等她眨一下眼睛，箭就轻轻落在了地上，连一点尘土都没有扬起来。’这难道是有智慧的人所说的话吗？”公子牟说：“有智慧的人所说的话本来就不是那些愚蠢的人所能听懂的。后一枝箭的箭头射中前一枝箭的箭尾，那是因为后一枝箭发射的方向、力度和角度与前一枝箭完全相同。箭头快要射中眼珠了还没有眨一下眼睛，那是因为此时的箭力刚好耗尽。你对这些又有什么可怀疑的呢？”乐正子舆又说道：“你既然和公孙龙是同一类的人，怎能不替他掩饰过失呢？我再说说他那些更加荒谬的言论吧。公孙龙欺骗魏王说：‘意念产生于心，但人们认识到的只是意念，而不是心的本体。为某一事物命名，并不能概括这一事物的全部实际，而即使能概括这一事物的全部实际，也不可能穷尽所有事物的实际。影子没有移动。一根头发可以吊起千钧之重。白马并不是马。孤犊不曾有过母亲。’诸如此类违反常识、违背常理的荒诞言论，简直是说也说不完。”公子牟说：“你没有弄懂这些深刻有理的话，却反而把它当成荒谬之论，其实真正错误的恰恰是你自己。因为只有心不生意念，才能心同于无。只有不为事物命名，才能概括事物的全部实际，也才能穷尽所有的事物。至于说影子没有移动，那是说在物体移动之后，原来的影子消失了，又产生了新的影子，但是新的影子却并不是旧的影子移动的结果，所以说旧的影子并没有移动。说头发能吊起千钧之重，那是说即使细微如头发也可以产生相当于千钧的力量。说白马不是马，那是把马的外形描述与马的颜色描述分开来表示的。说孤犊不曾有过母亲，意思是说无母之犊称孤犊，如果有母就不能称为孤犊了。”乐正子舆说：“凡是公孙龙发出的鸣声，在你看来都是有条有理的。哪怕是从他肛门排出来屁和屎，你都会毫无例外地全盘接受！”公子牟听了，沉默了好久，于是告辞道：“等过些日子，再来拜访讨论。”

尧治天下五十年，不知天下治欤？不治欤？不知亿兆之愿戴己欤？不愿戴己欤？顾问左右，左右不知。问外朝，外朝不知。问在野，在野不知。尧乃微服游于康衢[①]，闻儿童谣曰："立我蒸民，莫匪尔极[②]；不识不知，顺帝之则[③]。"尧喜问曰："谁教尔为此言？"童儿曰："我闻之大夫。"问大夫。大夫曰："古诗也。"尧还宫，召舜，因禅以天下[④]。舜不辞而受之。

注释

① 康衢 qú：四通八达的大路。

② 立我蒸民，莫匪尔极：语出《诗经·周颂·思文》："立我烝民，莫匪尔极。"郑玄注："立，当作'粒'。烝，众也。"粒，养育。蒸，同"烝"，众多。极，最，指最大的恩惠。

③ 不识不知，顺帝之则：语出《诗经·大雅·皇矣》。顺，遵循。帝，上天，自然。则，天道，法则。

④ 禅 shàn：帝王让位于别姓之人。

译文

尧帝统治天下已经五十年了，他很想知道天下究竟是治理得好呢，还是治理得不好？也很想知道百姓究竟是愿意拥戴自己呢，还是不愿意拥戴自己？他向身边的臣子询问，可身边的臣子都说不知道。又向朝廷之外的臣僚询问，他们也说不知道。接着又询问不居官当政的人，他们仍然说不知道。于是帝尧穿上平民的便服在四通八达的大路上走来走去，忽然听到小孩子在唱童谣："是您养育了我们民众百姓，没有谁不感激您的大恩大德。我们不识古今不懂机巧，只知道顺应上天之道。"尧帝高兴地问道："是谁教你们这样唱的？"孩子们答道："我们是从大夫们那里听来的。"后来，尧帝又问大夫。大夫说，"这是古代的诗句。"尧返回宫中后，立刻召见舜，然后就把帝位让给了他。舜也没有推辞便接受了。

关尹喜曰："在己无居[①]，形物其箸[②]。其动若水，其静若镜，其应若响。"故其道若物者也[③]。物自违道，道不违物。善若道者，亦不用耳，亦不用目，亦不用力，亦不用心；欲若道而用视听形智以求之，弗当矣。瞻之在前，忽焉在后。用之，弥满六虚[④]；废之，莫知其所。亦非有心者所能得远，亦非无心者所能得近，唯默而得之而性成之者得之[⑤]。知而亡情，能而不为，真知真能也。发无知，何能情？发不能，何能为？聚块也，积尘也。虽无为而非理也。[⑥]

注释

①居：固执；偏执。此句及以下所引关尹喜之言见于《庄子·天下》，又见于《关尹子·三极》。

②形物：事理。箸：同"著"，明显，显现。

③若：合于；顺应。与下文"违"义正相反。

④ 六虚：上下四方的空间。

⑤ 而性成之：俞樾："'而性成之'当作'性而成之'。《汤问》篇'默而得之，性而成之'是其证。"性，自然本性。

⑥ 知而亡情，能而不为，真知真能也。发无知，何能情？发不能，何能为？聚块也，积尘也。虽无为而非理也：钱钟书按：张湛以下注者于此节皆失其解，或遂说"发"为"废"，仍不得解，进而删改字句，盖未晓神秘家言"反以至大顺"也。参观《老子》卷论五章。《孟子·梁惠王》："曰：'不为者与不能者之形何以异？'……'是不为也，非不能也"，（参观《抱朴子》内篇《辨问》："俗人或曰：'周孔皆能为此，但不为耳'"云云）；《庄子·齐物论》"何居乎？形固可使如槁木，而心固可使如死灰乎？"合此二节，可以释《列子》矣。槁木、死灰与聚块、积尘等类；聚块、积尘亡情不为，亦与真知真能"形"无以"异"。然而不可皮相目论也。活泼刺之身心使如死灰槁木，庶几入道；死灰槁木则原非有道者也。唯有知而亡情，有能而不为，庶几真知真能；若聚块积尘，本无知也，非亡情也，本不能也，非不为也，岂得比于"善若道"哉？故曰"虽无为而非理也"。"发"如司马迁《报任少卿书》"发背沾衣"或潘岳《西征赋》"发阌乡而警策"之"发"，出于、昉自之义。

译文

关尹喜说：“只要不偏执己意，所有的事理都会自然显现。切合事理的自然之道动时如流水，静时如明镜，反应如回响。”所以自然之道是符合、顺应事物之理的。只有事理违背自然之道，而自然之道是不会违背事理的。善于顺应自然之道的人，就可以不必用耳，不必用眼，也不必用体力，不必用心智；想要顺应自然之道而用眼睛、耳朵、体力和心智来求得实现，就不是应有的途径了。自然之道乍一看是在前面，忽然间又到了后面。只要你用它，则上下四方无处不在；如果你弃而不用，则不知道它究竟在何处。道无所谓远近，所以并不是有心求道的人感觉道在远离自己，而是他远离了道；也不是无心求道的人反而感觉道近在身边，而是他接近了道。只有在不知不觉中切合事理、顺应事物本性的人才能够真正获得自然之道。只有那种虽具心智却无情感，虽有能力却不愿作为的人，才是真正的有心智、真正的有能力。如果原本就没有心智，还哪里会产生什么情感？原本就不存在能力，如何还会有什么作为？这就好比聚集一处的土块，积成一堆的灰尘，虽然确实没有情感，也不去作为，却绝不可与善于顺应自然之道的人相提并论。

汤问第五

殷汤问于夏革曰[①]："古初有物乎？"夏革曰："古初无物，今恶得物？后之人将谓今之无物，可乎？"殷汤曰："然则物无先后乎？"夏革曰："物之终始，初无极已。始或为终，终或为始，恶知其纪[②]？然自物之外，自事之先，朕所不知也。"殷汤曰："然则上下八方有极尽乎？"革曰："不知也。"汤固问。革曰："无则无极，有则有尽[③]，朕何以知之？然无极之外，复无无极；无尽之中，复无无尽。无极复无无极，无尽复无无尽。朕以是知其无极无尽也，而不知其有极有尽也。"汤又问曰："四海之外奚有？"革曰："犹齐州也[④]。"汤曰："汝奚以实之[⑤]？"革曰："朕东行至营[⑥]，人民犹是也。问营之东，复犹营也。西行至豳[⑦]，人民犹是也。问豳之西，复犹豳也。朕以是知四海、四荒、四极之不异是也[⑧]。故大小相含，无穷极也。含万物者，亦如含天地。含万物也故不穷，含天地也故无极。朕亦焉知天地之表不有大天地者乎？亦吾所不知也。然则天地亦物也。物有不足，故昔者女娲氏练五色石以补其阙，断鳌之足以立四极[⑨]。其后共工氏与颛顼争为帝，怒而触不周之山，折天柱，绝地维，故天倾西北，日月星辰就焉；地不满东南，故百川水潦归焉[⑩]。"汤又问："物有巨细乎？有修短乎？有同异乎？"革曰："渤海之东不知几亿万里，有大壑焉[11]，实惟无底之谷，其下无底，名曰归墟。八纮九野之水[12]，天汉之流[13]，莫不注之，而无增无减焉。其中有五山焉：一曰岱舆，二曰员峤，三曰方壶，四曰瀛洲，五曰蓬莱。其山高下周旋三万里，其顶平处九千里。山之中间相去七万里，以为邻居焉。其上台观皆金玉，其上禽兽皆纯缟[14]。珠玕之树皆丛生[15]，华实皆有滋味[16]，食之皆不老不死。所居之人皆仙圣之种，一日一夕飞相往来者，不可数焉。而五山之根无所连箸，常随潮波上下往还，不得暂峙焉。仙圣毒之[17]，诉之于帝。帝恐流于西极，失群仙圣之居，乃命禺强使巨鳌十五举首而戴之[18]。迭为三番，六万岁一交焉。五山始峙而不动。而龙伯之国有大人，举足不盈数步而暨五山之所，一钓而连六鳌，合负而趣归其国[19]，灼其骨以数焉[20]。于是岱舆、员峤二山流于北极，沉于大海，仙圣之播迁者巨亿计[21]。帝凭怒[22]，侵减龙伯之国使阨[23]，侵小龙伯之民使短。至伏羲神农时，其国人犹数十丈，从中州以东四十万里得僬侥国[24]。人长一尺五寸。东北极有人名曰诤人[25]，长九寸。荆之南有冥灵者[26]，以五百岁为春，五百岁为秋。上古有大椿者[27]，以八千岁为春，八千岁为秋。朽壤之上有菌芝者[28]，生于朝，死于晦。春夏之月有蠓蚋者[29]，因雨而生，见阳而死。终北之北有溟海者[30]，天池也，有鱼焉，其广数千里，其长称焉[31]，其名为鲲。有鸟焉，其名为鹏，翼若垂天之云，其体称焉。世岂知有此物哉？大禹行而见之，伯益知而名之[32]，夷坚闻而志之[33]。江浦之间生幺虫[34]，其名曰焦螟。群飞而集于蚊睫，弗相触也。栖宿去来，蚊弗觉也。离朱、子羽方昼拭眥扬眉而望之[35]，弗见其形；䚦俞、师旷方夜擿耳俛首而听之[36]，弗闻其声，唯黄帝与容成子居空峒之上[37]，同斋三月，心死形废，徐以神视，块然见之，若嵩山之阿；徐以气听，砰然闻之，若雷霆之声。吴楚之国有大木焉，其名为櫾[38]，碧树而冬生，实丹而味酸。食其皮汁，已愤厥之疾[39]。齐州珍之，渡淮而北而化为枳焉[40]。鸜鹆不逾济，貉逾汶则死矣，地气然也[41]。虽然，形气异也，性钧已[42]，无相易已，生皆全已，分皆足已，吾何以识其巨细，何以识其修短，何以识其同异哉？"

注释

①夏革jí：相传为商汤王（即殷汤）的大夫。革，《庄子·逍遥游》作"棘"。

②纪：开端或终结。

③有则有尽：据下文"无极之外，复无无极；无尽之中，复无无尽。无极复无无极，无尽复无无尽"，当作"有则无尽"，始文从意顺。

④齐州：中央之国。齐，中央。

⑤实：证实；验证。

⑥营：《释文》："今之柳城，古之营州，东行至海是

也。”《尔雅·释地》：“（九州）齐曰营州。”即今山东沿海一带。

⑦ 豳 bīn：古地名，在今陕西彬县一带。

⑧ 四海、四荒、四极之不异是也：此句既为夏革答殷汤“四海之外奚有？”之问，则当作“四海、四荒、四极之外不异是也”，始文从意顺。据《太平御览》卷二所引，“之”字下正有“外”字。《尔雅·释地》：“东至于泰远，西至于邠国，南至于濮铅，北至于祝栗，谓之四极。孤竹、北户、西王母、日下，谓之四荒。九夷、八狄、七戎、六蛮，谓之四海。”

⑨ 昔者女娲氏练五色石以补其阙，断鳌之足以立四极：见于《淮南子·览冥训》：“往古之时，四极废，九州裂，天不兼覆，地不周载，火爁炎而不灭，水浩洋而不息，猛兽食颛民，鸷鸟攫老弱，于是女娲炼五色石以补苍天，断鳌足以立四极。”练，古同“炼”字。

⑩ 共工争帝怒触不周山故事两见于《淮南子》。一为《原道训》：“昔共工之力，触不周之山，使地东南倾。与高辛争为帝，遂潜于渊，宗族残灭，继嗣绝祀。”二为《天文训》：“昔者共工与颛顼争为帝，怒而触不周之山。天柱折，地维绝。天倾西北，故日月星辰移焉；地不满东南，故水潦尘埃归焉。”

⑪ 大壑：《山海经·大荒东经》：“东海之外有大壑，少昊之国。”

⑫八纮 hóng：八方极远之地。《淮南子·地形训》："九州之大，纯方千里，九州之外，乃有八寅，……八寅之外，而有八纮，亦方千里，自东北方曰和丘、曰荒土；东方曰棘林、曰桑野；东南方曰大穷、曰众女；南方曰都广、曰反户；西南方曰焦侥、曰炎土；西方曰金丘、曰沃野；西北方曰一目、曰沙所；北方曰积冰、曰委羽。凡八纮之气，是出寒暑，以合八正，必以风雨。"九野：天之八方与中央。《淮南子·天文训》："天有九野，九千九百九十九隅，去地五亿万里。……何谓九野？中央曰钧天，……东方曰苍天，……东北曰变天，……北方曰玄天，……西北方曰幽天，……西方曰颢天，……西南方曰朱天，……南方曰炎天，……东南方曰阳天。"

⑬天汉：天河，即银河。张湛注："世传天河与海通。"

⑭其上：据《太平御览》卷三十八所引，无"其上"二字，当为衍字。缟：白色。

⑮珠玕 gān：珠玉。

⑯华 huā：古同"花"。实：果实。

⑰毒：苦；痛苦。

⑱禺强：《山海经·大荒北经》："北海之渚中，有神，人面鸟身，珥两青蛇，践两赤蛇，名曰禺强。"张湛注："《大荒经》曰：北极之神名禹强，灵龟为之使也。"按："灵龟为之使也。"禹强即禺强。此未见于今本《山海经》。

⑲趣：古同“趋”，奔向。

⑳灼：烧。数：占卜。

㉑播迁：迁徙。

㉒凭：大。

㉓侵：古同“浸”，逐渐。阨 ài：通“隘”，狭小。

㉔中州以东四十万里得僬侥 jiāoyáo 国：王重民：“‘东’当作‘西’，字之误也。《淮南子·地形训》篇：‘西南方曰僬侥。’韦昭注《鲁语》：‘僬侥，西南蛮之别名。’是古者一谓僬侥在西南也。《御览》七百九十引外国图云：‘僬侥去九疑三万里’，是又谓在南方也。《释文》引《括地志》云：‘在大秦国北’，大秦在西南，是又谓在西方也。约之以谓在西南者为折中。其谓在西在南者，盖观点略有不同耳。而从未有谓在东方者，则‘东’为误字审矣。此段记四方之特异，荆南冥灵，发北鲲鹏，东北诤人，西方僬侥。若作‘东’，则与诤人相复矣。‘东’为误字，此又一证也。《御览》三百七十八，又七百九十引‘四’并作‘三’。疑《列子》此文本作‘从中州以西三十万里得僬侥国’，后‘西’字误作‘四’，因衍入‘东’字，削去‘三’字耳。”僬侥，古代传说中的矮人，因以为其国名。

㉕诤人：古代神话传说中的矮小之人。《山海经·大荒东经》作“竫人”。

㉖冥灵：树木名。《庄子·逍遥游》：“楚之南有冥灵

者，以五百岁为春，五百岁为秋；上古有大椿者，以八千岁为春，八千岁为秋。”

㉗椿：树木名，一名櫄。

㉘朽壤：腐烂的泥土。菌芝：即灵芝。《庄子·逍遥游》：“朝菌不知晦朔”。

㉙蠓蚋 měngruì：蠛蠓与蚊蚋。皆为非常微小的飞虫。

㉚终北：国名。溟海：神话传说中的海名，水色黑。溟海、鲲、鹏又见《庄子·逍遥游》：“北冥有鱼，其名为鲲。鲲之大，不知其几千里也。化而为鸟，其名为鹏。鹏之背，不知其几千里也。怒而飞，其翼若垂天之云。”

㉛称：相等。

㉜伯益：舜时东夷部落的首领，为嬴姓各族的祖先。相传伯益助禹治水有功，禹欲让位于伯益，伯益避居箕山之北。

㉝夷坚：张湛注：“夷坚未闻，亦古博物者也。”

㉞幺 yāo：微小。

㉟离朱、子羽：张湛注：“离朱，黄帝时明目人，能百步望秋毫之末。子羽未闻。”眥 zì：眼眶。

㊱鯱俞、师旷：张湛注：“鯱俞未闻也。师旷，晋平公时人，夏革无缘得称之，此后著书记事者润益其辞耳。”擿 tì：剔除。俛 fǔ：同“俯”。

㊲空峒：即崆峒山，也作“空桐”“空同”。在今甘肃平凉市西，险峻雄伟，山上道观极盛。《庄子·在宥》：“黄帝立为天子十九年，令行天下，闻广成

子在于空同之上，故往见之。”

㊳櫾 yòu：古同“柚”。《山海经·中山经》：“荆山……多橘櫾”。

㊴已：终止；治愈。愤厥：由于怒气郁结而造成的痉挛昏厥。

㊵枳 zhǐ：落叶灌木或小乔木，小枝多刺，果实黄绿色，味酸不可食，可入药，也称“枸橘”。

㊶鸜鹆 qúyù 不逾济，貉逾汶则死矣，地气然也：见于《周礼·冬官·考工记》。鸜鹆，也作“鸲鹆”，鸟名。济，水名，源出河南王屋山，东北流入海，今下游为黄河所占。貉 hé，哺乳动物，外形像狐，穴居河谷、山边和田野间。汶，此指长江，而非山东的汶水。刘向《说苑·杂言》：“江水出于岷山”。“岷”也作“崏”或“汶”，为音近假借字。《释文》：先儒相因以为鲁之汶水，皆大误也……谓汶江也……案《山海经》：“大江出汶山。”郭（璞）云：“东南径蜀郡，东北径巴东，江夏，至广陵入海。”《韩诗外传》云：“昔者江出于汶山，其始也足以滥觞”是也。……且《列子》与《周礼》通言水土性异，则迁移有伤，故举四渎以言之。案今鲁之汶水，阔不逾数十步，源不过二百里，揭厉皆渡，斯须往还，岂狐貉暂游，生死顿隔矣？《说文》云：“貉，狐类也。”皆生长丘陵旱地，今江边人云，狐不渡江。是明逾大水则伤本性遂致死者也。

㊷性钧已：《释文》："一本云：情性钧已。"王叔岷："有情字是。'情性钧已'与上'形气异也'对文。"钧，"均"的同声假借字，意为相同。

译文

商汤向夏革问道："远古之初有万物存在吗？"夏革说："如果远古之初没有万物的话，那么现在的万物是从哪来的呢？如果将来的后人也认为我们所处的今天没有万物存在，能说得通吗？"商汤又问："那么万物的存在难道没有先后之分吗？"夏革说："万物消亡和产生的循环，原本就没有终止的时候。后一物的开始或许就是前一物的终结，前一物的终结或许就是后一物的开始，又哪里能搞清楚何为开端何为终结呢？如此说来，万物以外和万事之前的有与无，都是我所无法知道的。"商汤问："那么上下八方的空间有终极吗？"夏革说："我不知道。"商汤又再三追问。夏革说："空无所有的空间没有终极，而实际存在之物也没有最终穷尽之时，我如何能知道终极究竟在哪里呢？可是在无终极之外仍然还存在着空无所有和无终极，在无穷尽之中也还存在着无穷尽。或者说无终极之外还是无终极，无穷尽之中仍然是无穷尽。我因此知道万物的变化没有终极、没有穷尽，而不知道有终极有穷尽。"商汤又问道："四海之外还有什么存在呢？"夏革说："那里也和我们中央之国是一样的。"商汤问："你用什么来证实呢？"夏革说："我向东走到营州，那里的人民和这里一样。我问他们营州以东是什么，他们说也和营州一样。我又向西走到豳州，那里的人民也和这里一样。我再问豳州以西有什么，他们说也同豳州是一样的。所以我据此知道四海、四荒、四极那些地方也和我们这里没有什么不同。所以大物之中包含小物，小物是不能穷尽的。万物被天地包含，也和天地被太虚包含一样。万物为天地所包含，变化无穷无尽；而太虚包含天地，也不存在终极。我又如何能知道天地之外没有比天地更大的物体呢？这也是我所不知道的。但是天地也不过是物体，是物体就会有其不足之处。所以从前女娲炼五色之石以补天之缺，断巨龟之足以做天地之间的支柱。后来共工因为与颛顼争夺帝位失败，恼羞成怒，以头猛撞不周山，撞断了这根擎天之柱，大地的一角也塌陷了下去，致使天向西北倾斜，所以后来日月星辰都向西北方向运转；东南方向的大地塌陷了，所以江河之水都向东南方向汇流。”商汤又问道：“万物有大小之分吗？有长短之别吗？有相同或不相同的吗？”夏革说：“在渤海之东不知几亿万里远的地方，有一条巨大的深沟，那其实是无底之谷，下面深不见底，名叫归墟。来自大地和天空各个方向的水，以及天河之水，没有不流到那里的，而归墟里的水却既没有增加，也没有减少。在那里有五座山：第一座叫岱舆山，第二座叫员峤山，第三座叫方壶山，第四座叫瀛洲山，第五座叫蓬莱山。每座山的高度和周长都达三万里，山顶上的平地方圆有九千里。各山之间距离有七万里，相互为邻。山上的楼台观阁都是以黄金和玉石建成的，山上的飞禽走兽都是一样的纯白色。到处生长着珠玉宝石之树，树的花朵和果实都滋味鲜美，吃了就可以长生不老，永远不死。在那里住的都是神仙圣人之类的人，一早一晚飞来飞去的人数不胜数。但是这五座山的底部并不相互连接，总是随着潮水的波浪上下漂浮不定，没有片刻的稳定。神仙和圣人们都为此痛苦不堪，他们就向天帝诉说苦衷。天帝也担心这五座山将来会漂流到最西方，使众多的神仙与圣人失去居住之地，于是命令禺强指派十五只巨龟抬起头，支撑住各山，使之不再浮动。命它们分三班轮流，六万年一替换。这五座山从此才稳定下来。但是龙伯之国有个巨人，抬脚没走几步就到了这五座山所在的地方，一次就钓上了六只巨龟，系在一起背起来就奔回了他们的国家，然后就灼烤巨龟的甲骨用来占卜。这样就导致岱舆和员峤两座山漂流到了最北方，最后沉入了大海，使这两座山上的神仙和圣人被迫迁徙流离，人数之多数以亿计。天帝勃然大怒，就逐渐削减了龙伯国的国土，使之越来越狭窄，又逐渐缩短了龙伯国国民的身材，使之越来越矮小。后来到了伏羲、神农的时代，龙伯国的人还有几十丈高。从我们中央之国再向西四十万里的地方有一个僬侥国，那里的人身高只有一尺五寸。从我们中央之国再向最东北的地方有一种人叫诤人，身高只有九寸。荆州之南有一种冥灵树，五百年一开花，五百年一结果。上古的时候有一种高大的椿树，八千年一开花，八千年一结果。那里的腐土之上生有灵芝，早上开始生长，到了晚上就枯死了。春夏之时，有蠛蠓和蚊蚋这类小飞虫，阴雨天出生，一到晴天就死掉了。终北国以北有溟海，那是天池，那里有一种鱼，身宽可达数千里，身体之长和宽度相当，它名叫鲲。又有一种鸟，名叫鹏，它的翅膀就像挂在天上的云那样大，身体之大也和翅膀相当。一般的世人怎能知道有过这样的物种呢？但大禹在出行的时候曾经见过，伯益在得知此事后给它们起了名字，夷坚则在听说后把它们记载了下来。江浦之间生有一种极其微小的飞虫，名叫焦螟，它们群飞群集，当聚落在蚊子的睫毛上的时候，相互之间都不会发生碰撞。成群结队的焦螟在蚊子的睫毛上或栖息，或飞来飞去，但蚊子却丝毫也觉察不到。即使是离朱和子羽在白天用力揉擦眼角之后再抬头仔细察看，也看不见焦螟的形状；就算觥俞和师旷在夜深人静的时候掏净了耳朵再低头认真倾听，也听不到焦螟的声音。只有黄帝和容成子住在崆峒山上，一起斋戒三个月，修炼到心似死灰、形如槁木的境界的时候，再慢慢地以精神来观察焦螟，此时才能发现焦螟之大就像是嵩山的巨丘；再慢慢地以气去倾听，这时才能听到焦螟的声音之响，犹如天上巨雷的轰鸣。吴国和楚国有一种巨大的树木，名叫柚树，即使到了冬天也仍然枝青叶绿，结出的果实是红色的，有酸味。吃它的果皮和果汁，就可以治好因怒气郁结而导致的昏厥和气逆之病。中原地区的人对它很珍爱，但是如果把它移植到淮河以北却变成了枳树。鸲鹆鸟如果飞过济水就不能活，貉如果渡过长江就会死掉，这都是因为地气的变化所导致的。尽管这样，万物的外形和习性虽不同，可是本性却是只能适于其所应处的地域，并不能易地而居。这样才能保全生命，本性完整不变。我又如何能区分它们的大小，比较它们的长短，辨别它们的异同呢？”

太形、王屋二山[①]，方七百里，高万仞，本在冀州之南，河阳之北[②]。北山愚公者，年且九十，面山而居。惩山北之塞[③]，出入之迂也[④]，聚室而谋，曰：“吾与汝毕力平险，指通豫南，达于汉阴[⑤]，可乎？”杂然相许[⑥]。其妻献疑曰：“以君之力，曾不能损魁父之丘[⑦]，如太形、王屋何？且焉置土石？”杂曰：“投诸渤海之尾，隐土之北[⑧]。”遂率子孙荷担者三夫，叩石垦壤，箕畚运于渤海之尾。邻人京城氏之孀妻有遗男，始龀[⑨]，跳往助之。寒暑易节，始一反焉。河曲智叟笑而止之，曰：“甚矣汝之不惠[⑩]！以残年余力，曾不能毁山之一毛，其如土石何？”北山愚公长息曰：“汝心之固，固不可彻[⑪]，曾不若孀妻弱子[⑫]。虽我之死，有子存焉。子又生孙，孙又生子，子又有子，子又有孙，子子孙孙无穷匮也，而山不加增，何苦而不平？”河曲智叟亡以应。操蛇之神闻之[⑬]，惧其不已也，告之于帝。帝感其诚，命夸娥氏二子负二山，一厝朔东[⑭]，一厝雍南[⑮]。自此，冀之南、汉之阴无陇断焉[⑯]。

注释

①形：应作“行”。《太平御览》卷四十所引作“行”。

②河阳：黄河北岸。

③惩：苦于。

④迂：迂回；绕远。

⑤汉阴：汉水南岸。

⑥杂：纷纷。

⑦魁父：山名。

⑧隐土：《淮南子·地形训》：“东北薄州曰隐土。”

⑨龀 chèn：小孩换牙。

⑩惠：“慧”的同声假借字，聪明。

⑪彻：通。

⑫曾：竟然；甚至。

⑬操蛇之神：《山海经·大荒北经》：“有神衔蛇衔操蛇，其状虎首人身，四蹄长肘，名曰强良。”

⑭厝 cuò：放置。朔东：朔方以东，即今山西东部。

⑮雍：雍州，古代九州之一。在今陕西、甘肃二省及青海部分地区。

⑯陇：通“垄”，高地。断：隔绝。

译文

太行、王屋这两座山，占地方圆七百里，高七八万尺，本来在冀州的南边，黄河的北岸。北山一位叫愚公的人，年纪将近九十岁，面对着山居住。他苦于大山北面交通堵塞，出来进去都要绕路，就集合了全家人商量说："我跟你们尽全力铲除险峻的大山，使道路一直通向豫州的南部，到达汉水南岸，可以吗？"大家纷纷表示赞成。他的妻子提出疑问说："凭借您的力量，连魁父这座小山丘都不能铲平，又能把太行、王屋这两座大山怎么样呢？况且把土石放到哪里去呢？"众人纷纷说："把它扔到渤海的边上、隐土的北面。"于是愚公率领子孙中能挑担子的三个人上了山，凿石挖土，用箕畚装了土石运到渤海的边上。邻居姓京城的寡妇有个遗腹子，才刚刚换牙，也蹦蹦跳跳地前来帮助他们。冬夏换季，才往返一次。河湾上的一位聪明的老者讥笑愚公并制止他干这件事，说："你也太不够聪明了！就凭你衰残的年龄和残余微薄的力量，连山上的一棵草都不能拔掉，又能把泥土、石头怎么样呢？"北山愚公长叹说："你思想顽固，顽固到了难以开窍的地步，甚至连孤儿寡妇都不如。即使我死了，我还有儿子在；儿子又生孙子，孙子又生儿子；儿子又有儿子，儿子又有孙子；子子孙孙没有穷尽，然而山却不会增加高度，何愁挖不平它？"河曲的聪明老者无话可答。手里拿着蛇的山神听说了这件事，怕他不停地干下去，就将此事报告给天帝。天帝被愚公的诚心所感动，命令大力神夸娥氏的两个儿子背负着两座山，一座放在朔东，一座放在雍南。从此以后，从冀州的南部到汉水南岸，再也没有大山阻隔了。

夸父不量力[①]，欲追日影。逐之于隅谷之际[②]，渴欲得饮，赴饮河渭。河渭不足，将走北饮大泽。未至，道渴而死。弃其杖，尸膏肉所浸，生邓林[③]。邓林弥广数千里焉。

注释

① 此节见于《山海经·大荒北经》："大荒之中，有山名曰成都载天。有人珥两黄蛇，把两黄蛇，名曰夸父。后土生信，信生夸父。夸父不量力，欲追日景，逮之于禺谷。将饮河而不足也，将走大泽，未至，死于此。应龙已杀蚩尤，又杀夸父，乃去南方处之，故南方多雨。"又见于《山海经·海外北经》："夸父与日逐走，入日。渴欲得饮，饮于河渭，河渭不足，北饮大泽。未至，道渴而死。弃其杖。化为邓林。"

② 隅谷：也称"虞渊"，古代神话传说中的日落之处。《淮南子·天文训》："日至于虞渊，是谓黄昏。"

③ 邓林：树林之名。

译文

夸父不自量力，要追赶太阳的光影。当他追到太阳落下的隅谷边上的时候，口渴了想要喝水，就跑过去喝黄河和渭河里的水。可是黄河和渭河的水不够他喝，又想去喝北方的大泽里的水。但还没等走到那里，他就渴死在半路上了。他扔掉的手杖，被尸身血肉所浸润，长成了大片的树林，叫邓林。邓林的面积十分宽广，方圆达到数千里。

大禹曰："六合之间[1]，四海之内，照之以日月，经之以星辰，纪之以四时，要之以太岁[2]。神灵所生，其物异形，或夭或寿，唯圣人能通其道。"夏革曰："然则亦有不待神灵而生，不待阴阳而形，不待日月而明，不待杀戮而夭，不待将迎而寿[3]，不待五谷而食，不待缯纩而衣[4]，不待舟车而行，其道自然，非圣人之所通也。"

注释

① 六合：上下和四方，泛指天地或宇宙。

② 要：相约。这里应为纪年之义。太岁：即太岁星，又称岁阴或太阴，木星的别名。古人认为太岁星每十二年（实为11.86年）在天上运转一周。故将黄道分为十二等分，又配以十岁阳，组成六十干支，用以纪年。

③ 将迎：将养；保养。

④ 缯纩 zēngkuàng：丝绵织品。缯，古代对丝织品的总称。纩，丝绵。

译文

大禹说："天地之间，四海之内，所到之处，都有日月的普照，星辰的运转，都是以四时划分季节，以太岁星来纪年。神灵所生成的万物，其状况各有不同，有的早夭，有的长寿，只有圣人才能通晓其中之道。”夏革说：“但是不需要神灵也可以有物，不需要阴阳二气也可以成形，不需要日月之光也可以明亮，不等被杀戮也会早亡，不需要保养也可以长寿，不需要五谷也可以吃饭，不需要丝绵之物也可以穿衣，不需要乘车坐船也可以行路，其中之道就是完全取法自然而不假借外物，这就不是圣人所能通晓的了。”

禹之治水土也，迷而失涂[①]，谬之一国，滨北海之北，不知距齐州几千万里。其国名曰终北，不知际畔之所齐限[②]。无风雨霜露，不生鸟兽、虫鱼、草木之类。四方悉平，周以乔陟[③]。当国之中有山，山名壶领，状若甔甀[④]。顶有口，状若员环[⑤]，名曰滋穴。有水涌出，名曰神瀵[⑥]，臭过兰椒[⑦]，味过醪醴[⑧]。一源分为四埒[⑨]，注于山下，经营一国，亡不悉遍。土气和，亡札厉[⑩]。人性婉而从物，不竞不争；柔心而弱骨，不骄不忌；长幼侪居[⑪]，不君不臣；男女杂游，不媒不聘；缘水而居，不耕不稼；土气温适，不织不衣；百年而死，不夭不病。其民孳阜亡数[⑫]，有喜乐，亡衰老哀苦。其俗好声，相携而迭谣，终日不辍音。饥惓则饮神瀵[⑬]，力志和平。过则醉，经旬乃醒。沐浴神瀵，肤色脂泽，香气经旬乃歇。周穆王北游过其国，三年忘归。既反周室，慕其国，慠然自失[14]，不进酒肉，不召嫔御者，数月乃复。管仲勉齐桓公因游辽口[15]，俱之其国，几克举。隰朋谏曰[16]："君舍齐国之广，人民之众，山川之观，殖物之阜，礼义之盛，章服之美，妖靡盈庭[17]，忠良满朝，肆咤则徒卒百万[18]，视㧑则诸侯从命[19]，亦奚羡于彼而弃齐国之社稷，从戎夷之国乎？此仲父之耄[20]，奈何从之？"桓公乃止，以隰朋之言告管仲。仲曰："此固非朋之所及也。臣恐彼国之不可知之也，齐国之富奚恋？隰朋之言奚顾？"

注释

①涂：古同"途"，道路。

②际畔：边际；边界。齐限：终极；极限。

③乔陟 zhì：崇山峻岭起伏重叠。《尔雅·释诂》："乔，高也。"又《释山》："山三袭，陟。"

④甀甄 dānzhuì：瓦瓶。

⑤员："圆"的同声假借字。

⑥瀵 fèn：水由地下喷出漫溢。

⑦臭 xiù：气味。

⑧醪醴 láolǐ：即醪酒，味甜。

⑨埒 liè：山上的水流。《尔雅·释山》："山上有水，埒。"

⑩札 zhá 厉：也作"札疠"，因瘟疫而死亡。

⑪侪 chái 居：同居共处。侪，一起。

⑫孳阜 zīfù：繁衍。孳，滋生，繁殖。阜，盛，多。

⑬惓：古同“倦”。

⑭慠 chǎng：同“惝”，即惝恍，失意，不愉快。

⑮勉：劝说。辽口：辽河入海口。

⑯隰 xí 朋：春秋时期齐国大夫，与管仲共同助齐桓公成就霸业。

⑰妖靡：美女。

⑱肆咤：即叱咤，发怒吆喝。

⑲视撝 huī：指挥。视，张湛注：疑作“指”。撝，古同“挥”。

⑳耄 mào：年老糊涂。

译文

大禹在治水平土期间，迷失了道路，误入了一个国家，此国在北海以北的海滨，距离中国不知有几千万里。这个国家名叫终北国，不知它的边界的极限在哪里。那里没有风雨霜露，也不生长鸟兽、虫鱼、草木这类物种。四方之地都很平坦，平地的周围是重峦叠嶂的高山峻岭。国内的正中央有一座山，名叫壶领山，形状很像瓦瓶。山顶上有个口，形状像个圆环，名叫滋穴。里面有水向外喷涌而出，名叫神瀵，散发出的芳香胜过兰椒，滋味比醪酒还甜美。从这一个水源分出了四条支流，流淌到山脚之下，然后流经全国各地，没有不遍受滋润的地方。那里土气很中和，没有人因为疠疫而死。人们性情温婉，顺从自然，从不竞争角逐；为人柔和懦弱，既不趾高气扬，也不妒贤嫉能；大人孩子都在一起同居共处，也没有君臣上下之别；男女之间可以自由交往，既不需媒人，也没有婚嫁；人们都住在水边，也不用种庄稼；土气温和适中，所以不必纺织布匹，也不用穿衣服；人人都是活到百岁才死，没有早夭之人，也从不生病。那里的人民不断繁衍，人口众多，难以尽数。他们都很快乐，而没有衰老、悲伤和痛苦。他们的习俗是喜爱歌舞音乐，常常携手轮流放声歌唱，一整天歌声都不停歇。如果累了饿了就去喝神瀵里的水，之后就会恢复体力心平气和。但如果喝多了也会醉倒，要过十几天才能醒来。他们用神瀵里的水洗浴，所以皮肤非常细腻柔润而有光泽，香馥之气持续十多天才消散。周穆王北游的时候曾经路过那个国家，他在那里停留了三年之久，甚至都忘了回家。等他回到周国王宫之后，仍然在思恋着那个国家，以至怅然若失，不思酒肉，也不愿再与嫔妃在一起，过了好几个月以后才复归常态。管仲也曾经劝说齐桓公去辽河的入海口游览，打算同他一起到那个国家去，几乎就要动身前往了。这时隰朋劝阻道："您舍弃齐国这样广阔的国土，众多的人民，壮美的河山，丰富的物产，盛大的礼仪，华丽的服饰，充斥后宫的美女，满朝的忠臣良将，一声号令就云集百万的士卒，唯命是从的各国诸侯，却反而因羡慕别国而抛弃齐国的宗庙和土地，要去那种蛮夷之国吗？这全是因为管仲年老糊涂，怎么能听他的话呢？"齐桓公于是就打消了这个念头，他把隰朋的话告诉了管仲。管仲说："这根本就不是隰朋所能明白的事。我恐怕是去不了那个国家了，但是齐国的富庶又有什么值得留恋的呢？隰朋说的话又有什么值得在乎的呢？”

南国之人祝发而裸[①]，北国之人鞨巾而裘[②]，中国之人冠冕而裳[③]。九土所资[④]，或农或商，或田或渔。如冬裘夏葛[⑤]，水舟陆车，默而得之，性而成之。越之东有辄沐之国，其长子生，则鲜而食之，谓之宜弟。其大父死，负其大母而弃之，曰：“鬼妻不可以同居处。”楚之南有炎人之国，其亲戚死，㔶其肉而弃之，然后埋其骨，乃成为孝子。秦之西有仪渠之国者，其亲戚死，聚柴积而焚之，熏则烟上，谓之登遐，然后成为孝子。此上以为政，下以为俗，而未足为异也。[⑥]

注释

① 祝发：断发。

② 鞨 hé 巾：古代男子束发的头巾。

③ 冠冕：指中原汉人服饰。裳：古人穿的遮蔽下体的衣裙，男女都穿，是裙的一种，不是裤子。

④ 九土：泛指各种不同的地形和土质。资：凭借；依赖。

⑤ 葛：葛麻织成的布，通常用来制作夏衣。

⑥ 自“越之东有辄沐之国”句以下皆出自《墨子·节葬下》：“昔者越之东，有軗沐之国者，其长子生，则解而食之，谓之‘宜弟’。其大父死，负其大母

而弃之，曰‘鬼妻不可与居处。’……楚之南，有炎人国者，其亲戚死，朽其肉而弃之，然后埋其骨，乃成为孝子。秦之西，有仪渠之国者，其亲戚死，聚柴薪而焚之，熏上谓之‘登遐’，然后成为孝子。此上以为政，下以为俗。为而不已，操而不择。”又见于张华《博物志·异俗》。大父：祖父。亲戚：此处指父母。殇 xiǔ：剔除。柴 chái：同“柴”。登遐：升天。

译文

南方之人削短头发，赤身裸体，北方之人裹头巾穿皮袄，中原之人则头戴礼帽身穿衣裙。各地的人所处的地理环境和气候不同，有的种地有的经商，有的打猎有的捕鱼，就和冬天穿皮袄、夏天穿葛衣，水上坐船、陆上乘车一样，都是自身就能明白的道理，顺应自然而形成的习性。越国的东边有个辄沐国，那里的人如果生了长子，就把他切碎并吃掉，说这样做才能对他以后的弟弟有利。如果他们的祖父死了，就要把祖母背出去丢弃掉，说：‘死鬼的妻子不能再和我们住在一起。’楚国的南边有个炎人国，他们的父母死了以后，就要把尸身上的肉剔下来扔掉，然后把骨头埋到土里，这才算是孝子。秦国的西边有个仪渠国，他们的父母死了以后，就要把尸体放在柴堆上焚烧，熏烟冉冉上升，称之为升天，这样才算是孝子。诸如此类的事，当政者把它当成官府的政事，百姓也把它看成当然的习俗，而并不会感觉有什么可奇怪的。

孔子东游[①]，见两小儿辩斗，问其故。一儿曰："我以日始出时去人近，而日中时远也。"一儿以日初出远，而日中时近也。一儿曰："日初出大如车盖，及日中，则如盘盂：此不为远者小而近者大乎？"一儿曰："日初出沧沧凉凉[②]，及其日中如探汤[③]：此不为近者热而远者凉乎？"孔子不能决也。两小儿笑曰："孰为汝多知乎[④]？"

注释

①此节故事又见桓谭《新论·离事》："余小时闻闾巷言：孔子东游，见两小儿辩斗，问其故。一儿曰：'我以日始出时近，日中时远。'一儿以日初出远，日中时近。"又见王充《论衡·谈日》："儒者或以旦暮日出入为近，日中为远；或以日中为近，日出入为远。"但二书均未提及《列子》，可能当时尚无其书，否则博学如桓谭、王充辈，似不应不予提及。又见张华《博物志》卷八，文字完全相同。本末注："亦出《列子》。"杨伯峻说："今本《博物志》非张华原书，然伪作《列子》者于西晋末年至东晋初，得以见张华原书，极可能剽窃《博物志》。"钱钟书说："今本《博物志》迭经窜乱，面目都非，此数则必属加附，使华果已

引《列子》。湛亦且攀援以长声价也。”

②沧沧凉凉：寒凉。

③汤：热水。

④为：同“谓”。

译文

孔子在东游的途中，遇见两个小孩子正在激烈地争辩，就问他们在争辩什么。一个小孩儿说：“我认为太阳刚升起的时候离人近，等到中午的时候就离人远了。”而另一个小孩儿则说太阳刚升起的时候离人远，等到中午的时候就离人近了。前一个小孩儿说：“太阳刚升起的时候像车盖那么大，等到了中午，就像盘子那么大了，这不正是因为太阳离人远的时候看起来小，而离人近的时候才看起来大吗？”另一个小孩儿却说：“太阳刚升起的时候又寒又冷，但到了中午的时候就热得像手伸进热水里一样，这不正说明太阳离得近的时候人就会感觉很热，而离得远的时候就会感觉很凉吗？”孔子也无法断定谁对谁错。两个小孩儿于是嘲笑道：“谁说你博学多识啊？”

均[①]，天下之至理也，连于形物亦然[②]。均，发均，县轻重而发绝，发不均也[③]。均也，其绝也莫绝[④]。人以为不然，自有知其然者也。詹何以独茧丝为纶[⑤]，芒针为钩[⑥]，荆篠为竿[⑦]，剖粒为饵，引盈车之鱼于百仞之渊、汩流之中[8]，纶不绝，钩不伸，竿不挠[9]。楚王闻而异之，召问其故。詹何曰："臣闻先大夫之言，蒲且子之弋也[10]，弱弓纤缴[11]，乘风振之[12]，连双鸧于青云之际[13]。用心专，动手均也。臣因其事，放而学钓[14]，五年始尽其道。当臣之临河持竿，心无杂虑，唯鱼之念，投纶沈钩[15]，手无轻重，物莫能乱。鱼见臣之钩饵，犹沈埃聚沫，吞之不疑。所以能以弱制强，以轻致重也。大王治国诚能若此，则天下可运于一握[16]，将亦奚事哉？"楚王曰："善。"

注释

①均：平均；均衡。张湛注："物物事事皆平皆均。"

②连：相关；涉及。

③均，发均，县轻重而发绝，发不均也：此句有衍字，致使文意不通顺。《墨子·经说下》作"发均，县轻而发绝，不均也"。发，头发，发丝。县xuán，古同"悬"，绝，断。

④均也，其绝也莫绝：《墨子·经说下》作"均，其绝也莫绝"。

⑤詹何：楚国人，以善钓闻名。纶：钓线。按：自"詹何"至"竿不挠"，又见于张华《博物志》卷八，文字完全相同。

⑥芒针：即针。针身纤细而长，形如麦芒，故称。

⑦荆篠xiǎo：即荆条。篠，《释文》："本作'条'字。"

⑧汩流：急流。

⑨挠：弯曲。

⑩蒲且子：楚国人，以善弋射闻名。弋：用系有绳子的箭射鸟。

⑪缴 zhuó：系在箭上的丝绳。

⑫振：发动；举起。此处意为发射。

⑬鸧 cāng：黄鹂。

⑭放：古通“仿”。

⑮沈：古同“沉”。

⑯一握：一掌之中。

译文

均衡是天下至高无上的原则，体现在有形之物上也是如此。以头发悬挂重物时，每一根发丝都必须受力均匀。虽然悬挂之物很轻，而头发却被拉断了，那就是因为发丝受力不均匀所导致的。如果受力均匀，原来可能拉断的发丝也绝不会断。一般人会认为以发丝悬挂重物是不可能的，但却自有深知这其中道理的人。詹何仅仅使用一根蚕丝做钓线，用像麦芒那样微细的针做钓钩，用细软的荆条做钓竿，用剖开的小米粒做钓饵，能从七八十丈深的深渊和湍急的河流中钓起一条大到足足可以装满一辆车的大鱼，而且钓线不会被扯断，钓钩不会被拉直，钓竿不会被坠弯。楚王听说后感到很惊奇，就召他前来，询问这其中的缘故。詹何说：“我曾听一位已故的大夫说过，当年蒲且子用系有丝绳的箭射鸟的时候，他用的是柔弱无力的弓和非常纤细的丝绳，趁着风势发射出去，能同时射中两只正在云端飞翔的黄鹂。就是因为他用心专一，发力均匀。我就是根据他射鸟的道理，模仿着来学习钓鱼，用了五年的时间才完全悟通其中之道。所以，当我坐在河边手持钓竿的时候，心中没有丝毫的杂念，一心一意想的只是钓鱼，我甩出钓线，放下钓钩，手上已经没有轻重的感觉，任何事物都不会扰乱我的内心。鱼看见了我的钓饵，还以为是沉入水中的尘埃和聚在一起的泡沫，于是就毫不怀疑地一口吞下去。这就是我之所以能以柔弱制服刚强，以轻物获得重物的道理所在。大王您治理国家如果也能这样做的话，那么天下之事就可以在您一掌之上运用自如，还会有什么难办的事情呢？”楚王说：“说得好！”

鲁公扈、赵齐婴二人有疾，同请扁鹊求治。扁鹊治之，既同愈，谓公扈、齐婴曰：“汝曩之所疾，自外而干府藏者[①]，固药石之所已[②]。今有偕生之疾，与体偕长，今为汝攻之，何如？”二人曰：“愿先闻其验[③]。”扁鹊谓公扈曰：“汝志强而气弱，故足于谋而寡于断。齐婴志弱而气强，故少于虑而伤于专。若换汝之心，则均于善矣。”扁鹊遂饮二人毒酒，迷死三日，剖胸探心，易而置之，投以神药，既悟如初。二人辞归。于是公扈反齐婴之室，而有其妻子，妻子弗识。齐婴亦反公扈之宝，有其妻子，妻子亦弗识。二室因相与讼，求辨于扁鹊。扁鹊辨其所由，讼乃已。

注释

① 干 gān：侵入；冲犯。府藏：即“腑脏”。中医对人体内部器官的总称。心、肝、脾、肺、肾叫脏；胃、胆、大肠、小肠、膀胱等叫腑。

② 已：治愈。

③ 验：症状。

译文

鲁国的公扈和赵国的齐婴两个人都患病了，他们一同到扁鹊那里去求医。扁鹊就给他们治病，等两人的病都治好了以后，扁鹊对他们说：“你们以前所害的病，是从身体外部侵入腑脏的，完全可以用药草和针石治好。但现在你们还有与生俱来的病，并且这病会伴随你们的身体不断增长，今天我给你们治一治，怎么样？”他们二人说：“那就请您先说一说我们这种病的症状吧。”扁鹊对公扈说：“你富于心智而性格软弱，所以你虽然足智多谋却缺乏果断。齐婴心智不足而性格倔强，所以缺少智谋但又刚愎自用。如果能把你们俩的心互换一下，那你们俩就都会完美无缺了。”扁鹊于是让他们两人喝下药酒，使他们麻醉昏迷了三天，他给他们剖开胸膛，取出心脏，互换之后再分别放进去，又给伤口敷上神药。他们苏醒之后，身体完好如初。于是二人告辞回家。公扈回到了齐婴的家，把齐婴的妻子儿女都据为已有，可是齐婴的妻子儿女却不认识他。齐婴也回到了公扈的家，把公扈的妻子儿女据为己有，但是公扈的妻子儿女也不认识他。两家人因此打起了官司，请扁鹊来作证。扁鹊说明了事情的来龙去脉，官司才终于了结。

匏巴鼓琴而鸟舞鱼跃①。郑师文闻之②，弃家从师襄游③，柱指钩弦④，三年不成章。师襄曰："子可以归矣。"师文舍其琴，叹曰："文非弦之不能钩，非章之不能成，文所存者不在弦，所志者不在声，内不得于心，外不应于器，故不敢发手而动弦。且小假之⑤，以观其后。"无几何，复见师襄。师襄曰："子之琴何如？"师文曰："得之矣。请尝试之。"于是当春而叩商弦⑥，以召南吕⑦，凉风忽至，草木成实。及秋而叩角弦，以激夹钟⑧，温风徐回，草木发荣。当夏而叩羽弦，以召黄钟，霜雪交下，川池暴冱⑨。及冬而叩徵弦，以激蕤宾，阳光炽烈，坚冰立散。将终，命宫而总四弦，则景风翔⑩，庆云浮⑪，甘露降，澧泉涌⑫。师襄乃抚心高蹈曰⑬："微矣！子之弹也。虽师旷之清角⑭，邹衍之吹律⑮，亡以加之，彼将挟琴执管而从子之后耳。"

注释

① 匏 páo 巴：古代以善于鼓琴而闻名的人。《荀子·劝学》："昔者瓠巴鼓瑟，而流鱼出听。"

②郑师文：郑国的乐师，名文。

③师襄：春秋时期鲁国的乐师，名襄。孔子曾向他学习鼓琴。

④柱指：按指。钩弦：调弦。钩为“钧”字之误，下同。

⑤小：少；稍稍。假：宽容。

⑥叩：击；敲打。商：我国古代五声音阶中的五个音级之一。我国古代将五音与五行及四季相配。其关系为：角为木，属春；徵为火，属夏；商为金，属秋；羽为水，属冬；宫为土，属季夏（农历六月）。

⑦召：奏。南吕：我国古代十二律（乐调）之一。《吕氏春秋》始以律与历附会，以十二律对应十二月，其对应关系依次为：黄钟（十一月）、太簇（正月）、姑洗（三月）、蕤 ruí 宾（五月）、夷则（七月）、无射（九月）、大吕（十二月）、夹钟（二月）、仲吕（四月）、林钟（六月）、南吕（八月）、应钟（十月）。

⑧激：奏。

⑨冱 hù：冻结。

⑩景风：祥和之风。《尸子》：“祥风，瑞风也。一名景风，一名惠风。”

⑪庆云：五色云。古代以为喜庆、吉祥之气。

⑫澧泉：甘美的泉水。澧，同“醴”。

⑬蹈：跳动。

⑭清角：古人以为角音清，故称为清角。张湛注：“师旷为晋平公奏清角，一奏之，有白云从西北起；再

奏之，大风至而雨随之；三奏之，裂帷幕，破俎豆，飞廊瓦，左右皆奔走，平公恐伏，晋国大旱，赤地三年。故曰得声者或吉或凶也。”

⑮邹衍：战国末期阴阳家的代表人物，齐国人，提出了“五德终始说”和“大九州说”。《汉书·艺文志》著录《邹子》四十九篇，《邹子终始》五十六篇，皆不传。吹律：张湛注：“北方有地，美而寒，不生五谷。邹子吹律暖之，而禾黍滋也。”

译文

瓠巴弹琴的时候，鸟儿在天空飞舞着、鱼儿从水面跃出，都来倾听。郑国的乐师师文听说后，就离家来和鲁国的乐师师襄交流琴艺，他按指调弦，但三年也弹不好一支乐曲。师襄说：“你还是回家吧。”师文放下他的琴，叹了口气说：“我并非不能调弦，也并不是弹不好乐曲，而是我的注意力没在琴弦上，心里所想的也不是音乐，内心对于琴艺既然毫无所得，那么内心之外的乐器也就不可能作出任何的回应，所以我才不敢放手去拨动琴弦。请再给我一点时间，看看以后的情形。”过了没多久，师文又去见师襄。师襄问：“你的琴弹得怎么样了？”师文说：“我已经有所收获了。请让我试试吧。”于是师文在春天里拨动了商弦，奏出了南吕乐律，这时凉风忽然吹起，草木也随之长成并结出了果实。到了秋天，又拨动角弦，奏出了夹钟乐律，这时暖风缓缓回转，草木也随之发芽并绽开了花朵。到了夏天，又拨动羽弦，奏出了黄钟乐律，这时霜雪交加而降，江河池塘立刻冻结成冰。到了冬天，又拨动徵弦，奏出了蕤宾乐律，这时阳光炎热似火，坚冰立刻融化不见。在乐曲即将终结的时候，师文又拨动了宫弦，奏出了四季调和的乐律，这时祥和之风微微吹起，喜庆彩云飘浮在空中，甘露从天而降，甜美的泉水喷涌而出。师襄于是兴奋地以手抚胸，跳着脚说道："你的琴弹得真是绝妙了！即使是师旷弹奏的清角，邹衍吹奏的乐律，都不可能超过你，他们都得挟起琴瑟、手拿管箫跟随在你的身后了。"

薛谭学讴于秦青[①]，未穷青之技，自谓尽之，遂辞归。秦青弗止，饯于郊衢，抚节悲歌[②]，声振林木，响遏行云。薛谭乃谢求反[③]，终身不敢言归。秦青顾谓其友曰："昔韩娥东之齐，匮粮，过雍门[④]，鬻歌假食[⑤]。既去而余音绕梁欐[⑥]，三日不绝，左右以其人弗去。过逆旅[⑦]，逆旅人辱之。韩娥因曼声哀哭[⑧]，一里老幼悲愁，垂涕相对，三日不食。遽而追之[⑨]，娥还，复为曼声长歌，一里老幼喜跃抃舞[⑩]，弗能自禁，忘向之悲也。乃厚赂发之[⑪]。故雍门之人至今善歌哭，放娥之遗声[⑫]。"

注释

① 此节又见于张华《博物志》卷八："薛谭学讴于秦

青，未穷青之旨，于一日遂辞归。秦青乃饯于郊衢，抚节悲歌，声震林木，响遏行云。薛谭乃谢求返，终身不敢言归。秦青顾谓其友曰：'昔韩娥东之齐，遗粮，过雍门，鬻歌假食而去，余响绕梁，三日不绝，左右以其人弗去。过逆旅，凡人辱之，韩娥因曼声哀哭，一里老幼喜欢抃舞，弗能自禁，乃厚赂而遣之。故雍门人至今善歌哭，效娥之遗声也。'" 讴：歌唱。

②抚节：打拍子。

③反：同"返"。

④雍门：齐国城门名。

⑤鬻 yù 歌假食：依靠卖唱吃饭。

⑥梁欐 lì ：屋梁。

⑦逆旅：旅店。

⑧曼声：长声。

⑨遽：急；连忙。

⑩抃 biàn ：拍手；鼓掌。

⑪发：发遣；送走。

⑫放：效仿。

译文

薛谭向秦青学习唱歌，尚未学到秦青的全部技艺，而自以为全都学到手了，于是准备告辞回家。秦青也不阻止他，在郊外的大路旁为他饯行。席间，秦青边打节拍边放声悲歌，高亢的歌声使树木摇动，行云止步。薛谭这才道歉并请求回来继续学习，从此，终身不敢再提起回家的事。秦青扭头对他的朋友们说："从前，韩娥往东走到齐国的时候，没有粮食吃了，从齐国的雍门路过，就靠卖唱来吃饭。韩娥离开以后，她留下的歌声仍然回荡在屋梁之间，三天都没有消失，周围的人还以为她没有离开呢。韩娥路过旅店的时候，旅店的人侮辱了她。于是韩娥放开长声，哀哭不止，结果整个里巷的男女老幼也都随之悲伤哀痛，人人相对痛哭流涕，三天都吃不下饭。欺负过韩娥的人急忙跑去追上她，并向她赔礼道歉，韩娥回来以后，又放开长声，唱起歌曲。整个里巷的男女老幼这才欢天喜地地拍手跳起舞来，人人都兴高采烈，情不自禁，完全忘掉了先前的悲伤哀痛，又赠给韩娥很多的钱财，把她送走了。所以雍门那里的人至今还特别擅长唱歌和悲哭，那就是他们在模仿韩蛾留下来的声音。"

伯牙善鼓琴[①]，钟子期善听。伯牙鼓琴，志在登高山[②]，钟子期曰："善哉！峨峨兮若泰山！"志在流水，钟子期曰："善哉！洋洋兮若江河！"伯牙所念，钟子期必得之。伯牙游于泰山之阴，卒逢暴雨，止于岩下，心悲，乃援琴而鼓之。初为霖雨之操[③]，更造崩山之音。曲每奏，钟子期辄穷其趣[④]。伯牙乃舍琴而叹曰："善哉，善哉，子之听夫！志想象犹吾心也，吾于何逃声哉？"

注释

①此节见于《吕氏春秋·本味》："伯牙鼓琴，钟子期听之，方鼓琴而志在太山，钟子期曰：'善哉乎鼓琴！巍巍乎若太山。'少选之间，而志在流水，钟子期又曰：'善哉乎鼓琴！汤汤乎若流水。'钟子期死，伯牙破琴绝弦，终身不复鼓琴，以为世无足复为鼓琴者。"又见于《韩诗外传》卷九和《说苑·尊贤》，文字与《吕氏春秋》小异。又《太平御览》卷十引《傅子》："昔者伯牙子游于泰山之阴，逢暴雨，止于岩下，援琴而鼓之，为淋雨之音，更造崩山之曲。每奏，钟期辄穷其趣。曰：'善哉，子之听也。'"

②登：应为疑字。作"志在高山"始与下文"志在流水"相对应。

③操：琴曲的一种。应劭《风俗通·声音》："其遇闭塞忧愁而作者，命其曲曰操。"

④辄：就；总是。趣：旨趣；内涵。

译文

伯牙善于弹琴，钟子期善于听音。伯牙弹琴时，心里想着高山，钟子期说："好啊！琴声听起来巍峨陡峭，就像泰山一样！"伯牙心里想着流水，钟子期说："好啊！琴声听起来浩浩荡荡，就像江河一样！"只要伯牙心有所想，钟子期就一定能心领神会。后来伯牙在泰山北侧游览的时候，突然遭遇暴雨，被阻止在岩石之下，心中充满惆怅悲哀，于是拿过琴弹了起来。先弹的是霖雨之曲，接着又弹了崩山之音，只要他弹奏一曲，钟子期就能领会乐曲的全部内涵。伯牙于是放下琴叹道："您听琴赏音的造诣实在是太了不起了，太了不起了！您心中所想象的和我心里所思考的简直一模一样，那我的琴声又能躲藏到哪里去呢？"

周穆王西巡狩①，越昆仑，不至弇山②。反还，未及中国，道有献工人名偃师，穆王荐之③，问曰："若有何能？"偃师曰："臣唯命所试。然臣已有所造，愿王先观之。"穆王曰："日以俱来④，吾与若俱观之。"翌日，偃师谒见王，王荐之，曰："若与偕来者何人邪？"对曰："臣之所造能倡者⑤。"穆王惊视之，趋步俯仰，信人也⑥。巧夫锁其颐⑦，则歌合律；捧其手，则舞应节。千变万化，惟意所适。王以为实人也，与盛姬内御并观之。技将终，倡者瞬其目而招王之左右侍妾⑧。王大怒，立欲诛偃师。偃师大慑⑨，立剖散倡者以示王，皆傅会革、木、胶、漆、白、黑、丹、青之所为⑩。王谛料之⑪，内则肝、胆、心、肺、脾、肾、肠、胃，外则筋骨、支节、皮毛、齿发，皆假物也，而无不毕具者。合会复如初见。王试废其心，则口不能言；废其肝，则目不能视；废其肾，则足不能步。穆王始悦而叹曰："人之巧乃可与造化者同功乎？”诏贰车载之以归[12]。夫班输之云梯[13]，墨翟之飞鸢[14]，自谓能之极也。弟子东门贾、禽滑厘闻偃师之巧以告二子[15]，二子终身不敢语艺，而时执规矩。

注释

①此节所记偃师进“所造能倡者”事，钱钟书的《管锥编·〈列子〉张湛注·六》、季羡林的《中印文化关系史论丛·〈列子〉与佛典》均已指出其与佛经所载“机关木人”“傀儡子”等事完全相同，并进而断定《列子》一书绝非先秦的著作，而是东晋人的伪作。所论甚详，可参看。另《太平御览》卷五七四：“《周穆王传》曰：‘有偃师者，缚草作人，以五采衣使舞。王与美人观之，草人以手招美人，王怒。’”按此段引文不见于今本《穆天子传》。

②不至弇 yǎn 山：据《穆天子传》“天子遂驱，升于弇山”及本书《周穆王》篇“乃观日之所入”，“不”应为衍字。弇山，古人以为日落之处。

③荐：“进”的同声假借字，召见。下同。

④日：他日；以后。

⑤倡：歌舞。

⑥信人：像真人一样。

⑦顉 qīn：摇（头）。颐：面颊；腮。此处指头。

⑧瞬：眨眼。

⑨慑：害怕。

⑩傅会：同“附会”，黏合，涂饰。

⑪谛：认真；仔细。料：察看；鉴别。

⑫贰车：即副车。《礼记·少仪》：“乘贰车则式，佐车则否。”郑玄注：“贰车、佐车皆副车也，朝祀之副曰贰，戎猎之副曰佐。”

⑬班输：即春秋时期鲁国的巧匠公输班。一说班指鲁班，输指公输般，“班输”为两人的合称。

⑭墨翟：即墨子。古书中关于飞鸢的记载颇多歧异：《墨子·鲁问》：“公输子削竹以为鹊，成而飞之，三日不下。”《淮南子·齐俗训》：“鲁般、墨子作木为鸢而飞之，三日不集。”《韩非子·外储说》：“墨子为木鸢，三年而成，蜚一日而败。”《论衡·儒增》：“儒书称鲁般、墨子之巧，刻木为鸢，飞之三日而不集。”又《论衡·乱龙》同。《抱朴子·应嘲》：“墨子刻木鸡以戾天。”

⑮东门贾：公输班的弟子。禽滑gǔ厘：墨子的弟子。

译文

周穆王前往西方各地巡游，越过了昆仑山，到达弇山，然后掉头返回。没等回到国内，途中有个国家向穆王献上一位名叫偃师的巧匠。穆王召见了他，问道：“你有什么才能？”偃师说：“我可以按照大王命令制作任何东西。我已经造出了一件，请大王先看看。”穆王说：“下次你把它带来，我和你一起看看。”第二天，偃师又来谒见穆王，穆王召见了他，说：“那个和你一块儿来的是什么人啊？”偃师回答说：“那是我制造的能唱歌跳舞的假人。”穆王吃惊地看着它，只见它迈步弯腰抬头，都和真人一模一样。巧匠偃师摇动它的头，它就能按乐律来唱歌；捧起它的手，它就能跟着节拍来跳舞。变化层出不穷，完全按照人的意愿来行事。穆王还以为那是个真人，就把后宫衣着华丽的姬妾美女也召来一同观看。表演即将结束的时候，那个会唱歌跳舞的假人眨着眼睛，向穆王身边的姬妾美女频频招手。穆王勃然大怒，立刻下令要杀掉偃师。偃师吓坏了，立即拆散了那个能唱歌跳舞的假人给穆王看。原来是用皮革、木料、胶、油漆、白粉、黑粉、红粉、青粉等材料黏合在一起的，穆王仔细察看，里面的肝、胆、心、肺、脾、肾、肠、胃，还有外面的筋骨、四肢、皮毛、牙齿、头发等，全都是假的，但各种器官无不具备。把这些东西合在一起以后，又和当初见到的一模一样了。穆王试着拿掉它的心，它的嘴就不能再说话了；拿掉它的肝，它的眼睛就不能再观看了；再拿掉它的肾，它的脚就不能再走路了。穆王这才兴奋地感叹道：“人工的巧妙竟然可以达到与自然造物如此相同的效果吗？”于是穆王下令让偃师和假人乘坐副车一同回国。当初公输班制造云梯，墨翟制造飞鸢，他们都自称达到了人工技能的顶峰了。他们的弟子东门贾、禽滑厘在听说了偃师的巧妙手艺后，分别告诉了自己的老师，结果这两位巧匠此后终身不敢再谈论技艺，只是常常手里拿着规矩苦思冥想，而嘴上却不说话。

甘蝇，古之善射者，彀弓而兽伏鸟下[①]。弟子名飞卫，学射于甘蝇，而巧过其师。纪昌者，又学射于飞卫。飞卫曰："尔先学不瞬，而后可言射矣。"纪昌归，偃卧其妻之机下[②]，以目承牵挺[③]。二年之后，虽锥末倒眦[④]，而不瞬也。以告飞卫，飞卫曰："未也，亚学视而后可[⑤]。视小如大，视微如著，而后告我。"昌以氂悬虱于牖[⑥]。南面而望之。旬日之间，浸大也；三年之后，如车轮焉。以睹余物，皆丘山也。乃以燕角之弧[⑦]、朔蓬之簳射之[⑧]，贯虱之心，而悬不绝。以告飞卫，飞卫高蹈拊膺曰[⑨]："汝得之矣！"纪昌既尽卫之术，计天下之敌己者一人而已[⑩]，乃谋杀飞卫。相遇于野，二人交射，中路矢锋相触，而坠于地，而尘不扬。飞卫之矢先穷，纪昌遗一矢，既发，飞卫以棘刺之端扞之[⑪]，而无差焉。于是二子泣而投弓，相拜于涂[⑫]，请为父子，克臂以誓，不得告术于人。

注释

① 彀 gòu：张满弓。

② 偃卧：仰卧。机：织布机。

③ 承：从下向上看。牵挺：织布机的踏板。

④ 倒："到"字之误。《太平御览》卷七四五所引作"到"，又卷八二五所引也作"到"。眦 zì：眼眶。

⑤亚：其次。一作"必"。

⑥氂 máo：长毛。牖 yǒu：窗户。

⑦燕角：燕国所产的牛角。弧：木弓。

⑧朔：当为"荆"字形近之误。簳 gǎn：小竹，可以做箭杆。

⑨拊 fǔ：拍。膺：胸。

⑩计：心中暗想。

⑪扞 hàn：古同"捍"，抵御，抵挡。

⑫涂：道路。

译文

甘蝇是古代善于射箭的人，他只要一开弓，走兽即应声倒地，飞禽即随之坠落。一个名叫飞卫的弟子，跟甘蝇学习射箭，技艺之精巧甚至超过了他的老师。纪昌又跟飞卫学习射箭。飞卫说："你首先要学会不眨眼睛，然后才可谈得上学习射箭。"纪昌回到家里，仰卧在他妻子的织布机下，从下向上盯着不停摆动的踏板。两年以后，即使锥尖儿快要碰到眼眶了，纪昌的眼睛都不会眨一下。他将此告诉了飞卫，飞卫说："这还不行，你接下来还得练习视力，然后才可以学习射箭。要练到能把小的东西看成和大的东西一样，把微细难见的东西看成和明显可见的东西一样，然后再来告诉我。"纪昌就用一根长毛系住一只虱子悬挂在窗前，面朝南盯住这只虱子看。十天之内，虱子就在他眼中渐渐变得越来越大了；等到三年之后，那虱子在他看来就像车轮那样大了。

等他再看其他的东西时，就感觉都像山丘那样巨大无比了。于是他操起装有燕国牛角的木弓，搭上以楚国的小竹制成的利箭去射那只虱子，当时就穿透了虱子的心脏，而悬挂虱子的长毛甚至都没有断开。他把此事又告诉了飞卫，飞卫高兴地跳起来，拍着胸口说道："你已经掌握射箭的技巧了！"纪昌在学到飞卫的全部技艺之后，心中暗想：天下能够成为自己对手的，只有飞卫一个人了，于是就想暗中射杀飞卫。有一次，他们在野外相遇，两人就开始对射起来，箭头在中途相互撞击之后，坠落到地上，一点儿尘土都没有扬起来。最后，飞卫的箭先射完了，而纪昌还剩下一支。他射出这支箭后，飞卫就用一根荆棘的刺尖去抵挡，结果丝毫不差地挡住了纪昌射来的箭。之后，两人都痛哭流涕地扔掉了弓，在路上行起了跪拜礼，结为父子。同时刺臂流血，发下誓愿，今后决不把射技传授给别人。

造父之师曰泰豆氏①。造父之始从习御也，执礼甚卑，泰豆三年不告。造父执礼愈谨，乃告之曰："古诗言：'良弓之子，必先为箕；良冶之子，必先为裘。'②汝先观吾趣③。趣如吾，然后六辔可持④，六马可御。"造父曰："唯命所从。"泰豆乃立木为涂⑤，仅可容足，计步而置，履之而行。趣走往还，无跌失也。造父学之，三日尽其巧。泰豆叹曰："子何其敏也？得之捷乎！凡所御者，亦如此也。曩汝之行，得之于足，应之于心。推于御也，齐辑乎辔衔之际，而急缓乎唇吻之和，正度乎胸臆之中，而执节乎掌握之间。内得于中心，而外合于马志，是故能进退履绳，而旋曲中规矩，取道致远，而气力有余，诚得其术也。[⑥]得之于衔，应之于辔；得之于辔，应之于手；得之于手，应之于心。则不以目视，不以策驱[⑦]，心闲体正，六辔不乱，而二十四蹄所投无差，回旋进退，莫不中节。然后舆轮之外可使无余辙，马蹄之外可使无余地，未尝觉山谷之险，原隰之夷[⑧]，视之一也。吾术穷矣。汝其识之！”

注释

①泰豆氏：《吕氏春秋·有始览·听言》作“造父始习于大豆”。《太平御览》卷七四六所引作“秦豆氏”。

②古诗言：《太平御览》卷七四六所引作“古语曰”。此下所引见于《礼记·学记》：“良冶之子，必学为裘；良弓之子，必学为箕。”冶：冶炼金属，铸造器物。裘：鼓风吹火的器具。箕：造弓的器具。卢重玄《解》：“箕者，所以造弓之具也；裘者，所以扇冶之具也。《老子》以为橐钥，今之鞴袋也。彼以约弓之床，此以扇火之鞴，非弓冶，而弓冶必资之也。”

③趣：同“趋”，快步行走。下同。

④辔：缰绳。

⑤涂：同“途”，道路。

⑥ 自“齐辑乎辔衔之际”至“诚得其术也”一段，见于《淮南子·主术训》：“齐辑之于辔衔之际，而急缓之于唇吻之和；正度于胸臆之中，而执节于掌握之间；内得于心中，外合于马志。是故能进退履绳，而旋曲中规；取道致远，而气力有余。诚得其术也。”辑：古代称协调驾车的众马。衔：马嚼子。

⑦ 策：马鞭。

⑧ 原隰：泛指原野。原，平原。隰，低湿之地。夷：平坦。

译文

造父的老师是泰豆氏，造父最初跟随他学习驾车的时候，对老师谦卑有礼，但三年之中泰豆什么也没有教他。可造父却更加谨慎地持弟子之礼，泰豆这才告诉他说：“古诗中说过：‘要想成为优秀弓匠的弟子，就必须要先学会使用制弓之器；要想成为优秀冶匠的弟子，就一定要先学会使用鼓风之器。’你先看我是怎样快步行走的。你只有像我一样能快步行走了，然后才能掌握好缰绳，驾驭好六马。”造父说：“弟子唯老师之命是从。”泰豆于是竖起木桩作为道路，每根木桩上只能容下一只脚，以步伐的距离来排列木桩，只见泰豆脚踩木桩，来回奔跑如飞，却始终没有跌落下来。造父练习这个功夫，仅仅三天之后就完全掌握了。泰豆赞叹道：“你怎么这么聪明啊？这么快就学会了！其实驾驭车马和在木桩上奔走的道理是一样的。刚才你在木桩上行走，木桩与你的双脚形成了默契，再通过你的双脚与你的心灵产生了感应。把这个道理推及到驾驭车马之上也是如此，你通过手中的缰绳和马戴的嚼子来协调驾车的众马，你口中发出的指令使马的快慢速度适中，这都需要你的内心对马的本性有准确的了解，然后才能通过缰绳得心应手地驾驭。这样就会内与你的心愿相符，外与马的本性契合，如此方能进退符合要求，转弯中规中矩，即使上路长途远奔，也可以气力绰绰有余，不觉劳累。这才是真正掌握了驾驭车马的技艺。马的本性通过马嚼获得，然后缰绳就会有所反应；缰绳得到反应后，驾驭者的手就会有所反应。手得到了反应，接着就会反馈到驾驭者的内心之中。如此一来，驾驭者不必再用眼睛看，也不必再挥鞭驱使了，他就可以心情悠闲，身体轻松，而六马的缰绳却丝毫不会紊乱，二十四只马蹄的迈进不会有任何差错，无论是回转还是进退，都没有不按部就班地进行的。这样，除了车轮必须经过之处，不会再留下任何多余的辙迹，除了马蹄必须踩踏之处，不必再要任何多余的地面，也不会对高山峡谷之路感到险峻可怕，把它和平坦的原野看成一回事。我再没有别的诀窍，你就好好记住这些吧！”

魏黑卵以暱嫌杀丘邴章[①]，丘邴章之子来丹谋报父之仇。丹气甚猛，形甚露[②]，计粒而食，顺风而趋。虽怒，不能称兵以报之[3]。耻假力于人，誓手剑以屠黑卵。黑卵悍志绝众，力抗百夫，节骨皮肉，非人类也。延颈承刃，披胸受矢，铓锷摧屈[4]，而体无痕挞[5]。负其材力，视来丹犹雏鷇也[6]。来丹之友申他曰："子怨黑卵至矣，黑卵之易子过矣[7]，将奚谋焉？"来丹垂涕曰："愿子为我谋。"申他曰："吾闻卫孔周其祖得殷帝之宝剑，一童子服之[8]，却三军之众，奚不请焉？"来丹遂适卫，见孔周，执仆御之礼，请先纳妻子，后言所欲。孔周曰："吾有三剑，唯子所择，皆不能杀人。且先言其状。一曰含光，视之不可见，运之不知有。其所触也，泯然无际，经物而物不觉。二曰承影，将旦昧爽之交[9]，日夕昏明之际，北面而察之，淡淡焉若有物存，莫识其状。其所触也，窃窃然有声，经物而物不疾也。三曰宵练，方昼则见影而不见光，方夜见光而不见形。其触物也，騞然而过[10]，随过随合，觉疾而不血刃焉。此三宝者，传之十三世矣，而无施于事，匣而藏之，未尝启封。"来丹曰："虽然，吾必请其下者。"孔周乃归其妻子，与斋七日，晏阴之间[11]，跪而授其下剑，来丹再拜受之以归。来丹遂执剑从黑卵，时黑卵之醉偃于牖下，自颈至腰三斩之，黑卵不觉。来丹以黑卵之死，趣而退，遇黑卵之子于门，击之三下，如投虚。黑卵之子方笑曰："汝何蚩而三招予[12]？"来丹知剑之不能杀人也，叹而归。黑卵既醒，怒其妻曰："醉而露我，使我嗌疾而腰急[13]。"其子曰："畴昔来丹之来，遇我于门，三招我，亦使我体疾而支强[14]。彼其厌我哉[15]？"

注释

①睚嫌：私仇。

②形：身体。露：羸弱。

③称：举。兵：武器。

④铓 máng：刀剑的尖端。锷：刀剑的刃。摧：折断。屈：弯曲。

⑤挞：《太平御览》卷三八六、卷四八二所引无"挞"字，疑为衍字。

⑥彀 kòu：需母鸟哺食的雏鸟。

⑦易：轻视；不放在眼里。

⑧服：佩带。

⑨旦：天亮。昧：昏暗。爽：明亮。

⑩騞 huō：象声词，用刀割开东西的声音。

⑪晏：天晴。

⑫蚩：愚蠢；傻。

⑬嗌 yì：咽喉。急：紧。

⑭支：同"肢"。强：僵硬。

⑮厌 yā：即厌胜。古代的一种巫术，以所压藏之物诅咒、制服别人。

译文

魏黑卵因为私仇杀了丘邴章，丘邴章的儿子来丹想方设法要报杀父之仇。来丹虽然胆子很大，但是身体非常虚弱，数着饭粒吃饭，顺着风势走路。虽然怒火满腔，却举不起兵器来报仇。可是，他又认为借别人的力量报仇是自己的耻辱，发誓要亲手用剑杀掉魏黑卵。魏黑卵勇悍超群，能力战百人。他的筋骨和皮肉都和常人不一样。伸着脖子让刀砍，袒露胸膛让箭射，刀箭的锋刃会折断或弯曲，而他的身上却连一点伤痕也没有。他对自己的才能很自负，把来丹看成一只小雏鸟。来丹的朋友申他说："你恨魏黑卵到了极点，魏黑卵对你轻视得也太过分了，你打算怎么办呢？"来丹流着眼泪说："希望你替我出出主意。"申他说："我听说卫国孔周的祖先曾得到商朝君主的宝剑，一个小孩子佩带着就会吓退三军人马，你为什么不请求孔周把宝剑借给你用一用呢？"于是，来丹就来到卫国拜见孔周，对孔周行仆人的礼节，先请孔周收下他的妻儿老小作为抵押，然后才说出了自己的要求。孔周说："我有三把宝剑，任凭你选择一把。这三把宝剑都不能把人杀死，让我先说说它们的特点。第一把宝剑叫含光，看它时看不到踪影，用它时也感觉不到它的存在。剑锋碰到的地方看不到一点剑伤的痕迹，刺过人的身体，也感觉不到。第二把宝剑名叫承影，在黎明时分天要亮还没亮的时候，或者是在黄昏天要黑还没黑的时候，面朝北仔细观察它，看上去隐隐约约似乎有物体存在，但是不能分辨出它的形状。剑锋碰到的地方会发出轻微的声响，刺过人的身体也不会感到痛苦。第三把宝剑名叫宵练，白天时可以看到它的影子，看不到它的光芒，夜晚时可以看到它的光芒，看不到它的影子。剑锋无论碰到什么地方，刷的一声就砍过去，剑一砍过去，伤口马上随之合上，虽然能感到疼痛，但是剑锋上看不到血迹。这三把宝剑，已经传了十三代，但是从未用它干过什么事情。装在匣子里藏着，从来没有开过封。”来丹说：“虽然如此，我还是请您把第三把宝剑借给我。”孔周就归还了来丹的妻子儿女，又与他斋戒了七天。当天色半阴半晴的时候，孔周跪着把第三把宝剑交给了来丹，来丹再拜后接过宝剑，带着回家。于是，来丹就提着宝剑跟踪魏黑卵。趁魏黑卵喝醉了酒仰面朝天躺在窗户下边的时候，来丹挥起剑来，从脖子到腰一连砍了三剑，魏黑卵一点感觉也没有。来丹以为魏黑卵已经死了，急忙往回跑。跑到门口遇到魏黑卵的儿子，来丹又砍了三剑，就像砍在虚空中一样。魏黑卵的儿子笑着说：“你为什么傻里傻气地向我招了三次手？”来丹听了，知道这把剑不能杀死人，只得叹了口气回去。魏黑卵醒过来之后，对他妻子发怒说：“我喝醉了酒，你却让我露天睡觉，害得我嗓子疼腰发酸。”他的儿子说：“刚才来丹来的时候，在门口遇到我，对我招了三次手，也使我身体疼痛，四肢僵硬。他大概是在诅咒我们吧！”

周穆王大征西戎，西戎献锟铻之剑，火浣之布[①]。其剑长尺有咫[②]，练钢赤刃[③]，用之切玉，如切泥焉。

火浣之布，浣之必投于火，布则火色，垢则布色，出火而振之，皓然疑乎雪。皇子以为无此物，传之者妄。萧叔曰：“皇子果于自信[④]，果于诬理哉！”

注释

① 火浣之布：用火洗濯的布，即石棉布。

② 咫 zhǐ：古代的长度单位，周制八寸为一咫。

③ 练钢：纯钢。

④ 果："过"的同声假借字。下同。

译文

周穆王大举征伐西戎。西戎人向穆王进献锟铻剑和火浣布。锟铻剑长一尺八寸，用纯钢锻制而成，剑刃呈赤红色，锋利无比，用它切割玉石简直就像切泥土一样容易。火浣布在洗的时候要放在火里。当布烧成火红色，污垢烧成布的颜色时，从火中取出来抖一抖，原来肮脏的火浣布就变得像雪一样洁白。皇太子却认为世上根本不存在这种东西，都是传说的人在胡说八道。萧叔说："皇太子过于自信，也过于武断地把原本的实有之事诬为歪理邪说了！"

力命第六

力谓命曰："若之功奚若我哉？"命曰："汝奚功于物而欲比朕？"[1]力曰："寿夭、穷达、贵贱、贫富，我力之所能也。"命曰："彭祖之智不出尧舜之上，而寿八百；颜渊之才不出众人之下，而寿四八。仲尼之德不出诸侯之下，而困于陈蔡；殷纣之行不出三仁之上[2]，而居君位。季札无爵于吴[3]，田恒专有齐国[4]。夷齐饿于首阳[5]，季氏富于展禽[6]。若是汝力之所能，奈何寿彼而夭此，穷圣而达逆，贱贤而贵愚，贫善而富恶邪？"力曰："若如若言，我固无功于物，而物若此邪，此则若之所制邪？"命曰："既谓之命，奈何有制之者邪？朕直而推之，曲而任之。自寿自夭，自穷自达，自贵自贱，自富自贫，朕岂能识之哉？朕岂能识之哉？"

注释

①力谓命曰："若之功奚若我哉？"命曰："汝奚功于物而欲比朕？"：钱钟书按：此篇宗旨实即《庄子·达生》首二句："达生之情者，不务生之所无以为，达命之情者，不务知之所无奈何"，郭象注："分外物也，命表事也。"《庄子》之《天运》、《秋水》、《缮性》，《鹖冠子》之《环流》、《备知》等皆

言“时命”；《列子》以“力命”对举，殆承《墨子》。《非命》上：“命富则富，命贫则贫……虽强劲何益哉？”；《非命》中：“而天下皆曰其力也，必不能曰我见命焉”；《非命》下：“夫岂可以为命哉？故以为其力也”；“强劲”正如《非命》下之“强必治，不强必乱”等句之“强”，皆即“力”也。

②三仁：指向殷纣王进谏的三位忠臣微子、箕子和比干。《论语·微子》篇：“微子去之，箕子为之奴，比干谏而死。孔子曰：殷有三仁焉。”

③季札：姬姓，名札。春秋时期吴王寿梦第四子，有贤名，寿梦欲传位于他，季札推荐长兄诸樊继承王位，自己避居于乡野。寿梦死后，诸樊再让季札，季札推拒，诸樊于是即王位，声明自己死后，由季札继位。诸樊死后，寿梦次子余祭再让季札，季札仍然拒绝。余祭让他治理延陵，季札有治绩，后被称为延陵季子。寿梦三子余眛死前，派使者迎季札继承王位，季札不去，反而逃走。

④田恒：即陈成子。春秋时齐国的大臣。陈釐公之子，名恒，一作常。公元前481年杀死齐简公，立齐平公，自任相国，尽杀公族中的强者，扩大封邑，此后齐国由田氏专权。

⑤夷齐：即伯夷和叔齐，是商末孤竹国国君的两个儿子。他们在武王灭商后逃到首阳山躲避，誓不当周民，不食周粟，最终饿死。

⑥季氏：即春秋时期鲁国的贵族季孙氏家族，姬姓，

是鲁桓公的少子、鲁庄公的季弟季友的后代。季氏从季文子（季友之孙）起，数代相继执政，实际掌握了鲁国的政权。展禽：即柳下惠，姓展氏，名获，字禽，春秋时期鲁国人，是鲁孝公之子公子展的后裔。“惠”是他的谥号，后人称之为“柳下惠”。担任过鲁国大夫，后来隐遁，成为逸民，他被认为是遵守中国传统道德的典范。

译文

力量对命运说：“你的功劳怎么能和我相比呢？”命运说：“你对万物有何功劳却要和我相比？”力量说：“长寿与早夭，穷困与显达，尊贵与下贱，贫穷与富有，都是因为我的力量才能做到的。”命运说：“彭祖的智慧不在尧舜之上，却活到八百岁；颜渊的才华不在众人之下，却只活到四十八岁。孔子的仁德不在各国诸侯之下，却曾被围困在陈国与蔡国之间；殷纣王的品行不在微子、箕子、比干三位仁者之上，却居于天子之位。季札在吴国没有官爵，田恒却在齐国专权。伯夷和叔齐在首阳山挨饿，季氏却比柳下惠富有得多。如果是你的力量所能做到的，为什么要使坏人长寿而使好人早夭，使圣人穷困而使奸臣显达，使贤者低贱而使愚人尊贵，使善人贫苦而使恶人富有呢？”力量说：“如果像你所说的那样，我原来对万物没有功劳，可万物的实际情形却的确如此不公，这难道是你制约的结果吗？”命运说：“既然称为命运，怎么会有谁能制约它呢？我也不过是对顺利的命运稍作推动，对曲折的命运顺其自然而已。万物都是自身长寿自身早夭，自身穷困自身显达，自身尊贵自身低贱，自身富有自身贫贱，都是由其自身的命运而非自身的力量所决定的。我怎么能知道呢？我怎么能知道呢？”

北宫子谓西门子曰：“朕与子并世也，而人子达[①]；并族也，而人子敬；并貌也，而人子爱；并言也，而人子庸[②]；并行也，而人子诚；并仕也，而人子贵；并农也，而人子富；并商也，而人子利。朕衣则裋褐[③]，食则粢粝[④]，居则蓬室，出则徒行。子衣则文锦，食则粱肉[⑤]，居则连欐[⑥]，出则结驷[⑦]。在家熙然有弃朕之心[⑧]，在朝谔然有敖朕之色[⑨]。请谒不相及，遨游不同行，固有年矣。子自以德过朕邪？”西门子曰：“予无以知其实。汝造事而穷[⑩]，予造事而达，此厚薄之验欤？而皆谓与予并，汝之颜厚矣。”北宫子无以应，自失而归。中途遇东郭先生，先生曰：“汝奚往而反，偊偊而步[⑪]，有深愧之色邪？”北宫子言其状。东郭先生曰：“吾将舍汝之愧，与汝更之西门氏而问之。”曰：“汝奚辱北宫子之深乎？固且言之[⑫]。”西门子曰：“北宫子言世族、年貌、言行与予并，而贱贵贫富与予异。予语之曰：予无以知其实。汝造事而穷，予造事而达，此将厚薄之验欤？而皆谓与予并，汝之颜厚矣。”东郭先生曰：“汝之言厚薄不过言才德之差，吾之言厚薄异于是矣。

夫北宫子厚于德，薄于命，汝厚于命，薄于德。汝之达，非智得也；北宫子之穷，非愚失也。皆天也，非人也。而汝以命厚自矜，北公子以德厚自愧[13]，皆不识夫固然之理矣。”西门子曰：“先生止矣，予不敢复言。”北宫子既归，衣其裋褐，有狐貉之温；进其茙菽[14]，有稻粱之味；庇其蓬室[15]，若广厦之荫；乘其荜辂[16]，若文轩之饰[17]。终身逌然[18]，不知荣辱之在彼也，在我也。东郭先生闻之曰：“北宫子之寐久矣[19]，一言而能寤[20]，易怛也哉[21]！”

注释

①人子达：犹“人达子”，使动用法。达，位高名显。下文的“人子敬”“人子爱”“人子庸”“人子诚”“人子贵”“人子富”“人子利”，句法与此同。

②庸：用。

③裋褐 shùhè：粗陋布衣。古代多为贫贱者所服。

④粢粝 zīlì：粗劣的饭食。粢，稷，即谷子。粝，粗粮；糙米。

⑤粱肉：以粱为饭，以肉为肴，指精美的膳食。粱，精米。

⑥栭 lì：房屋的正梁。

⑦驷：同拉一辆车的四匹马，或驾四马之车。

⑧熙：喜悦；和乐。

⑨谔：争辩。敖：同“傲”。

⑩造事：做事。

⑪偊偊：独行的样子。

⑫固且：姑且。固，"姑"的同声假借字。

⑬公："宫"字之误。

⑭戎菽 róngshū：大豆。

⑮庇：托身。

⑯荜辂 bìlù：柴车。荜，也作"筚"，用荆条、竹枝等编成的遮拦物。辂，古代车辕上用来挽车的横木。

⑰文轩：装饰豪华的车子。

⑱逌 yōu：古同"悠"，悠闲自得。

⑲寐：不清醒。

⑳寤：清醒。

㉑易：改变。怛 dá：痛苦；忧伤。

译文

北宫子对西门子说："我和你生于同时，然而你却位高名显；一样的家世，人家却尊敬你；差不多的相貌，人家却喜欢你；同样是说话，人家却能听进你的意见；同样行事，人家却相信你；同样是做官，人家却重用你；同样是耕种，你却能致富；同样是经商，你却能获利。我穿的是粗布破衣，吃的是粗粮劣饭，住的是茅棚草屋，出行要靠脚走。而你却穿的是锦绣丝绸，吃的是细粮肥肉，住的是宽敞豪宅，出行则驷马高车。在家里时你笑逐颜开，根本无心搭理我；在朝廷时你振振有词，对我傲慢轻视。请客拜见都轮不到我，外出游玩也不带我同行；你这样对待我已经有好多年了。难道你自以为你的德行比我强吗？”西门子说：“我也无法知道这到底是因为什么。你一做事就倒霉，而我却总是一路顺风，这不就是你我的命运薄厚完全不同的证明吗？你居然还说什么样样都和我相同，你的脸皮也实在是太厚了。”北宫子被羞辱得无言以对，只好失意无聊地回家去了。他半路上遇见了东郭先生。东郭先生问：“你这是从哪儿回来啊？怎么这样形单影只地走路，又满脸羞愧的神色呢？”北宫子把刚才的事说了一遍。东郭先生说：“我来帮你消除羞愧，和你一起再去西门子家去问问他。”东郭先生问西门子说：“你为什么要那么重重地羞辱北宫子呢？你且说说究竟是什么原因。”西门子说：“北宫子跟我讲，他的家世出身、年龄相貌、言谈举止都可与我相提并论，但贫富贵贱却和我完全相反。我就对他说：‘我也无法知道这到底是因为什么。你一做事就倒霉，而我却总是一路顺风，这不就是你我的命运薄厚完全不同的证明吗？你居然还说什么样样都和我相同，你的脸皮也实在是太厚了。’”东郭先生说：“你所说的厚和薄不过是说才能和仁德的差别，我所说的厚与薄和你说的不一样。北宫子的仁德厚，但命运薄，而你则是命运厚，但仁德薄。你的位高名显，并不是凭你的智慧得到的；而北宫子的穷困不顺，也并不能证明他就是愚蠢的人。这都是上天决定的，而不是人力所为。但是你却因为命厚就自鸣得意，而北宫子反而因为德厚而自愧弗如，你们其实都根本不晓得天命已定的自然之理。”西门子说："先生您打住吧，我再也不敢说这种话了。"北宫子回去以后，再穿他的粗布破衣，就感觉如同穿着皮衣一样暖和；再吃他的粗食杂粮，就感觉好像吃着精米肥肉一样滋味香浓；再托身于他的茅棚草屋，就感觉似乎住进了宽敞的大厦里；再乘坐他的柴车，就感觉好像是坐上了装饰华丽的高级马车。北宫子从此终身都高兴快乐，悠闲自得，甚至再也不知道那些所谓的荣耀与耻辱究竟是在别人身上还是在自己身上。东郭先生听到后说道："这北宫子糊里糊涂已经有很长时间了，自从听到我的一番话就骤然醒悟过来，终于改变了过去那种痛苦忧伤的心情。"

管夷吾、鲍叔牙二人相友甚戚[①]，同处于齐，管夷吾事公子纠[②]，鲍叔牙事公子小白。齐公族多宠，嫡庶并行。国人惧乱，管仲与召忽奉公子纠奔鲁，鲍叔奉公子小白奔莒。既而公孙无知作乱，齐无君，二公子争入。管夷吾与小白战于莒，道射中小白带钩。小白既立，胁鲁杀子纠，召忽死之，管夷吾被囚。鲍叔牙谓桓公曰："管夷吾能，可以治国。"桓公曰："我仇也，愿杀之。"鲍叔牙曰："吾闻贤君无私怨，且人能为其主，亦必能为人君。如欲霸王，非夷吾其弗可。君必舍之[③]！"遂召管仲。鲁归之齐，鲍叔牙郊迎，释其囚。桓公礼之，而位于高、国之上[④]，鲍叔牙以身下之。任以国政，号曰“仲父”，桓公遂霸。管仲尝叹曰：“吾少穷困时，尝与鲍叔贾，分财多自与，鲍叔不以我为贪，知我贫也。吾尝为鲍叔谋事而大穷困，鲍叔不以我为愚，知时有利不利也。吾尝三仕三见逐于君，鲍叔不以我为不肖，知我不遭时也。吾尝三战三北，鲍叔不以我为怯，知我有老母也。公子纠败，召忽死之，吾幽囚受辱，鲍叔不以我为无耻，知我不羞小节而耻名不显于天下也。生我者父母，知我者鲍叔也！”⑤此世称管鲍善交者，小白善用能者。然实无善交，实无用能也。实无善交、实无用能者，非更有善交，更有善用能也。召忽非能死，不得不死；鲍叔非能举贤，不得不举；小白非能用仇，不得不用。及管夷吾有病，小白问之，曰：“仲父之病疾矣，可不讳，云至于大病，则寡人恶乎属国而可？”夷吾曰：“公谁欲欤？”小白曰：“鲍叔牙可。”曰：“不可。其为人也，洁廉善士也；其于不己若者，不比之人，一闻人之过，终身不忘。使之理国，上且钩乎君，下且逆乎民。其得罪于君也，将弗久矣。”小白曰：“然则孰可？”对曰：“勿已，则隰朋可。其为人也，上忘而下不叛，愧其不若黄帝而哀不己若者。以德分人谓之圣人，以财分人谓之贤人。以贤临人，未有得人者也；以贤下人者，未有不得人者也。其于国，有不闻也；其于家，有不见也。勿已，则隰朋可。”⑥然则管夷吾非薄鲍叔也，不得不薄；非厚隰朋也，不得不厚。厚之于始，或薄之于终；薄之于终，或厚之于始[7]。厚薄之去来，弗由我也。

注释

①戚：亲密。

②公子纠：姜姓，齐襄公之弟，公子小白之兄。公元前686年，齐国发生内乱，齐襄公和其继任者公孙无知相继被杀。逃亡国外的公子纠和公子小白为君位展开争夺，公子纠败亡，公子小白继位，即齐桓公，后在管仲等人的辅佐下，成为春秋时期的第一位霸主。

③舍：赦免。

④高、国：即齐国的高氏、国氏两家世族，他们曾作为内应协助齐桓公回国即位。《史记·齐太公世家》："小白自少好善大夫高傒，及雍林人杀无知，议立君，高、国先阴召小白于莒。……小白已入，高傒立之，是为桓公。……有高、国内应，故得先入立。"

⑤自"管仲尝叹曰"至"知我者鲍叔也"，见于《史记·管晏列传》："管仲曰：'吾始困时，尝与鲍叔贾，分财利多自与，鲍叔不以我为贪，知我贫也。吾尝为鲍叔谋事而更穷困，鲍叔不以我为愚，知时有利不利也。吾尝三仕三见逐于君，鲍叔不以我为不肖，知我不遭时也。吾尝三战三走，鲍叔不以我怯，知我有老母也。公子纠败，召忽死之，

吾幽囚受辱，鲍叔不以我为无耻，知我不羞小节而耻功名不显于天下也。生我者父母，知我者鲍子也。'"

⑥自"及管夷吾有病"至"则隰朋可"，见于《庄子·徐无鬼》："管仲有病，桓公问之，曰：'仲父之病病矣，可不讳云，至于大病，则寡人恶乎属国而可？'管仲曰：'公谁欲与？'公曰：'鲍叔牙。'曰：'不可。其为人，洁廉善士也；其于不己若者，不比之；又一闻人之过，终身不忘。使之治国，上且钩乎君，下且逆乎民。其得罪于君也，将弗久矣！'公曰：'然则孰可？'对曰：'勿已，则隰朋可。其为人也，上忘而下不畔，愧不若黄帝而哀不若己者。以德分人谓之圣，以财分人谓之贤。以贤临人，未有得人者也；以贤下人，未有不得人者也。其于国，有不闻也；其于家，有不见也。勿已，则隰朋可。'"又见于《管子·戒》《吕氏春秋·贵公》等。云：如果。王引之《经传释词》卷三："云，犹'如'也。……言如至于大病也。"钩：约束，限制。叛：专横跋扈。

⑦薄之于终，或厚之于始：似应作"薄之于始，或厚之于终"，否则与上文之意重复。

译文

管夷吾和鲍叔牙两人的友情非常亲密，他们都在齐国，管夷吾辅佐公子纠，鲍叔牙辅佐公子小白。当时齐国国君的公子多被宠幸，甚至不分嫡子与庶子。国人都担心将要发生内乱，管夷吾与召忽追随公子纠逃往鲁国，鲍叔牙则追随公子小白逃往莒国。后来公孙无知作乱篡位继而被杀，齐国君位空虚，两位公子为继承君位争先恐后要返回齐国。管夷吾为阻止小白回国，与他在莒国的边境展开了激战，管夷吾在追击的途中射中小白的衣带钩。公子小白回国继位之后，迫使鲁国杀死公子纠，召忽随后自杀身亡，管夷吾也被囚禁起来。鲍叔牙对齐桓公说："管夷吾很有才能，可以用他来治理国家。"桓公说："他是我的仇人，我只想杀了他。"鲍叔牙说："据我所知，贤明的君主是没有私仇的，再说一个人既然能为他的主人尽心尽力，也就一定能为国君竭力效忠，如果大王您要称霸天下，没有管夷吾的辅佐是不行的。请您一定要赦免他才对！"桓公于是召管夷吾回国。鲁国就把他送回了齐国，鲍叔牙亲自到城外迎接，并亲手为他解开枷锁。桓公也对他礼敬有加，管夷吾的地位远在高氏和国氏之上，连鲍叔牙也心甘情愿地位居管夷吾之下。桓公把国家大政都交给管夷吾，甚至称之为"仲父"，桓公也因此终于成就霸业。管夷吾曾感叹地说道："我年轻的时候贫困潦倒，曾经与鲍叔牙一同做生意，等到分钱的时候我总是多给自己留出一些，但鲍叔牙却没有因此认为我贪得无厌，因为他知道我很贫穷。我也曾为鲍叔牙出谋划策，结果却惨遭失败，可鲍叔牙并没有因此说我头脑愚蠢，因为他知道时运有利也有不利。我也曾多次为官又多次被国君罢黜，但鲍叔牙却没有因此觉得我无才不贤，因为他知道我只是没有遇到好时机而已。我也曾多次参战多次败逃，可鲍叔牙却没有因此认为我胆小畏怯，因为他知道我家有老母需要赡养。当年公子纠失败，召忽自杀，我也遭受囚禁和凌辱，但鲍叔牙却没有把我当成无耻之徒，因为他知道我并不在乎那些小节而只是以不能扬名天下为耻辱。生我的人是我的父母，而真正了解我的人则是鲍叔牙！”这就是世人所称道的管夷吾和鲍叔牙是善于交友之人，而小白则是善于任能之君。然而实际上却并不存在所谓的善于交友之说，也并不存在所谓的善于任能之事。之所以说实际上并不存在所谓善于交友之说，也并不存在所谓善于任能之事，并不是说世上还有比他们更善于交友、更善于任能的人。所以，召忽并不是选择了自杀，而是他不得不自杀；鲍叔牙并不是善于举荐贤才，而是他不能不举荐贤才；小白也并不是能够任用仇人，而是他不得不任用仇人。等到管夷吾生病的时候，小白问他：“仲父的病已经越来越重了，也没有必要再隐瞒了，如果您一病不起的话，那我把国家大政交给谁才行呢？”管夷吾问：“您想交给谁呢？”小白说：“交给鲍叔牙就可以。”管仲说：“不行，他为人廉洁又礼贤下士，但他对不如自己的人就不能亲近，而且一旦发现别人有过错，就终身难忘。如果用他来治国，对上将约束国君，对下会违背民意。他得罪于您，将用不了太久的时间。”小白问：“那么究竟谁行呢？”管夷吾回答说：“如果让我不得不说的话，那么就隰朋这个人可以。他的为人，对上有忘我之心，对下不专横跋扈，他因为自己不如黄帝而感到惭愧，而对于不如自己的人又能表示同情。能施仁德于他人的是圣人，能施钱财于他人的是贤人。自以为贤能而居高临下的人，是不可能真正得人心的；自身贤能而又能礼贤下士的人，就没有不得人心的。这样的人对于国家大政并不事事干预，对于家庭琐事也不是件件明察。所以，如果让我不得不说的话，隰朋这个人是可以的。”如此说来，并不是管夷吾存心待鲍叔牙薄，而是不得不薄待于他；也并不是管夷吾存心待隰朋厚，而是不得不厚待于他。如果当初举荐了鲍叔牙，也可能最终会害了他；而当初没有举荐他，最终却反而成全了他。隰朋被任用而鲍叔牙没有被任用，这都是由他们的命运所决定的，而并不是由他们自己以及管仲是否举荐的外力所能改变的。

邓析操两可之说①，设无穷之辞②，当子产执政，作“竹刑”③。郑国用之，数难子产之治，子产屈之。子产执而戮之，俄而诛之④。然则子产非能用“竹刑”，不得不用；邓析非能屈子产，不得不屈；子产非能诛邓析，不得不诛也。

注释

①邓析：春秋时期郑国人，是先秦著名思想家，法家和名家的先驱。

②无穷之辞：没完没了的巧辩之说。《太平御览》卷四六二所引作“无穷之弊”。

③竹刑：书于竹简之上的法律条文。

④子产执而戮之，俄而诛之：此二句语意重复，似有衍误。《太平御览》卷六四五所引作“子产俄而诛之”，而无“执而戮之”。子产诛邓析事，又见于《吕氏春秋·离谓》《荀子·宥坐》等书及《淮南子·诠言训》高诱注。但据《左传》所载，昭公二十年（公元前522年），子产卒，定公九年（公元前501年），郑国大夫驷歂杀邓析，而用其“竹刑”。前后相去二十一年，故邓析并非为子产所杀。

译文

邓析持模棱两可混淆是非之论，并提出了许多没完没了的巧辩之说。子产在郑国执政的时候，邓析制订了一部法律并刻写在竹简上，称为“竹刑”。郑国人利用这部法律进行诉讼，这给子产治国带来了很多麻烦，他只好让步妥协。最后子产逮捕邓析，不久就杀了他。但是子产并非愿意利用“竹刑”，而是不得不利用它；邓析也并非愿意使子产让步妥协，而是不得不令其让步妥协；子产也并不是愿意杀掉邓析，而是不得不杀掉他。

可以生而生，天福也；可以死而死，天福也。可以生而不生，天罚也；可以死而不死，天罚也。可以生，可以死，得生得死有矣；不可以生，不可以死，或死或生，有矣[①]。然而生生死死，非物非我[②]，皆命也，智之所无奈何。故曰：窈然无际[③]，天道自会；漠然无分[④]，天道自运。天地不能犯，圣智不能干，鬼魅不能欺。自然者默之成之，平之宁之[⑤]，将之迎之[⑥]。

注释

① 不可以生，不可以死，或死或生有矣：张湛注："此义之生而更死，之死而更生者也。此二句上义已该之而重出，疑书误。"陶鸿庆曰："两'不'字衍文，本作'可以生，可以死，或死或生，有矣'。言可以生而或死，可以死而或生也。张注云：'此义之生而更死，之死而更生者也'。是其所见本无两不字。上文云：'可以生而不生，天罚也；可以死而不死，天罚也'，意与此同，故张注又疑其重出也。"

② 非物非我：既不由外物也不由我自己所决定。

③ 窈：深远；幽深。

④ 漠：寂静。

⑤ 平之宁之：平宁，平静安宁无所作为。

⑥ 将之迎之：迎来送往。

译文

一个人当可生之时而得其生，这是因为他有天赐之福；当可死之时而得其死，也是因为他有天赐之福。本应该得其生却没有如愿，这是上天对他的惩罚；本希望得其死却难以如愿，这也是上天对他的惩罚。那种本应得其所生的人，本想得其所死的人，最终也有如愿以偿的；而那种本应得其所生的却早夭了，本希望得其所死的却还不得不苟延残喘，这种人也是有的。之所以如此，就是因为无论是生是死，都不是任何外物和我们自己的力量所能左右的，完全都是由我们自己的命运所决定的，而我们的智力对此是无可奈何的。所以说，天道幽冥深远，杳无边际，自然会合；天道沉寂宁静，分界全无，自然运行。天地虽大，也不能违逆自然；圣智虽高，也无法改变命运；鬼魅虽诈，也不敢欺瞒天道。顺其自然就是默合于天道，顺从于命运，平静安宁，无所作为，时来而迎之，运去而送之。

杨朱之友曰季梁。季梁得病，七日大渐[①]。其子环而泣之，请医。季梁谓杨朱曰："吾子不肖如此之甚，汝奚不为我歌以晓之？"杨朱歌曰："天其弗识，人胡能觉？匪祐自天[②]，弗孽由人[③]。我乎汝乎，其弗知乎！医乎巫乎，其知之乎？"其子弗晓，终谒三医[④]。一曰矫氏，二曰俞氏，三曰卢氏，诊其所疾。矫氏谓季梁曰："汝寒温不节，虚实失度，病由饥饱色欲，精虑烦散，非天非鬼。虽渐，可攻也。”季梁曰：“众医也，亟屏之！”俞氏曰：“女始则胎气不足，乳湩有余[5]，病非一朝一夕之故，其所由来渐矣，弗可已也。”季梁曰：“良医也，且食之！”卢氏曰：“汝疾不由天，亦不由人，亦不由鬼，禀生受形，既有制之者矣，亦有知之者矣。药石其如汝何？”季梁曰：“神医也，重贶遣之[6]！”俄而季梁之疾自瘳[7]。

注释

① 渐：加剧。

② 匪：同“非”。

③ 孽：灾害。

④ 谒：请。

⑤ 湩 dòng：乳汁。

⑥ 贶 kuàng：馈赠。

⑦ 瘳 chōu：病愈。

译文

杨朱有个朋友叫季梁。季梁生病了，到第七天的时候，病情开始加重。他的几个儿子围在床前痛哭流涕，要请医生来看病。季梁对杨朱说：“我的儿子们对我竟然如此不孝，你为什么不为我唱个歌让他们明白明白呢？”杨朱于是唱道：“上天都不知道的事，人又怎么能搞得清楚？生不是缘于上天的保佑，死也不是人力所能阻止。除了我和你啊，他们都不懂得死生由命！那些医生也好巫师也罢，能理解这其中的道理吗？”季梁的儿子们还是没有明白，最终请来了三位医生。一位是矫氏，一位是俞氏，一位是卢氏，都来诊断季梁的病。矫氏对季梁说：“你身体的寒温之气不适度，体内虚实失调，这种病是由于你的饮食没有规律和情欲过度，从而引起思虑过度、心情烦躁、精力分散，既不是先天就有，也不是鬼魅造成的。虽然病情严重，但还是能治的。”季梁说：“这是庸医，快让他走开！”俞氏说：“你当初在娘胎里的时候就有先天不足的毛病，出生以后奶水又吃不完，你这病不是一朝一夕形成的，而是长期以来逐渐加重的，已经难以医治了。”季梁说：“这是一位良医，得请他吃饭！”卢氏说：“你的病既不是先天就有的，也不是你自找的，更不是什么鬼魅造成的，从你的生命一开始，身体形成那一天，你的生与死就已经被命运所掌握，早就有人明白死生由命的道理了。吃药扎针对你又有什么用处呢？”季梁说：“这才是神医，要重重地答谢后再送他走！”不久以后，季梁的病不治而愈。

生非贵之所能存，身非爱之所能厚；生亦非贱之所能夭，身亦非轻之所能薄。故贵之或不生，贱之或不死；爱之亦不厚[1]，轻之或不薄。此似反也，非反也。此自生自死，自厚自薄。或贵之而生，或贱之而死；或爱之而厚，或轻之而薄。此似顺也，非顺也；此亦自生自死，自厚自薄。鬻熊语文王曰[②]：“自长非所增，自短非所损，算之所亡若何[③]。”老聃语关尹曰：“天之所恶，孰知其故？[④]”言迎天意，揣利害，不如其已。

注释

① 爱之亦不厚：从上下文的句式判断，“亦”应作“或”，方可连贯。

② 鬻 yù 熊：相传为周文王之师。

③ 算：算计；智力。亡：无。

④ 天之所恶，孰知其故：见《老子》七十三章：“天之所恶，孰知其故？是以圣人犹难之。”王弼注：“言谁能知天下之所恶，意故邪，其唯圣人，夫圣人之明，犹难于勇敢，况无圣人之明而欲行之也，故曰，犹难之也。”

译文

生命并非因为被珍重就一定会得以保存，身体并非因为被爱惜就一定能强壮；生命也并非因为被轻贱就一定会早夭，身体也并非因为被忽视就一定会羸弱。所以如果被珍重，生命或许不能保存，如果被轻贱，生命或许不会死亡；爱惜身体，身体或许并不强壮；忽视身体，身体或许并不羸弱。这个道理似乎有些反常，其实并不反常。因为生命本身是自生自灭的，身体本身也是自强自弱的。生命或许因被珍重而得以保存，或许因被轻贱而导致死亡；身体或许因被爱惜而强壮，或许因被忽视而羸弱。这似乎才是顺理成章的，实际上并非如此，这仍然属于生命自生自灭，身体自强自弱。从前鬻熊曾对周文王说过：“长寿是命中注定的，绝非人力自身所能延长；短命也是命中注定的，绝非人力自身所能减少，人的智力对于寿命的长短是无可奈何的。”老聃对关尹也说过：“如果为天所厌恶，谁又能知道究竟是因为什么呢？”这说的就是如果不乐天知命，顺其自然，而只是一味地以人力去迎合天意，揣摩利害，倒不如就此罢手才对。

杨布问曰[1]：“有人于此，年兄弟也，言兄弟也[2]，才兄弟也，貌兄弟也，而寿夭父子也，贵贱父子也，名誉父子也，爱憎父子也。吾惑之。”杨子曰：“古之人有言，吾尝识之[3]，将以告若：不知所以然而然，命也。今昏昏昧昧，纷纷若若，随所为，随所不为，日去日来，孰能知其故？皆命也夫。信命者亡寿夭；信理者亡是非；信心者亡逆顺；信性者亡安危。则谓之都亡所信，都亡所不信。真矣悫矣[4]，奚去奚就，奚哀奚乐，奚为奚不为。黄帝之书云：‘至人居若死，动若械。[5]’亦不知所以居，亦不知所以不居；亦不知所以动，亦不知所以不动。亦不以众人之观易其情貌，亦不谓众人之不观不易其情貌。独往独来，独出独入，孰能碍之？”

注释

① 杨布：杨朱之弟。

② 言：俞樾认为“言”字无义，当作“訾”，始与下文“贵贱父子也”相对应。訾 zī：资历。

③ 识 zhì：记住。

④ 悫 què：朴实。

⑤ 至人居若死，动若械：钱钟书按：“此亦神秘宗要义也。《老子》二章：‘俗人昭昭，我独昏昏；俗人察察，我独闷闷；……众人皆有以，我独顽似鄙。’《庄子》出以比喻，《齐物论》：‘形固可使如槁木，而心固可使如死灰乎！’；《庚桑楚》：‘儿子动不知所为，行不知所之，身若槁木之枝，而心若死灰’；《徐无鬼》：‘形固可使若槁骸，心固可使若死灰乎！’已强聒不舍。……以譬息心念、忘形骸之止境。”

译文

杨布向杨朱问道：“假如这里有两个人，他们年龄差不多，资历差不多，才能差不多，相貌也差不多，但是他们寿命的长短却大不相同，地位的尊卑大不相同，声誉的高低大不相同，为人所爱憎也大不相同。这我就不能明白是为什么了。”杨朱说：“古人讲过一句话，我还记得，我把它告诉你吧：不知道究竟是什么原因导致的这种结果，这就是命中注定。如今的人昏昧糊涂，忙禄纷繁，随心所欲，当为不为，日复一日，天天如此，习以为常，谁又能知道这究竟是为什么呢？其实这一切都是命中注定的。相信命运也就无所谓长寿和短命了；相信自然之理也就无所谓对错是非了；相信内心也就无所谓违逆与顺从了；相信自然本性也就无所谓平安与危险了。这就是说完全不存在什么可以相信的，也完全不存在什么不可以相信的。只有如此，人才能自然真诚，才能知道何去何从，什么可哀什么可乐，什么应做什么不应做。黄帝之书说：‘真正得道的人在静下来的时候就像死人一样，在动起来的时候就像机器一样。’既不知道为什么静，也不知道为什么不静；既不知道为什么动，也不知道为什么不动。既不会因为众人在看他而改变自己的情态和面貌，也不会因为众人没有看他而不改变自己的情态与面貌。他完全是独来独往，独出独入，神游而已，外人对他又能有什么丝毫影响呢？”

墨杘、单至、啴咺、憋懯四人相与游于世[①]，胥如志也[②]。穷年不相知情，自以智之深也。巧佞、愚直、婩斫、便辟四人相与游于世[③]，胥如志也。穷年而不相语术，自以巧之微也。狡伢、情露、謇極、凌谇四人相与游于世[④]，胥如志也。穷年不相晓悟，自以为才之得也。眠娗、诿谖、勇敢、怯疑四人相与游于世[⑤]，胥如志也。穷年不相谪发[⑥]，自以行无戾也[⑦]。多偶、自专、乘权、只立四人相与游于世[⑧]，胥如志也。穷年不相顾眄[⑨]，自以时之适也。此众态也，其貌不一，而咸之于道[⑩]，命所归也。

注释

① 墨杘 chī：阴沉。单至：轻率。啴咺 tānxuān：迂缓。憋懯 fū：急躁。以上皆为寓言所假托的人名，且两两相对相反，下同。张湛注："此皆默诈、轻发、迂缓、急速之貌。"

② 胥：全；都。如志：遂其所愿。

③ 巧佞 nìng：巧言谄媚。愚直：愚笨戆直。婩斫 yànzhuó：倔强高傲。便辟 pì：逢迎巴结。

④ 獠伢 qiāoyà：狡猾奸诈。情露：坦率直爽。謇极 jiǎnjí：语急而口吃。謇，同"蹇"，口吃。极，急。凌谇 suì：凌辱责骂。

⑤ 眠娗 tǐng：轻视怠慢。諈 zhuì 诿：烦重之累。怯疑：担心犹疑。

⑥ 谪 zhé 发：谴责；揭短。谪，责备。

⑦ 戾：违背；违反。

⑧ 多偶：与人为善。自专：唯我独尊。乘权：依权仗势。只立：孤独自立；无依无靠。

⑨ 顾眄 miàn：回头看。眄，斜着眼睛看。

⑩ 咸：全；都。

译文

墨杘、单至、啴咺、憋懯四个人同时在社会上与人交游，均能各遂己愿，他们之间终年互不了解实情，都自以为老谋深算。巧佞、愚直、婩斫、便辟四个人同时在社会上与人交游，均能各遂己愿，他们之间终年互不交流心得，都自以为技艺精巧入微。狸伢、情露、謇极、凌谇四个人同时在社会上与人交游，均能各遂己愿，他们之间终年互不启发诱导，都自以为唯我独能。眠娗、諈诿、勇敢、怯疑四个人在社会上与人交游，均能各遂己愿，他们之间终年互不谴责揭短，都自以为行为没有丝毫差错。多偶、自专、乘权、只立四个人在社会上与人交游，均能各遂己愿，他们之间终年相互看都不愿意看一眼，都自以为符合时宜。这许许多多的情态，虽然外表上看起来不同，但都具有一个相同的道理，它们都是命运所决定的，而不是人力所能为。

佹佹成者[①]，俏成也[②]，初非成也；佹佹败者，俏败者也，初非败也。故迷生于俏，俏之际昧然。于俏而不昧然，则不骇外祸，不喜内福。随时动，随时止，智不能知也。信命者于彼我无二心。于彼我而有二心者，不若揜目塞耳[③]、背坂面隍亦不坠仆也[④]。故曰：死生自命也，贫穷自时也[⑤]。怨夭折者，不知命者也，怨贫穷者，不知时者也。当死不惧，在穷不戚，知命安时也。其使多智之人量利害，料虚实，度人情，得亦中，亡亦中。其少智之人不量利害，不料虚实，不度人情，得亦中，亡亦中[⑥]。量与不量，料与不料，度与不度，奚以异？唯亡所量，亡所不量，则全而亡丧。亦非知全，亦非知丧。自全也，自亡也[7]，自丧也。

注释

①佹 guǐ 佹：几欲；将要。

②俏 xiào：古同“肖”，相似，好像。杨伯峻注：“‘俏成’下疑有‘者’字，方与下文句法一律。《六书故》八引正作‘俏成者也’。”

③揜 yǎn：通“掩”。

④背坂面隍：《释文》“背坂”作“背城”，当从之。城为城墙，隍为护城壕，城隍相对而言，正合文意。

⑤贫穷：应作“贫富”，始与上文“死生”相对。

⑥中：一半。下同。

⑦俞樾曰：“‘自亡也’三字疑为衍文。上文云‘唯亡所量，亡所不量，则全而亡丧。亦非知全，亦非知丧’。皆以‘全’‘丧’对言，此云‘自全也，自丧也’，文义已足。增出‘自亡也’三字，则与上文不合矣。”

译文

几乎就要成功的事，看起来好像是成功了，但实际上并没有成功。几乎就要失败的事，看起来好像是失败了，实际上并没有失败。其中令人迷惑之处，就在于它们之间非常相似这一点，处于非常相似的状态时，其实际情形模糊不清。而如果对于非常相似这种状态并非模糊不清的话，那就不必担心外来的祸患，也不必为已有的幸运而欣喜。顺应时势而动，顺应时势而止，人的智力是不能预知命运的。相信命运的人对于智力和命运不会有欣喜或担忧。如果对智力和命运有所欣喜或担忧，就不能任其自然，顺应命运。还不如那种捂上眼睛、堵住耳朵、背对城墙、面朝城壕也不会摔下去的人。所以说：生与死都取决于命运，贫与富都取决于天时。埋怨短命的人不理解命运，埋怨贫穷的人不理解天时，面对死亡不害怕，身处贫穷不悲伤，这才是乐天知命的人。如果让富于智慧的人来算计利害，估量虚实，揣度人情，他也就仅仅能够预料成功的一半，还有另一半不成功。而缺少智慧的人不算计利害，不估量虚实，不揣度人情，他所能成功的也有一半，另外一半同样不成功。既然如此，算计与不算计，估量与不估量，揣度与不揣度，又有什么两样呢？只有无所算计，才能无所不算计，这样才能万无一失。无所算计的人，既没有想到要完全成功，也没有想到会完全失败。因为成功是自然而然、命中注定的，失败也是自然而然、命中注定的，都不是人的智力所能决定的。

齐景公游于牛山[①]，北临其国城而流涕曰："美哉国乎！郁郁芊芊[②]，若何滴滴去此国而死乎[③]？使古无死者，寡人将去斯而之何？"史孔、梁丘据皆从而泣曰："臣赖君之赐，疏食恶肉可得而食，怒马棱车可得而乘也[4]，且犹不欲死，而况吾君乎！"晏子独笑于旁[5]。公雪涕而顾晏子曰[6]："寡人今日之游悲，孔与据皆从寡人而泣，子之独笑，何也？"晏子对曰："使贤者常守之，则太公、桓公将常守之矣；使有勇者而常守之，则庄公、灵公将常守之矣。数君者将守之，吾君方将被蓑笠而立乎畎亩之中[7]，唯事之恤，行假念死乎[8]？则吾君又安得此位而立焉？以其迭处之，迭去之，至于君也，而独为之流涕，是不仁也。见不仁之君，见谄谀之臣。臣见此二者，臣之所为独窃笑也。"景公惭焉，举觞自罚，罚二臣者各二觞焉。

注释

①此节见于《韩诗外传》卷十："齐景公游于牛山之上，而北望齐，曰：'美哉国乎！郁郁泰山。使古无死者，则寡人将去此而何之？'俯而泣沾襟。国子、高子曰：'然臣赖君之赐，疏食恶肉可得而食也，驽马柴车可得而乘也，且犹不欲死，况君乎！'俯泣。晏子曰：'乐哉！今日婴之游也。见怯君一，而谀臣二，使古而无死者，则太公至今犹存，吾君方今将被蓑笠而立乎畎亩之中，惟事之恤，何暇念死乎！'景公惭，而举觞自罚，因罚二臣。"又见于《晏子春秋·内篇谏上》。

齐景公：春秋时期齐国国君，姜姓，名杵臼，公元前 547—前 490 年在位。牛山：在今山东淄博市临淄区境内。

② 芊芊：草木茂盛的样子。

③ 滴滴：水流不断的样子。或作“滂滂”。

④ 怒马稜车：怒，“驽”的同声假借字，跑不快的马。稜：应作“栈”，栈车即柴车，古代用竹木制成的车，不张皮革，为士所乘。

⑤ 旁 páng：古同“旁”。

⑥ 雪：擦干。

⑦ 畎 quǎn 亩：田间。畎，田间小沟。

⑧ 行假：《韩诗外传》卷十作“何暇”。

译文

齐景公在牛山游览，向北观望国都临淄城而流着眼泪说：“真美啊，我的国都！草木郁郁葱葱浓密茂盛，我为什么将来还要匆匆地离它而死呢？假如自古以来人就不死，那将来我离开这里还能到哪儿去呢？”史孔和梁丘据也都跟着垂泪说道：“我们的一切都是靠您的恩赐所得，只要能有粗劣的饭菜可吃，笨马柴车可坐，我们都不愿意去死，更何况国君您呢！”晏子见此情景，独自一人在旁边发笑。景公擦干了眼泪，转过头对晏子说道：“我今天出游的心情很是悲伤，史孔和梁丘据都跟着我掉眼泪，你却独自发笑，为什么呢？”晏子回答说：“假如前代的贤明君主能够永远据有自己的君位，那么太公、桓公早就一直在拥有它了；假如勇敢的君主能够永远据有自己的君位，那么庄公、灵公也早就一直在拥有它了。如果这些君主一直拥有君位，那么您今天也就只好披着蓑衣戴着斗笠站在田里，只能一心一意地想着干农活了，哪里还有闲工夫想到死呢？您又怎能得到这个君位成为国君呢？正是因为前代的国君们一个接一个地在位，又一个接一个地去位而死，这才轮到了您，而您却为不能永处君位而伤心流泪，这可是不仁不义之举。今天我看到了不仁不义之君，也看到了阿谀奉承之臣。因为见到这样两种人，让我私下觉得可笑。”景公听后，深为惭愧，就举起酒杯自己罚自己，接着又罚了史孔和梁丘据二人各两杯。

魏人有东门吴者①，其子死而不忧②。其相室曰③：“公之爱子④，天下无有。今子死不忧，何也？”东门吴曰：“吾常无子⑤，无子之时不忧。今子死，乃与向无子同，臣奚忧焉？”

注释

① 此节见于《战国策·秦策三》：“应侯失韩之汝南，秦昭王谓应侯曰：‘君亡国，其忧乎？’应侯曰：‘臣不忧。’王曰：‘何也？’曰：‘梁人有东门吴者，其子死而不忧，其相室曰：‘公之爱子也，天下无有，今子死不忧，何也？’东门吴曰：‘吾尝无子，无子之时不忧；今子死，乃即与无子时同也。臣奚忧焉？’’”

②《太平御览》卷五一八所引作“年四十有一子，丧之而不忧。”

③ 相室：管家。

④ 公之爱子：《太平御览》卷五一八所引作“公之爱子也”，语气始完整。

⑤ 常：《太平御览》卷五一八所引作“尝”。

译文

魏国有个叫东门吴的人，儿子死了，他却不感到悲伤。他的管家说：“您对儿子的怜爱之情，全天下都少有。现在他死了您却没有悲伤之情，为什么呢？”东门吴说：“我以前就没有儿子，没有儿子的时候我也没有悲伤过。现在儿子死了，说明我命中无子，就当和以前没有儿子一样，我又有什么可悲伤的呢？”

农赴时[①]，商趣利[②]，工追术，仕逐势[③]，势使然也。然农有水旱，商有得失，工有成败，仕有遇否[④]，命使然也。

注释

① 赴：赶。时：时令；农时。

② 趣：同“趋”，奔向。

③ 仕：当作“士”，古代介于大夫和庶民之间的阶层，也指读书人。

④ 否 pǐ：坏；恶。否是六十四卦的卦名之一，是坏卦。

译文

农民种地要赶上农时，商人经商要追求利润，工人做工要讲究技艺，士人做官要追逐权势，这都是事物发展的必然趋势使他们这样做的。但是种地有水旱之灾，经商有赚有赔，做工有成有败，仕途有顺有不顺，而这些就要靠各自的命运来决定了。

杨朱第七

杨朱游于鲁，舍于孟氏。孟氏问曰："人而已矣，奚以名为[①]？"曰："以名者为富。""既富矣，奚不已焉？"曰："为贵。""既贵矣，奚不已焉？"曰："为死。""既死矣，奚为焉？"曰："为子孙。""名奚益于子孙？"曰："名乃苦其身，燋其心[②]。乘其名者，泽及宗族，利兼乡党，况子孙乎？""凡为名者必廉，廉斯贫；为名者必让，让斯贱。"曰："管仲之相齐也，君淫亦淫，君奢亦奢。志合言从，道行国霸。死之后，管氏而已。田氏之相齐也[③]，君盈则己降[④]，君敛则己施[⑤]，民皆归之，因有齐国，子孙享之，至今不绝。""若实名贫，伪名富。[⑥]"曰："实无名，名无实。名者，伪而已矣。昔者尧舜伪以天下让许由、善卷[⑦]，而不失天下，享祚百年。伯夷、叔齐实以孤竹君让而终亡其国，饿死于首阳之山[⑧]。实伪之辩，如此其省也[⑨]。"

注释

①人而已矣，奚以名为：钱钟书按："此篇以身与名对待，正如《力命》之以力与命对待也。《老子》四十四章：'名与身孰亲？身与货孰多？'作《列子》者本其旨而俪比事例，澜翻云诡，遂成佳

观。……《列子》非‘名’，盖有见于好名之心每足与爱身命之心争强而且陵加焉耳。夫得财以发身，而舍身为财者有之，求名以荣身，而杀身成名者有之，行乐以娱身，而丧身作乐者有之，均所谓‘殉’也。”

② 燋 jiāo：古同“焦”。

③ 田氏之相齐：公元前490年，齐景公死，齐国公族国、高二氏立公子荼，田乞逐国、高二氏，另立公子阳生，自立为相，从此田氏独揽齐国国政。

④ 盈：丰厚；充实。降：减少；削减。

⑤ 敛：聚敛；搜刮。施：给予；施给。张湛注：“此推恶于君也。”

⑥ 俞樾曰：“‘若实名贫，伪名富’下当有‘实名贱，伪名贵’二句。上文曰：‘凡为名者必廉，廉斯贫；为名者必让，让斯贱。’故此引管仲陈氏事证为实名则贫贱，为伪名则富贵也。”若，若此，如此说来。疑此字之下脱“然”字。

⑦ 尧舜伪以天下让许由、善卷：事见《庄子》之《逍遥游》《外物》《让王》《盗跖》等篇。又见于《史记·伯夷列传》：“说者曰尧让天下于许由，许由不受，耻之逃隐。”

⑧ 伯夷、叔齐实以孤竹君让而终亡其国，饿死于首阳之山：事见《庄子》之《让王》《盗跖》二篇。又见于《史记·伯夷列传》：“伯夷、叔齐，孤竹

君之二子也。父欲立叔齐，及父卒，叔齐让伯夷。伯夷曰：‘父命也。’遂逃去。叔齐亦不肯立而逃之。国人立其中子。……武王已平殷乱，天下宗周，而伯夷、叔齐耻之，义不食周粟，隐于首阳山，采薇而食之，……遂饿死于首阳山。”据《太平御览》卷四二四所引，“君”为衍字。

⑨省：清楚；明白。

译文

杨朱游历到鲁国，住宿在孟氏的家里。孟氏向他问道：“做人就做人吧，要名声有什么用呢？”杨朱说：“因为有了名声就可以发财。”孟氏又问：“发财了以后，为什么还要继续不停地追求名声呢？”杨朱说：“那是为了做官。”孟氏又问：“做了官以后，为什么还要不停地追求名声呢？”杨朱说：“那是为了死后的荣耀。”孟氏又问：“既然已经死了，还有什么必要追求名声呢？”杨朱说：“那是为了子孙后代。”孟氏又问：“名声对子孙后代有什么好处呢？”杨朱说：“名声是身经艰苦、心受煎熬才获得的。但是随之而来的，是宗族能够得到好处，乡里可以获取利益，更何况是自己的子孙后代呢？”孟氏说：“人只要是为了追求名声，就必须要保持自身廉洁，而要保持自身廉洁就必然会陷于贫穷；只要是为了追求名声就必须对人谦卑礼让，而要谦卑礼让就必然要降低自己的身份。”杨朱说：“从前管仲做齐国的国相的时候，国君淫乱，他也跟着淫乱；国君奢侈，他也跟着奢侈。因为他与国君志同道合，国君才对他言听计从，管仲的治国之道才得以顺利施行，齐国最终也成为诸侯的霸主。管仲死了以后，仅仅是他自己得到了好名声而已，但他子孙后代却沦于贫贱之地。田氏自从成为齐国的国相以后，国君囤积财富，他却减少自己的财产；国君搜括民财，他却向百姓施舍。国民渐渐都归心于田氏，田氏因而最终拥有了整个齐国，子孙后代坐享其成，直到今天仍然没有结束。”孟氏说：“如此说来，真正追求名声的人将会沦为贫贱，而并不追求名声的人反而会富贵。”杨朱说：“有实者无名，有名者无实。名声其实都是假的。从前尧和舜都曾经假心假意地要把天下让给许由和善卷，但其实他们并没有失去天下，而且在位达百年之久。伯夷和叔齐倒都是真心实意地把孤竹国的君位让出去了，最终却国家灭亡，他们自己也饿死在首阳山。真心为名与假意图名之间的天壤之别，就是这样清清楚楚。”

杨朱曰：“百年，寿之大齐。得百年者，千无一焉。设有一者，孩抱以逮昏老，几居其半矣。夜眠之所弭，昼觉之所遗，又几居其半矣。痛疾哀苦，亡失忧惧，又几居其半矣。量十数年之中，逌然而自得，亡介焉之虑者，亦亡一时之中尔[①]。则人之生也奚为哉？奚乐哉？为美厚尔[②]，为声色尔，而美厚复不可常厌足，声色不可常玩闻。乃复为刑赏之所禁劝，名法之所进退，遑遑尔竞一时之虚誉，规死后之余荣，偊偊尔慎耳目之观听③。惜身意之是非，徒失当年之至乐。不能自肆于一时，重囚累梏④，何以异哉？太古之人知生之暂来，知死之暂往。故从心而动⑤，不违自然所好，当身之娱非所去也⑥，故不为名所劝；从性而游，不逆万物所好，死后之名非所取也，故不为刑所及。名誉先后，年命多少，非所量也⑦。”

注释

① 自“百年”至“亦亡一时之中尔”一段，当本于《庄子·盗跖》：“人上寿百岁，中寿八十，下寿六十，除病瘦死丧忧患，其中开口而笑者，一月之中不过四五日而已矣。”齐：极限。弭：除去。逌 yōu：古同“悠”，悠闲自得。介：微小。

② 美厚：美服佳肴。

③ 偊 yǔ 偊：古同“踽踽”，独行貌。慎：别本作“顺”。古“慎”“顺”二字相通。

④ 梏：桎梏；枷锁。

⑤ 从：同“纵”。下同。

⑥ 当身：俞樾：“‘当身’乃‘当生’之误。下云，‘死后之名非所取也’，‘当生’与‘死后’正相对。下文云，‘且趣当生，奚遑死后’，是其证。”

⑦ 量：考虑。

译文

杨朱说："百岁，已经是寿命的最大极限了。能活到百岁的，千人之中也没有一个。就算有人能活到百岁，那么他尚在怀抱之中的孩提时代加上他老眼昏花的晚年，就几乎占去了一半的时光。再去掉夜间睡眠的时间和白天休息的时间，又几乎占去了剩下的一半时光。而病痛悲苦和患得患失又几乎占去了那所剩下的一半。这样算下来，最后剩下的十多年中，真正能够悠闲自得、毫无忧虑的日子，也占不到其中的一半了。那么人活着又究竟是为了什么呢？究竟有什么乐趣呢？如果是为了美服佳肴，为了声乐女色，然而美服佳肴却不能永远满足人的需求，而声乐女色也不能总是随心所欲。于是就要去做那些为刑罚所禁止、为恩赏所劝勉、为名教所提倡、为礼法所规避的事了，惶恐匆忙地去为了一时的虚名而竞相拼争，为了死后的那点儿虚荣而殚精竭虑，为了满足耳目的享受而苦心孤诣地经营。所顾惜的仅仅是自己的身心欲望是否得到了满足，却完全失去了人生所应有的最高乐境。而一旦自己的欲望不能立即得到全部满足，又会因此而痛心疾首，这又与陷入深牢大狱、身戴重重枷锁有什么区别呢？远古时代的人深知人活着只不过是暂时来到这个世界，而死了也不过是暂时离开这个世界。所以他们能够随心所欲地行事，而不违逆人的天性所好，并不摒弃人活着的时候所应享有的娱乐，所以他们并不为自己的名誉着想。他们只是本着人的自然天性而游乐，而不违逆万物的自然本性，也不追求死后的名誉，所以不会遭受刑法的处罚。至于名誉是在生前还是在死后，寿命是长久还是短暂，这些都根本不是他们所考虑的事情。”

杨朱曰：“万物所异者，生也；所同者，死也。生则有贤愚贵贱，是所异也；死则有臭腐消灭，是所同也。虽然，贤愚贵贱非所能也，臭腐消灭亦非所能也。故生非所生，死非所死，贤非所贤，愚非所愚，贵非所贵，贱非所贱[①]。然而万物齐生齐死，齐贤齐愚，齐贵齐贱[②]。十年亦死，百年亦死，仁圣亦死，凶愚亦死。生则尧舜，死则腐骨；生则桀纣，死则腐骨。腐骨一矣，孰知其异？且趣当生[③]，奚遑死后[④]？”

注释

① 贱非所贱：张湛注：“皆自然尔，非能之所为也。”杨伯峻：“‘故生非所生’诸‘所’字下疑皆脱‘能’字。此数语紧承‘贤愚贵贱非所能也，臭腐消灭亦非能也’而言”。

② 齐贵齐贱：张湛注：“皆同归于自然。”卢重玄解：“贤愚、贵贱、臭腐、消灭皆形所不自能也，不自能，则含生之质未尝不齐。”

③ 趣：趋向。

④ 遑：闲暇。

译文

杨朱说："天下万物之间的不同点，仅仅是在活着的时候才存在；而相同之处，则是在死了以后。人在活着的时候有贤有愚、有贵有贱，这是他们的不同之处；而死了以后尸身腐臭、消失净尽，这是人人都一样的。尽管如此，生前的贤愚和贵贱却都不是人自身的力量所能达到的，而死后的腐臭和消灭也不是人自身的力量所能改变的。所以人在生前无法决定自己的命运，死后也无法改变自己的结局，贤人不能使自己成为贤人，愚人也不能使自己成为愚人，尊贵不是人自己所能成就的，卑贱也不是人自己所能导致的。之所以如此，是因为万物的生与死、贤与愚、贵与贱，都无一例外是自然而然形成的。人活十年也是死，活百年也是死。仁人圣人最终也得死，凶人愚人最后也得死。即使活着的时候是尧舜那样的圣人，死了以后也不过变成一堆腐骨；即使活着的时候是桀纣那样的恶人，死了以后也仍然成为腐骨一堆。无论生前如何，死后成为腐骨则是一样的，谁还能知道他们生前究竟有何不同呢？所以还不如赶紧趁活着的时候乐命养生，哪有闲暇去考虑死后的情形？"

杨朱曰："伯夷非亡欲，矜清之邮[①]，以放饿死[②]。展季非亡情[③]，矜贞之邮[④]，以放寡宗[⑤]。清贞之误善之若此。"

注释

①矜：注重。清：高洁。邮："尤"的同声假借字，过于。

②放：至于。

③展季：即柳下惠。春秋时期鲁国人，是鲁孝公之子公子民的后裔，姬姓，展氏，名获，字禽，一字季。"柳下"是其封邑，"惠"是其谥号。

④贞：节操。相传柳下惠谨守礼节，坐怀不乱。

⑤寡宗：后代很少。

译文

杨朱说："伯夷并非没有欲望，只是过于注重自己高洁的名声罢了，以至于最终饿死。展季也并非不近人情，只是过于注重自己节操的高尚而已，以至于没有几个后人。所谓高洁和节操之类的名声致使他们对养生贵身的善道产生如此严重的迷误。"

杨朱曰："原宪窭于鲁[①]，子贡殖于卫[②]。原宪之窭损生，子贡之殖累身。然则窭亦不可，殖亦不可，其可焉在？曰：可在乐生，可在逸身。故善乐生者不窭，善逸身者不殖。"

注释

①原宪：字子思，孔子弟子，出身贫寒，个性狷介，一生安贫乐道，不肯与世俗合流。《史记·仲尼弟子列传》："孔子卒，原宪遂亡在草泽中。子贡相卫，而结驷连骑，排藜藿入穷阎，过谢原宪。宪摄敝衣冠见子贡。子贡耻之，曰：'夫子岂病乎？'原宪曰：'吾闻之，无财者谓之贫，学道而不能行者谓之病。若宪，贫也，非病也。'子贡惭，不怿而去，终身耻其言之过也。"窭jù：穷困。

②殖：经商理财。

译文

杨朱说："原宪在鲁国贫困不堪，子贡在卫国经商发财。原宪因贫穷而损害了健康，子贡则因经营而累坏了身体。这样一来，贫穷因为有害要不得，经商因为伤身也要不得，那么究竟应该怎样才好呢？回答是：应该乐天知命，应该安闲养身。所以懂得乐天知命的人不会抱怨贫穷，而善于安闲养身的人也不会去操劳经营。"

杨朱曰："古语有之，'生相怜，死相捐①。'此语至矣。相怜之道，非唯情也，勤能使逸，饥能使饱，寒能使温，穷能使达也。相捐之道，非不相哀也，不含珠玉②，不服文锦，不陈牺牲，不设明器也③。晏平仲问养生于管夷吾④。管夷吾曰：'肆之而已，勿壅勿阏[5]。’晏平仲曰：‘其目奈何[6]？’夷吾曰：‘恣耳之所欲听，恣目之所欲视，恣鼻之所欲向，恣口之所欲言，恣体之所欲安，恣意之所欲行。夫耳之所欲闻者音声，而不得听，谓之阏聪；目之所欲见者美色，而不得视，谓之阏明；鼻之所欲向者椒兰，而不得嗅，谓之阏颤[7]；口之所欲道者是非，而不得言，谓之阏智；体之所欲安者美厚，而不得从，谓之阏适；意之所欲为者放逸，而不得行，谓之阏往[8]。凡此诸阏，废虐之主[9]。去废虐之主，熙熙然以俟死，一日，一月，一年，十年，吾所谓养。拘此废虐之主，录而不舍[10]，戚戚然以至久生，百年，千年，万年，非吾所谓养。’管夷吾曰：‘吾既告子养生矣，送死奈何？’晏平仲曰：‘送死略矣，将何以告焉？’管夷吾曰：‘吾固欲闻之[11]。’平仲曰：‘既死，岂在我哉？焚之亦可，沈之亦可[12]，瘗之亦可[13]，露之亦可，衣薪而弃诸沟壑亦可，衮衣绣裳而纳诸石椁亦可[14]，唯所遇焉。’管夷吾顾谓鲍叔黄子曰：‘生死之道，吾二人进之矣[15]。’”

注释

①捐：舍弃。

②含：含殓。死者入殓时，把珠玉放入死者的口中。

③明器：即冥器。古代专为随葬而制作的器物，一般用竹、木或陶土制成。宋代以后，纸制明器逐渐流行，陶、木等制的渐少。明代也有用铅、锡

制作的。

④晏平仲问养生于管夷吾：据《史记·管晏列传》："管仲卒，齐国遵其政，常强于诸侯。后百余年而有晏子焉。"可见管仲与晏婴并不是同时代的人，《列子》假托之以为寓言。

⑤壅 yōng：堵塞。阏 è：阻塞。

⑥目：条目；具体内容。

⑦颤：张湛注："鼻通曰颤。"

⑧往："性"字之形误。

⑨废虐：毁灭；摧残。主：主因；根源。

⑩录：约束。

⑪固：仍然；还是。

⑫沈 chén：古同"沉"。

⑬瘗 yì：掩埋。

⑭衮 gǔn 衣：古代皇帝及上公穿的绘有团龙的礼服。椁 guǒ：棺外的套棺。

⑮进："尽"的同声假借字。

译文

杨朱说："有句古话说：'人活着的时候要相互怜爱，人死了之后就应该弃之不顾。'这话说得非常对。相互怜爱的方式，并非仅仅是通过感情，而是使劳累的人能够得到安闲，使饥饿的人能够吃饱，使挨冻的人能够得到温暖，使困窘的人能够顺利通达。弃之不顾的做法，也并不意味着不为他的死悲伤哀痛，而是不必在他的口中放入珠宝玉石，不必给他穿上锦衣绣裳，不必为他陈列祭品牺牲，不必为他摆设冥间器物。晏婴向管仲请教养生之道，管仲说：‘不过是肆意纵情而已，就是说对于人的情欲不要强行抑制，不要横加阻止。’晏婴问：‘具体的细目有哪些？’管仲说：‘就是说你的耳朵想听什么就听什么，眼睛想看什么就看什么，鼻子想闻什么就闻什么，嘴巴想说什么就说什么，身体想怎么舒适就怎么舒适，心里想干什么就干什么。因为人的耳朵所希望听到的就是美妙的声音，如果不让它听，这就是堵塞了听觉；眼睛所希望见到的就是漂亮的颜色，如果不让它看，这就是挡住了视觉；鼻子所希望闻到的就是椒兰的香气，如果不让它闻，这就是阻断了嗅觉；嘴巴所希望说出的就是是非之理，如果不让它讲，这就是封闭了心智；身体所希望享受的就是美服和佳肴，如果不让它享受，这就是阻隔了舒适；内心所希望达到的就是随意和安闲，如果不让它得到，这就是压抑了自然本性。所有这些阻塞，都是摧残人性和身体的根源，只有铲除这些摧残身心的根源，才能随心所欲直至终生，这样哪怕只是活了一天、一个月、一年或十年，也是值得的，这就是我所说的养生之道。而如果受制于这些摧残身心的阻塞之源，深受压抑而不得解放，担惊受怕、愁眉苦脸地一直到老，这样即使是活到百岁、千岁或万岁，也绝不是我所说的养生之道。’管仲接着说：‘我已经把养生之道告诉你了，那么送死之道又该如何呢？’晏婴说：‘送死之道就很简单了，还用得着我来说吗？’管仲说：

‘我还是想听你说说。’晏婴于是说道：‘人死之后，还由得了自己吗？烧成灰也行，沉到水里也行，埋进土中也行，弃之野外也行，用草捆上扔到沟里也行，穿上官服放到棺椁里也行，总之，想怎么处置就怎么处置吧。’管仲听完，扭头对鲍叔黄子说：‘养生与送死之道，我们两个人已经彻底领悟了。’”

子产相郑[①]，专国之政三年，善者服其化，恶者畏其禁，郑国以治，诸侯惮之。而有兄曰公孙朝，有弟曰公孙穆。朝好酒，穆好色。朝之室也，聚酒千钟，积曲成封[②]，望门百步，糟浆之气逆于人鼻。方其荒于酒也，不知世道之安危，人理之悔吝[③]，室内之有亡，九族之亲疏，存亡之哀乐也。虽水火兵刃交于前，弗知也。穆之后庭，比房数十，皆择稚齿婑媠者以盈之[④]。方其耽于色也[⑤]，屏亲昵，绝交游，逃于后庭，以昼足夜，三月一出，意犹未惬。乡有处子之娥姣者[⑥]，必贿而招之，媒而挑之[⑦]，弗获而后已[⑧]。子产日夜以为戚，密造邓析而谋之。曰：“侨闻治身以及家，治家以及国，此言自于近至于远也。侨为国则治矣，而家则乱矣。其道逆邪？将奚方以救二子？子其诏之[⑨]！”邓析曰：“吾怪之久矣，未敢先言。子奚不时其治也[⑩]，喻以性命之重，诱以礼义之尊乎？”子产用邓析之言，因间以谒其兄弟[⑪]，而告之曰：“人之所以贵于禽兽者，智虑。智虑之所将者，礼义。礼义成，则名位至矣。若触情而动，耽于嗜欲，则性命危矣。子纳侨之言，则朝自悔而夕食禄矣。”朝、穆曰：“吾知之久矣，择之亦久矣，岂待若言而后识之哉？凡生之难遇，而死之易及。以难遇之生，俟易及之死，可孰念哉？而欲尊礼义以夸人，矫情性以招名，吾以此为弗若死矣。为欲尽一生之观⑫，穷当年之乐。唯患腹溢而不得恣口之饮，力惫而不得肆情于色，不遑忧名声之丑⑬、性命之危也。且若以治国之能夸物，欲以说辞乱我之心，荣禄喜我之意，不亦鄙而可怜哉？我又欲与若别之。夫善治外者，物未必治，而身交苦；善治内者，物未必乱，而性交逸。以若之治外，其法可暂行于一国，未合于人心；以我之治内，可推之于天下，君臣之道息矣。吾常欲以此术而喻之，若反以彼术而教我哉！”子产忙然无以应之⑭。他日，以告邓析。邓析曰：“子与真人居而不知也，孰谓子智者乎？郑国之治，偶耳，非子之功也。”

注释

①钱钟书按：“《列子》全书中，此节最足骇人，故张湛注谓‘词义太径庭抑抗’‘过逸之言’。实则《黄帝》篇已袭《庄子·达生》，侈言‘醉人神全’如‘圣人’，本节于嗜酒外，复增好色耳。盖言神秘经验者可分二门：一为‘冷静明澈宗’，斋摄其心，一为‘昏黑沉酣宗’，陶醉其身。殊路同归，

皆欲证‘圣人’、‘真人’、‘至人’境界。《黄帝》篇列子‘学于夫子’九年，是静明之例也，《庄子》多有；此篇公孙朝、穆兄弟好酒色，乃黑甜之例，坐实《文子·精诚》所言：‘故通于太和者，闇若醇醉而甘，卧以游其中’，沧海横流而不啻天荒突破焉。藉陶醉以博超凡入‘圣’、豁妄归‘真’，乞灵于酒或药。……而域中自庄生以还，只颂酒德。……色功德堪比酒功德，则自《列子》之公孙穆‘好色’而为‘真人’始。”

子产：名侨，字子产，春秋时期著名的政治家，曾任郑国国相。

② 曲：酒曲，将蒸过的麦、米发酵剂晒干后用于酿酒。封：土堆。

③ 悔吝：悔恨。

④ 稚齿：年龄小。婑媠 wǒtuǒ：娇柔美好。

⑤ 聃 dān：同“耽”，沉溺，入迷。

⑥ 娥姣：容貌美好。

⑦ 挑：诱惑。

⑧ 弗获而后已：应作“必获而后已”或“弗获而不已”，始文通意顺。

⑨ 诏：告诉。

⑩ 治：清醒。

⑪ 因间 xián：趁机会。间，古同“闲”。

⑫ 观：应作“欢”，形误之字。

⑬ 不遑：来不及。遑，闲暇。

⑭忙：“茫”的同声假借字。

译文

子产做郑国的国相，专掌国政。仅仅三年之后，便使好人都自觉地服从教化，而坏人也都畏惧国法禁令，郑国因此实现了太平安定，其他各国诸侯也都忌惮郑国。子产有个兄长名叫公孙朝，又有个弟弟名叫公孙穆。公孙朝嗜酒，公孙穆好色。公孙朝的家里藏有上千坛的美酒，酒曲堆积成山，距他家大门百步之远，酒糟的气味就会扑鼻而来。当沉湎于酗酒之乐的时候，根本不知道局势的安危，人生的悔恨，家业的有无，亲族的远近，生死的悲欢，哪怕是水火刀兵一齐出现在他的面前，也毫不在意。公孙穆家的后院几十间房子连成一片，里面住满了从各地选来的年轻美貌的女子。当他沉溺于美色之中的时候，完全忘掉了一家老小，不和朋友来往，跑到后院，日日夜夜地恣意淫乐，三个月才会出来露一次面，这样还是不能心满意足。只要发现民间有美貌的少女，就必定想方设法或者花钱弄来，或者托媒人引诱到手，不达目的绝不罢休。子产日夜为他俩发愁心焦，就私下里去找邓析商量怎么办，子产说：“我听说先修身再治家，先治家再治国，就是说要先从近处开始，再推及远处。我治理郑国是成功了，但我的家却混乱不堪。难道我把治国之道用于治家的时候就行不通了吗？有什么办法能挽救我这两个兄弟呢？请你告诉我。”邓析说：“我早就对此感到奇怪了，可是一直没敢先说出来，你何不趁他们清醒的时候，用性命重要的道理去晓谕他们，用礼义崇高的说教去诱导他们呢？”于是子产就采纳了邓析的建议，找了个机会去拜见他的两位兄弟，告诉他们说：“人之所以比禽兽高贵，就在于人有智慧能思考。而智慧和思考要以礼义为根据。如果做到了知礼明义，那么名誉和地位也就随之而来。你们这样放纵自己的情欲，肆意而为，沉溺于嗜酒淫欲，必将有性命之忧。如果你们能听从我的劝告，早上能够悔改，晚上就可以获得高官厚禄。”公孙朝和公孙穆说：“我们其实早就知道这些大道理了，也早就想好应该怎么做了，哪里还要等到你讲了以后才会明白呢？但是人生难得活一回，而死却说来就来了。以难得的人生去等待那说话就到的死亡，还有什么可多想的呢？如果说人活着应该尊崇礼义而为人所称赞，应该压抑本性假装正经而获取好名声，那我们觉得这样还不如死了好呢！我们所希望的就是把一辈子的幸福都享受完，把今生的快乐都受用尽。我们所担心的只是肚皮被撑破了不能再放口大饮，精疲力竭了不能再纵情于美色，还哪里有闲工夫去担心名声不好和性命不保？如果你因为有治国之才而得到了人家赞扬，就想编造理由来扰乱我们的心思，用荣华富贵来讨我们的欢心，这不也太目光短浅、可悲可怜吗？我们也要和你来分辨分辨这个道理。善于治理身外之事的，未必就能治理妥当，而自身却已经频受劳苦；善于满足自身欲望的，身外之事未必就会混乱不堪，但自身的性情却总是能安闲自得。你对身外之事的治理，其方式只能暂时在一个国家内行得通，却并不能符合天下所有人的心愿；而我们对待自身欲望的方式，却能推及天下所有人，这样的话，君臣之道也就没有必要存在了。我们一直希望用这个道理来开导你，没想到你反倒要用你的那一套来教训我们！”子产听完，茫然不解，无话可答。有一天，他把这些话都告诉了邓析。邓析说道：“你整天和真人住在一起却不知道他们，谁说你是个聪明人啊？郑国的太平安定，不过是偶然之事，并不是你的功劳。”

卫端木叔者，子贡之世也[①]。藉其先赀[②]，家累万金。不治世故[③]，放意所好。其生民之所欲为，人意之所欲玩者，无不为也，无不玩也。墙屋台榭，园囿池沼，饮食车服，声乐嫔御，拟齐楚之君焉。至其情所欲好，耳所欲听，目所欲视，口所欲尝，虽殊方偏国[④]，非齐土之所产育者[⑤]，无不必致之，犹藩墙之物也[⑥]。及其游也，虽山川阻险，涂径修远[⑦]，无不必之，犹人之行咫步也。宾客在庭者日百住[⑧]，庖厨之下不绝烟火，堂庑之上不绝声乐[⑨]。奉养之余，先散之宗族；宗族之余，次散之邑里；邑里之余，乃散之一国。行年六十，气干将衰，弃其家事，都散其库藏、珍宝、车服、妾媵[⑩]，一年之中尽焉，不为子孙留财。及其病也，无药石之储；及其死也，无瘗埋之资。一国之人受其施者，相与赋而藏之[⑪]，反其子孙之财焉。禽骨厘闻之，曰：“端木叔，狂人也，辱其祖矣。”段干生闻之[12]，曰：“端木叔，达人也，德过其祖矣。其所行也，其所为也，众意所惊，而诚理所取。卫之君子多以礼教自持，固未足以得此人之心也。”

注释

①世：后代。

②赀 zī：古同“资”，财产。

③世故：生计。

④殊方：远方；异域。殊，不同。偏：偏远。

⑤齐：“脐”的同声假借字，中央。

⑥藩墙：藩篱；围墙。

⑦涂径：路途。涂，同“途”。修远：遥远。

⑧住：应为“数”的声误之字。《黄帝》篇：“沤鸟之至者百住而不止。”张湛注：住，当作“数”。

⑨庑 wǔ：正房对面和两侧的小屋子。

⑩妾媵 yìng：姬妾婢女。

⑪赋：这里是按人均摊的意思。藏：与“葬”通。《礼记·檀弓》：“葬也者，藏也。”

⑫段干生：《太平御览》卷四九三所引作“段干木”。

译文

卫国的端木叔是子贡的后代。凭借他先人的产业，家产累计达万金。不再致力于家业生计，而一心一意满足自己的嗜好。只要是大家都想做的事情，人人都希望玩的东西，他没有不去做的，没有不去玩的。他家的高墙大院，亭台楼阁，园林苑囿，池塘湖泊，美食佳酿，豪车盛服，奇音妙乐，娇妻艳妾，甚至可以和齐楚两国的国君不相上下。他竭尽全力地来满足欲望，只要是自己心里喜欢的，耳朵想听到的，眼睛想看到的，嘴巴想品尝的，不管是在多么遥远偏僻的地方，中原一带又不出产的，他无不想方设法一定要搞到，就好像是拿自家围墙外面的东西那样方便。当他想要外出游历的时候，无论山河有多么险阻，路途有多么遥远，都没有他走不到的地方，就看成是仅仅走几步路那样容易。他的家里每天都有数以百计的宾客，厨房里的烟火始终不断，厅堂里的乐声一直不停。在自己享受完以后，就把余下的物品首先分本宗族的人，给本宗族分完之后，再分给乡里乡亲，给乡里乡亲分完之后，再分给全国的人。在端木叔到了六十岁的时候，他的血气快要耗干了，身体也衰弱不堪了，这时他就弃家事于不顾，把家里的库藏珍宝、车马衣物、姬妾婢女等等，在一年之内全都分给别人，却没有给自己的子孙留下任何财产。后来到他生病的时候，家里连草药针石都没有了；等到他死的时候，家里甚至连安葬他的费用都拿不出来了。最后是那些当年受过他施舍的人共同出钱把他安葬的，而且把钱财又都还给他的子孙们。禽骨厘听说了这件事后，说道："端木叔简直是个疯子，他把先人给侮辱了。"段干生听说了此事后，说道："端木叔是个明白人，他的德行超过了他的先人。他的所作所为，确实令众人惊讶不已，但从道理上说却的确做得很对。卫国的那些君子们大都固守礼义名教，根本就不可能理解端木叔这个人的内心所想。"

孟孙阳问杨朱曰："有人于此，贵生爱身，以蕲不死[①]，可乎？"曰："理无不死。""以蕲久生，可乎？"曰："理无久生，生非贵之所能存，身非爱之所能厚。且久生奚为？五情好恶，古犹今也；四体安危，古犹今也；世事苦乐，古犹今也；变易治乱，古犹今也。既闻之矣，既见之矣，既更之矣[②]，百年犹厌其多，况久生之苦也乎？"孟孙阳曰："若然，速亡愈于久生，则践锋刃、入汤火，得所志矣。"杨子曰："不然。既生，则废而任之，究其所欲[③]，以俟于死。将死，则废而任之，究其所之，以放于尽[④]。无不废，无不任，何遽迟速于其间乎[⑤]？"

注释

① 蕲 qí：古同"祈"，祈求。

② 更：经历。

③ 究：穷；尽。

④ 放：至于。

⑤ 何遽：何必。

译文

孟孙阳向杨朱问道："假如这里有个人，他非常珍重性命，爱惜身体，因而千方百计地祈求不死之道，能做到吗？"杨朱说："没有不死的道理。"孟孙阳又问："那么千方百计地祈求长生之道，能做到吗？"杨朱说："也没有长生的道理。生命并不因为珍重就一定会存在，身体也并不因为爱惜就一定会强壮。况且有什么必要长生不死呢？情感有好恶，古代和今天是一样的；身体有安危，古代和今天是一样的；世事有苦乐，古代和今天是一样的；时局有治乱，古代和今天是一样的。所有这些，我们早就听过了，见过了，也经历过了，就算能活一百岁我都嫌太长了，更何况那长生不死的痛苦无尽呢？"孟孙阳说："照你的意思，早死比长生要更好，那么那些死于利刃和水火的人，就是愿望得到满足了。"杨子说："不对。人既然还活着，就不要追求不死和长生，而应该顺其自然、听之任之。要随心所欲，为所欲为，这样一直到死去为止。等到死了之后，就扔掉尸体，听之任之，随便怎么处置都无所谓，直到最后消失。无论生前还是死后，都应该对生命和身体无所眷恋，处处都听之任之，何必那么在意早死还是晚死呢？"

杨朱曰："伯成子高不以一毫利物[①]，舍国而隐耕。大禹不以一身自利，一体偏枯[②]。古之人损一毫利天下不与也，悉天下奉一身不取也。人人不损一毫，人人不利天下，天下治矣。”禽子问杨朱曰：“去子体之一毛以济一世，汝为之乎？”杨子曰：“世固非一毛之所济。”禽子曰：“假济，为之乎？”杨子弗应。禽子出，语孟孙阳。孟孙阳曰：“子不达夫子之心，吾请言之。有侵若肌肤获万金者，若为之乎？”曰：“为之。”孟孙阳曰：“有断若一节得一国，子为之乎？”禽子默然有间。孟孙阳曰：“一毛微于肌肤，肌肤微于一节，省矣。然则积一毛以成肌肤，积肌肤以成一节。一毛固一体万分中之一物，奈何轻之乎？”禽子曰：“吾不能所以答子。然则以子之言问老聃、关尹[③]，则子言当矣；以吾言问大禹、墨翟[④]，则吾言当矣。”孟孙阳因顾与其徒说他事。

注释

①伯成子高：《庄子·天地》：“尧治天下，伯成子高立为诸侯。尧授舜，舜授禹，伯成子高辞为诸侯而耕。”

②偏枯：半身不遂。《庄子·盗跖》：“禹偏枯。”又《庄子·天下》：“墨子称道曰：‘昔禹之湮洪水，决江河而通四夷九州岛也，名山三百，支川三千，小者无数。禹亲自操橐耜，而九杂天下之川；腓无胈，胫无毛，沐甚雨，栉疾风，置万国。禹，大圣也，而劳天下也如此。’”

③老子和关尹主张“贵身”“贱物”。

④ 墨子主张“忘已”“济物”。《孟子·尽心上》：“墨子兼爱，摩顶放踵利天下，为之。”

译文

杨朱说：“伯成子高甚至不愿意牺牲自己的一根汗毛为人谋利，为此宁愿舍弃国家而去隐居种田。大禹则不肯为自己谋利，最终身体致残。所以古时候的人既不会为了替全天下的人谋利而损失自己的一根汗毛，也不会攫取全天下人的利益来供自己一人享受。只有人人都不牺牲自己的一根汗毛，人人也都不为天下的人谋利益，才能真正实现天下大治。”禽子向杨朱问道：“如果只用你身上的一根汗毛来拯救整个天下，你愿意做吗？”杨朱说：“这个天下根本就不是一根汗毛所能拯救的。”禽子说：“假如可以拯救的话，你愿意做吗？”杨朱没有回答。禽子出门后，把这事告诉了孟孙阳。孟孙阳说：“你根本没有理解先生的思想，请让我来给你说说吧。如果有人用刀割一下你的皮肉你就可以得到万两黄金，你愿意吗？”禽子说：“愿意。”孟孙阳又问道：“如果有人砍掉你的一段胳膊或腿你就可以得到一个国家，你愿意吗？”禽子沉默了好一会儿。孟孙阳接着说道：“一根汗毛要比皮肉次要得多，而皮肉又要比一段胳膊和腿次要得多，这是很显然的。但是汗毛要一根根积聚才能有皮肉，皮肉要一点点地积聚才能有胳膊和腿。虽然一根汗毛不过只是整个身体的万分之一而已，可是又有什么理由要轻视它呢？”禽子说：“我不能找到理由来回答你。但是如果用你的话去问老聃和关尹，他们就会认为你说的是对的；而如果用我话去问大禹和墨翟，他们就会认为我说的是对的。”孟孙阳于是就扭过头和他的弟子们谈别的事去了。

杨朱曰：“天下之美归之舜、禹、周、孔，天下之恶归之桀、纣。然而舜耕于河阳，陶于雷泽，四体不得暂安，口腹不得美厚，父母之所不爱，弟妹之所不亲。行年三十，不告而娶。及受尧之禅，年已长，智已衰。商钧不才①，禅位于禹，戚戚然以至于死，此天人之穷毒者也②。鲧治水土③，绩用不就，殛诸羽山④。禹纂业事仇⑤，惟荒土功，子产不字⑥，过门不入，身体偏枯，手足胼胝⑦。及受舜禅，卑宫室⑧，美绂冕⑨，戚戚然以至于死，此天人之忧苦者也。武王既终，成王幼弱，周公摄天子之政。邵公不悦，四国流言。居东三年，诛兄放弟，仅免其身，戚戚然以至于死，此天人之危惧者也。孔子明帝王之道，应时君之聘，伐树于宋⑩，削迹于卫⑪，穷于商周⑫，围于陈蔡⑬，受屈于季氏⑭，见辱于阳虎⑮，戚戚然以至于死。此天民之遑遽者也⑯。凡彼四圣者，生无一日之欢，死有万世之名。名者，固非实之所取也。虽称之弗知，虽赏之不知，与株块无以异矣⑰。桀藉累世之资，居南面之尊，智足以距群下⑱，威足以震海内；恣耳目之所娱，穷意虑之所为。熙熙然以至于死，此天民之逸荡者也。纣亦藉累世之资，居南面之尊，威无不行，志无不从，肆情于倾宫[19]，纵欲于长夜，不以礼义自苦，熙熙然以至于诛。此天民之放纵者也。彼二凶也，生有从欲之欢，死被愚暴之名。实者，固非名之所与也，虽毁之不知，虽称之弗知[20]，此与株块奚以异矣？彼四圣，虽美之所归，苦以至终，同归于死矣。彼二凶，虽恶之所归，乐以至终，亦同归于死矣。”

注释

①商钧：又作商均，舜之子。

②天人：天子。毒：苦。

③鮌 gǔn：同“鲧”，禹之父。

④殛 jí：杀死。

⑤纂 zuǎn：古同“缵 zuǎn”，继承。

⑥字：起名字。

⑦胼胝 piánzhī：茧子。也作“跰跖”。

⑧卑 bì：与“敝”通，破旧。

⑨绂 fú 冕：礼服和礼冠。绂，系印纽的丝带。

⑩伐树于宋：《史记·孔子世家》：“孔子去曹适宋，与弟子习礼大树下。宋司马桓魋欲杀孔子，拔其树。孔子去。”

⑪削迹于卫：《史记·孔子世家》：“（卫）灵公老，怠于政，不用孔子。孔子喟然叹曰：‘苟有用我者，期月而已，三年有成。’孔子行。”

⑫穷于商周：《史记·孔子世家》："鲁哀公十四年春，狩大野。叔孙氏车子钽商获兽，以为不祥。仲尼视之，曰：'麟也。'……及西狩见麟，曰：'吾道穷矣！'……孔子病，子贡请见。……谓子贡曰：'天下无道久矣，莫能宗予。夏人殡于东阶，周人于西阶，殷人两柱间。昨暮予梦坐奠两柱之间，予始殷人也。'后七日卒。"

⑬围于陈蔡：《史记·孔子世家》："楚使人聘孔子。孔子将往拜礼，陈蔡大夫谋曰：'孔子贤者，所刺讥皆中诸侯之疾。今者久留陈蔡之间，诸大夫所设行皆非仲尼之意。今楚，大国也，来聘孔子。孔子用于楚，则陈蔡用事大夫危矣。'于是乃相与发徒役围孔子于野。不得行，绝粮。从者病，莫能兴。"

⑭受屈于季氏：《史记·孔子世家》："孔子贫且贱。及长，尝为季氏史。"季氏，即季孙氏，是春秋时期掌握鲁国政权的三大家族之一，为鲁桓公少子季友的后裔。

⑮见辱于阳虎：《史记·孔子世家》："孔子要绖，季氏飨士，孔子与往。阳虎绌曰：'季氏飨士，非敢飨子也。'孔子由是退。"阳虎，一作阳货，季孙氏的家臣，季孙氏专鲁国之政，阳虎则专季孙氏之政。

⑯天民：指贤者。遑遽：惊恐不安。

⑰株块：草木和土块。

⑱距："拒"的同声假借字，抗拒。

⑲倾宫：巍峨的宫殿。望之似欲倾坠，故称。

⑳虽称之弗知：俞樾曰："上文言舜、禹、周、孔曰：'虽称之弗知，虽赏之不知。'则此言桀、纣，宜云'虽毁之不知，虽罚之不知。''毁之'对'称之'言，'罚之'对'赏之'言，方与下文'彼四圣虽美之所归，彼二凶虽恶之所归'文义相应。'称之赏之'是美之所归也，'毁之罚之'是恶之所归也。今涉上文而亦作'称之'，义不可通矣。"

译文

杨朱说："天下的美誉都归虞舜、大禹、周公和孔子所有，而天下的恶名却都归夏桀、商纣所有。可是虞舜当年在河阳耕地种田，在雷泽烧制陶器的时候，辛勤劳作，身体不得片刻休息，饮食也没有美味佳肴，父母不喜欢他，弟妹不亲近他，长到三十岁了，才不得已背着父母娶妻成家。等到他接受帝尧禅位的时候，已经年老，智力也衰弱了。他的儿子商钧没有才能，舜就把帝位让给大禹，此后他心情忧郁苦闷直到死去。这是天子之中那种穷愁困苦的人。鲧治水平土，没有取得成效，被舜杀死在羽山。大禹继承了父亲未竟的事业，给杀父的仇人做臣子，生怕影响了治水平土的大业，甚至在儿子出生后都抽不出时间给他起名字，路过家门的时候都没有时间进去看看，身体劳累得憔悴不堪，手脚都长满了茧子。等到他接受帝舜禅位以后，住的是简陋的宫室，只有在祭祀的时候才穿戴华丽的礼服礼冠，后来也是心情忧郁苦闷直到死去。这是天子之中那种忧愁劳苦的人。武王去世以后，因为成王年幼弱小，由周公代行天子之政。邵公因此对周公不满，各诸侯国也流言盛传。周公只好到国都以东的洛邑居住了三年之久，又被迫处死了参与叛乱的兄长管叔，流放了弟弟蔡叔，终于勉强保住自己的性命，周公最后也是心情忧郁苦闷直到死去。这是圣贤之中那种担惊受怕的人。孔子通晓帝王治国之道，应当时的国君之邀，周游于列国之间。他在宋国正和弟子们于树下习礼的时候，司马桓魋率人把树砍倒，在卫国时又因被卫灵公冷落而被迫离开，临终前感叹自己道术已穷，梦见被祭奠于夏商周祖先的同列，甚至曾经被围困于陈蔡两国的边境，也曾因生活所迫，为季孙氏管理仓库，还曾经被阳虎当面侮辱，他也这样心情忧郁苦闷直到死去。这是圣贤之中那种始终惶恐不安的人。以上这四位圣人，活着的时候没有享受到一天的快乐，死了以后才得到万世美名。名声原本就并非来自于实际情形，即使死后以美名来称赞他，他也不知道了；即使死后以美名来嘉奖他，他也不知道了，对于已死的圣贤来说，那美名与木头和土块没有什么区别。夏桀王凭借自己历代先王的资本，身居天子的至尊高位，智慧足以抗拒群臣，威势足以震撼海内；他放纵情欲奢靡享乐，任由自己为所欲为。他就这样心情舒畅、快快乐乐地一直到死去，这是天子之中那种淫逸放荡的人。商纣王也凭借自己历代先人的资本，身居天子的至尊高位，威势无处不到，意志无人不从，在高楼深宫之内肆意滥情，于漫漫长夜之时纵欲淫乱，从不让自己身受礼义约束之苦，他就这样心情舒畅、快快乐乐地一直到被杀死。这是天子之中那种恣意放纵的人。这两个凶恶之人，活着的时候享尽欲望之乐，死了以后才身遭愚顽暴虐的骂名。实际情形原本不一定非要与名声相符合，即使死后以恶名来诋毁他，他也不知道了。即使死后以恶名来惩罚他，他也不知道了。对于已死的恶人来说，那恶名与木头和土块又有什么不同呢？那四位圣贤虽然死后都得到了美名，却苦累忧愁直至终生，最后同样是归于一死。而那两个凶恶之人虽然死后都身受恶名，却高兴快乐直至终生，最后也同样是归于一死。”

杨朱见梁王[①]，言治天下如运诸掌。梁王曰："先生有一妻一妾而不能治，三亩之园而不能芸[②]，而言治天下如运诸掌，何也？”对曰："君见其牧羊者乎？百羊而群[③]，使五尺童子荷箠而随之[④]，欲东而东，欲西而西。使尧牵一羊，舜荷箠而随之，则不能前矣。且臣闻之：吞舟之鱼不游枝流，鸿鹄高飞，不集污池。何则？其极远也[⑤]。黄钟大吕不可从烦奏之舞[⑥]。何则？其音疏也[⑦]。将治大者不治细，成大功者不成小，此之谓矣。”

注释

①此节见于《说苑·政理》："杨朱见梁王，言治天下如运诸掌然。梁王曰：'先生有一妻一妾不能治，三亩之园不能芸，言治天下如运诸手掌，何以？'杨朱曰：'臣有之，君不见夫羊乎，百羊而群，使五尺童子荷杖而随之，欲东而东，欲西而西；君且使尧牵一羊，舜荷杖而随之，则乱之始也。臣闻之，夫吞舟之鱼不游渊，鸿鹄高飞不就污池，何则？其志极远也。黄钟大吕不可从繁奏之舞，何则？其音疏也。将治大者不治小，成大功者不小苛，此之谓也。'"

梁王：即魏王。魏国国都在大梁（今河南省开封市），此以国都名称其国。《艺文类聚》卷九四所引作"梁惠王"。

②芸：古同"耘"，除草。

③而：《艺文类聚》卷九四、《太平御览》卷八三三所引并作"为"。

④荷 hè：拿；持。箠 chuí：同"棰"，鞭子。

⑤其极远也：《说苑·政理》《金楼子·立言下》并作"其志极远也"。下文"其音疏也"，"志"与"音"相对言。

⑥黄钟大吕：形容音乐或文辞庄严、正大、和谐和高妙。黄钟，我国古代音乐十二律中六种阳律的第一律。大吕，十二律中六种阴律的第四律。烦

奏，应作“繁凑”，众多事物汇聚在一处。王充《论衡·佚文》：“汉今为盛，故文繁凑也。”晋成公绥《啸赋》：“众声繁奏，若笳若箫”。烦，“繁”的同声假借字。

⑦音疏：音节稀疏；节奏和缓。

译文

杨朱谒见魏王，说治理天下就如同在手掌转动东西那样简单。梁王说：“先生你只有一妻一妾都管不好，只有三亩之大的菜园都除不净草，却还说什么治理天下如同在手掌上转动东西那样简单，为什么这样说呢？”杨朱答道：“您见过放羊的吗？一群羊有上百只，如果让一个五尺高的孩子拿着鞭子跟在羊群后面，他想让羊群向东羊群就会向东，想让羊群向西羊群就会向西。但是如果让尧来牵着一只羊在前面走，再让舜拿着鞭子跟在羊的后面，那么就不太容易使羊往前走了。我听过这样的话：大到能吞下船只的鱼是不会在小小的支流里游水的，展翅于高空的鸿鹄是不会在污秽不堪的池塘里降落的。为什么呢？因为它们的志向非常远大。黄钟大吕之乐是不能给杂乱无章的群舞伴奏的。为什么呢？因为黄钟大吕的节奏庄严和缓。有志于干大事业的人是不屑于做那种微不足道的小事的，能成就大事业的人往往小事却做不好，说的就是这个道理。”

杨朱曰："太古之事灭矣，孰志之哉[①]？三皇之事若存若亡，五帝之事若觉若梦，三王之事或隐或显，亿不识一[②]。当身之事或闻或见，万不识一。目前之事或存或废，千不识一。太古至于今日，年数固不可胜纪。但伏羲已来三十余万岁，贤愚、好丑、成败、是非，无不消灭，但迟速之间耳。矜一时之毁誉，以焦苦其神形，要死后数百年中余名[③]。岂足润枯骨？何生之乐哉？"

注释

① 志：记载；记录。

② 识 zhì：记住；记得。下同。

③ 要 yāo：求取。

译文

杨朱说："远古时代的事迹早就湮没无闻了，有谁曾把它记载下来呢？三皇时代的事迹若有若无，五帝时代的事迹似梦非梦，三王时代的事迹有的清楚有的不清楚，一亿件事迹之中，我们也未必记得一件。有生之年的事，我们有的听到过，有的看到过，但在我们有生之年所发生过的一万件事之中，我们也未必能记得一件。而眼前的事有的还在，有的则已经过去了，眼前所发生的一千件事之中，我们也未必能记得一件。从远古到今天，连年代究竟有多长都根本无法搞清楚。然而自从伏羲以来的三十多万年中，无论是贤者还是愚人，无论是漂亮的还是丑陋的，无论是成功的还是失败的，也无论是对的还是错的，最终没有不消失的，只不过是早晚快慢有所不同罢了。仅仅为了在意暂时的名声好坏，致使自己精神憔悴身体劳苦，以此来求得在死后几百年中留下点儿些微美名。可是这点儿美名怎能滋润我们死后的枯骨？我们人生的乐趣又到哪里去了呢？”

杨朱曰：“人肖天地之类[①]，怀五常之性[②]。有生之最灵者，人也。人者，爪牙不足以供守卫，肌肤不足以自捍御，趋走不足以从利逃害，无毛羽以御寒暑，必将资物以为养性[③]，任智而不恃力。故智之所贵，存我为贵；力之所贱，侵物为贱。然身非我有也，既生，不得不全之；物非我有也，既有，不得不去之[④]。身固生之主，物亦养之主。虽全生身[⑤]，不可有其身；虽不去物，不可有其物。有其物，有其身，是横私天下之身，横私天下之物。其唯圣人乎[⑥]！公天下之身，公天下之物，其唯至人矣[⑦]！此之谓至至者也。”

注释

①肖：相似。类：同类。

②五常：即金、木、水、火、土五行。《礼记·乐记》：“道五常之行，使之阳而不散，阴而不密。”郑玄注：“五常，五行也。”《云笈七籤》卷三五：

“夫禀五常之气，有静有燥。”

③ 性：或应作“生”，或为衍字，始与上文意合。

④ 不得不去之：俞樾曰：“当作‘不得而去之’，故下文曰，‘虽不去物，不可有其物也’。作‘不得不去’，与下文不合矣。”

⑤ 身：应为衍字。上文既言“身”为“生”之主，则不应并“全”之。

⑥ 其唯圣人乎：此句之上应有“不横私天下之身，不横私天下之物”二句，始可文意通顺。敦煌残卷本正有此二句，当增。

⑦ 至人：道家指超凡脱俗、达到无我境界的人。

译文

杨朱说：“人与天地间的同类有相似之处，也具备金木水火土五行之性。在有生命的物种里最具灵性的，就是人类。但是人类的手脚牙齿却并不足以保卫自己，身体的力量也不足以抵抗外力捍卫自身，奔跑的速度也不足以逃避灾祸，更没有羽毛来抵御严寒，所以人类就必须要借助于外物来实现生存保养，这就需要人类依凭自己的智慧而不是单靠力量。智慧之所以宝贵，就在于它能使人类自我保存；力量之所以低贱，就是因为它会使外物受到侵害。身体本来并非为我所有，但是生命既已产生，就不能不保全它；外物其实也并非为我所有，但是既然有了，那么为了保全生命也就离不开它们。从根本上来说，身体是生命得以存在的前提，而外物也是生命得以保养的条件。虽然生命必须得到保全，却不可把身体视为私有；虽然不能离开外物，却不可把外物据为己有。如果把外物据为己有，把身体视为私有，那就会导致把全天下人的身体都强行地视为私有，把全天下的外物都野蛮地据为己有。能够真正不把全天下人的身体都强行地视为私有，不把全天下的外物都野蛮地据为己有的，恐怕只有圣人了。而真正能视自身为天下人所公有，视外物为天下人所公有的，恐怕只有至人了。这就是那种超凡脱俗、达到了无我境界的人。”

杨朱曰：“生民之不得休息，为四事故：一为寿，二为名，三为位，四为货。有此四者，畏鬼，畏人，畏威，畏刑，此谓之遁人也①。可杀可活，制命在外。不逆命，何羡寿？不矜贵②，何羡名？不要势③，何羡位？不贪富，何羡货？此之谓顺民也④。天下无对，制命在内。故语有之曰：‘人不婚宦，情欲失半；人不衣食，君臣道息。’周谚曰：‘田父可坐杀。’晨出夜入，自以性之恒；啜菽茹藿⑤，自以味之极；肌肉粗厚，筋节腃急⑥。一朝处以柔毛绨幕⑦，荐以粱肉兰橘⑧，心痟体烦⑨，内热生病矣。商鲁之君与田父侔地⑩，则亦不盈一时而惫矣。故野人之所安⑪，野人之所美，谓天下无过者。昔者宋国有田夫，常衣缊黂⑫，仅以过冬。暨春东作⑬，自曝于日，不知天下之有广厦隩室⑭、绵纩狐貉⑮。顾谓其妻曰：‘负日之暄，人莫知者，以献吾君，将有重赏。’里之富室告之曰：‘昔人有美戎菽[16]，甘枲茎、芹、萍子者[17]，对乡豪称之。乡豪取而尝之，蜇于口[18]，惨于腹，众哂而怨之[19]，其人大惭。子，此类也。’”

注释

①遁人：违背了自然本性的人。

②矜：注重；眷恋。

③要 yāo：追求。

④顺民：听天由命、顺其自然的人。

⑤啜菽 chuòshū 茹藿：吃粗杂粮。啜，饮；尝。菽，豆类的总称。茹，吃。藿，豆叶。

⑥䙴 juàn："腃"的讹字，弯曲。急：紧。

⑦绨 tí：粗厚光滑的丝织品。幕：覆盖。

⑧粱：精米；细粮。兰橘：这里泛指香甜的水果。兰，香草。

⑨痟 yuān：疲劳。

⑩商：指宋国，宋人为商人的后裔。侔 móu：相等；同样。地：种田。

⑪野人：农夫。与上文"田父"、下文"田夫"同义。

⑫缊黂 yùnfén：以碎麻为絮的冬衣。缊，乱絮。黂，粗麻。

⑬暨 jì：到。东作：开春耕种。古代的五行学说以东方为木，为春。

⑭隩 yù：古与"燠"通，温暖。

⑮绵纩 kuàng：丝绵。狐貉：指狐、貉的毛皮制成的皮衣。

⑯戎菽：胡豆。

⑰枲 xǐ：即枲麻，大麻的雄株，只开雄花，不结果实。萍子：一种可食用的嫩蒿。

⑱蜇：刺痛。

⑲哂 shěn：讥笑；嘲笑。

译文

杨朱说："活着的人之所以得不到休养生息，是因为四个方面的缘故：一是渴望长寿，二是追求美名，三是热衷权位，四是贪图钱财。因为有这四种目的，于是就害怕鬼魂索命，担心他人诋毁，畏惧上峰威势，深恐刑罚加身，这都属于违背了自然本性的人。这种人的生死存亡瞬息万变，生命完全被外力所掌握。倘能不违逆天命本性，何必要羡慕长寿？倘能不眷恋尊贵荣华，何必要羡慕美名？倘能不追求威势煊赫，何必要羡慕权位？倘能不贪求富可敌国，何必要羡慕钱财？（做到这些）才属于顺天由命的人。这种人天下没有敌手，生命完全由其自身所把握。所以有句俗话说得好：'人如果不结婚不做官，那么人的感情和欲望就失去了一半；人如果不穿衣服不吃饭，那么君臣上下尊卑之道也就不存在了。'周代的谚语是这样说的：'农夫如果闲坐无事就会死掉。'因为农夫天天早出晚归，辛勤劳苦，已经把这当成自己的天然常态；即使吃的是粗粮菜叶，他也自以为味道鲜美之极；劳动使他皮肤粗糙、肌肉发达、弯腰驼背、筋骨僵硬，可是一旦让他穿上软毛的皮衣，盖上光滑的丝被，吃上细粮鱼肉和香甜的果品，他就会心烦意乱，浑身不自在，接着就要发热生病了。假如让宋国和鲁国的国君也像农夫那样耕地种田，用不了多大一会儿，他们就得疲惫不堪了。所以农夫会把他们自己认定的舒适自在，自己认定的饮食美味，说成是天下再没有能超过的了。从前宋国有个农夫，总是穿着一件以碎麻作絮的破衣服，而且只是用来过冬。等到了春天耕种的时候，就在太阳下晒身子，他根本不知道天下还有什么大厦暖宫、丝绵皮裘。还回头对他的老婆说道：'晒太阳这么暖和，还没有谁知道这种好处呢，我要是把它告诉咱们大王，就一定会有重赏。'同乡的一个有钱人告诉他：'从前有个人觉得胡豆吃起来很香，还以为麻秆、芹菜和蒿子味道特别鲜美，就对本乡的一个富豪极力赞美这些东西。那个富豪拿过来尝了尝，嘴立刻就被扎伤了，肚子也疼痛难忍，大伙都讥笑他、埋怨他，那个人羞愧极了。你呀，就是这种人。'"

杨朱曰："丰屋，美服，厚味，姣色，有此四者，何求于外？有此而求外者，无厌之性。无厌之性，阴阳之蠹也[①]。忠不足以安君，适足以危身；义不足以利物，适足以害生。安上不由于忠，而忠名灭焉；利物不由于义，而义名绝焉。君臣皆安，物我兼利，古之道也。鬻子曰：‘去名者无忧[②]。’老子曰：‘名者，实之宾[③]。’而悠悠者趋名不已[④]。名固不可去，名固不可宾邪？今有名则尊荣，亡名则卑辱。尊荣则逸乐，卑辱则忧苦。忧苦，犯性者也；逸乐，顺性者也。斯实之所系矣。名胡可去？名胡可宾？但恶夫守名而累实。守名而累实，将恤危亡之不救，岂徒逸乐忧苦之间哉？[⑤]”

注释

① 蠹 dù：蛀虫。引申为损害。

② 去名者无忧：今本《鬻子》中无此句。

③ 名者，实之宾：今本《老子》中无此句，见于《庄子·逍遥游》。

④ 悠悠：众多貌。《史记·孔子世家》："桀溺曰：'悠悠者天下皆是也。'"

⑤ 钱钟书按："《列子》所恶于名者，以其逆性累身耳；苟厚生适性，舍名莫能，则不特不去名、废名，且将求名、兴名，固未尝一概抹杀也。曷观乎《杨朱篇》曲终奏雅曰：'丰屋、美服、厚味、姣色，有此四者，何求于外？……今有名则尊荣，亡名则卑辱；尊荣则逸乐，卑辱则忧苦。……名胡可去？名胡可宾？但恶夫守名而累实。'尤《庄子·盗跖》之所未言者。彼曲学枉道以致富贵，甚至败名失节以保首领，皆冥契于不'累实'之旨，谓为《列子》之教外别传可矣。"

译文

杨朱说："高大的屋宇，华丽的衣饰，丰厚的饮食，娇美的妻妾，拥有了这四样，此外还有什么值得追求呢？已经拥有了这些，仍然对外追求不已的人，必然是其本性贪得无厌。人有贪得无厌的本性，是会对阴阳和谐之气造成损害的。（其表现是：作为）一个臣子，其忠诚之心不足以使君主身心愉悦，反而会为他带来杀身之祸；（作为）一个人，其仁义之举不足以使他人得到好处，反倒给人家造成伤害。不能以忠诚使君主感到身心愉悦，那么忠臣的美名也就不会存在了；不能以仁义使他人从中获益，那么义士的美名也就消失了。君主与臣子都能身心愉悦，他人与自己都能获得益处，这才是古人的处世之道。鬻子说过：'不追求美名的人无忧无虑。'老子也说过：'名义从属于实际。'尽管如此，世间的芸芸众生还是始终不停地追求美名。名声固然不可以没有，但为什么不能把名声视为次要之事呢？如今的人，有了名声就会尊贵荣耀，没有名声就卑贱屈辱。尊贵荣耀的人就舒心快乐，卑贱屈辱的人则忧愁痛苦。忧愁痛苦是违背人的自然本性的，而舒心快乐才是顺应人的自然本性。这才与人的实际本性相符合。（在这种特殊情况下）怎么可以不要名声？名声又怎么会不重要？但可恨的是，为了保住名声却置人的本性于不顾。一旦为保名声而置人的本性于不顾，就必定将生死安危置之度外，不惜一切代价去追求名声，哪里还会考虑在安闲快乐与忧愁痛苦之间该怎么选择呢？"

说符第八

子列子学于壶丘子林。壶丘子林曰：“子知持后[①]，则可言持身矣[②]。”列子曰：“愿闻持后。”曰：“顾若影，则知之。”列子顾而观影：形枉则影曲，形直则影正。然则枉直随形而不在影，屈伸任物而不在我。此之谓持后而处先。关尹谓列子曰：“言美则响美，言恶则响恶；身长则影长，身短则影短。名也者，响也；身也者[③]，影也。故曰：慎尔言，将有和之；慎尔行，将有随之。是故圣人见出以知入，观往以知来，此其所以先知之理也。度在身[④]，稽在人[⑤]。人爱我，我必爱之；人恶我，我必恶之。汤武爱天下，故王；桀纣恶天下，故亡，此所稽也。稽度皆明而不道也，譬之出不由门、行不从径也。以是求利，不亦难乎？尝观之神农、有炎之德[⑥]，稽之虞、夏、商、周之书，度诸法士贤人之言，所以存亡废兴而非由此道者，未之有也。”

注释

①持后：居于后而不争。道家谓如此方能居先。语本《老子》七章：“圣人后其身而身先，外其身而身存。”《文子·上德》：“老子学于常枞，见舌而守柔；仰视屋树，退而因川，观影而知持后。”

② 持身：立身；修身。

③ 身：据下文“慎尔行，将有随之”，则“身”应作“行”。《太平御览》卷四三引《尸子》作“行者影也”，可为旁证。

④ 度：衡量；预测。

⑤ 稽：考核；验证。

⑥ 有炎：即炎帝，传说中的远古帝王，一说炎帝与神农氏为同一人。

译文

列子跟壶丘子林学习。壶丘子林说：“你只有先做到居于后而不争，才能谈得上安身立命。”列子说：“我希望知道如何才能做到居于后而不争。”壶丘子林说：“你回头看看自己的影子，就什么都知道了。”列子于是就回头观察自己的影子：身体弯曲，影子就弯曲；身体正直，影子就正直。这就是说影子的弯曲或正直是随着身体的变化而变化的，而不是影子本身发生的变化；影子的屈伸是由人的身体的屈伸所决定的，而不是影子自身所能决定的。这就是说只有居后不争，方能身居前列。关尹对列子说：“言词漂亮，语调也就动听；语言恶毒，声调也就难听。身材高大，影子就高大；身材矮小，影子就矮小。名声就相当于语音，行为就好像是影子。所以说，如果你言语谨慎，就会得到响应；如果你行为慎重，就会得到拥护。因此，圣人根据一个人的言行就能判断他会得到怎样的结果，根据过去的情况就能预知未来的结局，这就是圣人何以能够先知先觉的原因。对事物预知在于自己，而结果的验证则要通过他人。如果他人喜爱我，我也一定会喜爱他人；如果他人厌恶我，我一定会厌恶他人。当年商汤王和周武王因为爱惜天下，所以才能称王；而夏桀王和商纣王则因为憎恶天下，所以亡身，这就是明证。预知验证的道理都明明白白却不能照理而行，就好比是出屋不走门、出行不上路一样。以这种违道背理的方式去追利，不是太难了吗？我曾经考察过神农氏、有炎氏的德行，也曾经查考过虞、夏、商、周的古籍，权衡过诸位崇尚礼法之士和贤德有道之人的言谈议论，因而深知导致存亡废兴的无不是缘于这个道理。”

严恢曰[①]：“所为问道者为富[②]。今得珠亦富矣，安用道？”子列子曰：“桀纣唯重利而轻道，是以亡。幸哉余未汝语也。人而无义，唯食而已，是鸡狗也。强食靡角[③]，胜者为制[④]，是禽兽也。为鸡狗禽兽矣，而欲人之尊己，不可得也。人不尊己，则危辱及之矣。”

注释

①严恢：寓言中的人名。

②问：学习。

③靡：古同“摩”，摩擦。

④制：《太平御览》卷四二一所引作“利”。

译文

严恢说："人之所以求学问道是为了致富。如今既然获得珠宝也就达到了致富的目的，为什么还要求学问道呢？"列子说："夏桀和商纣只是看重自身的利益却轻视对道德的追求，因此才最后导致国灭身亡。幸运的是我还没有告诉你这样的道理。人如果没有对道德和正义的追求，只是为了吃饱饭不饿而活，那么就成了和鸡狗一样的动物。为了争抢食物而角力相斗，最终是胜者得利，只有禽兽才这样。如果人的所作所为已经行同鸡狗禽兽，却还指望他人尊重自己，这是不可能的。如果得不到他人尊重，那么危亡耻辱也就即将来临。"

列子学射中矣[①]，请于关尹子。尹子曰："子知子之所以中者乎？"对曰："弗知也。"关尹子曰："未可。"退而习之。三年，又以报关尹子。尹子曰："子知子之所以中乎？"列子曰："知之矣。"关尹子曰："可矣。守而勿失也。非独射也，为国与身亦皆如之。故圣人不察存亡而察其所以然。"

注释

①此节见于《吕氏春秋·审己》："子列子常射中矣，请之于关尹子。关尹子曰：'知子之所以中乎？'

答曰：'弗知也。'关尹子曰：'未可。'退而习之三年，又请。关尹子曰：'子知子之所以中乎？'子列子曰：'知之矣。'关尹子曰：'可矣，守而勿失。'非独射也，国之存也，国之亡也，身之贤也，身之不肖也，亦皆有以。圣人不察存亡、贤不肖，而察其所以也。"

译文

列子学习射箭，并且射中目标，于是就向关尹子请教射箭之道。关尹子问道："你知道你为什么能射中吗？"列子回答说："我还不知道。"关尹子说："那还不行。"列子回去继续练习。三年之后，又把自己学射的情况告诉关尹子。关尹子问："你知道你为什么能射中吗？"列子说："我知道了。"关尹子说："那就行了。你要坚守射箭之道，千万不要忘了。其实不仅仅是射箭是这样的道理，治理国家和修身养性也都一样。所以圣人并不过分重视得失存亡的结果，而是着力弄清得失存亡的根本原因。"

列子曰："色盛者骄，力盛者奋[①]，未可以语道也。故不斑白语道失[②]，而况行之乎？故自奋则人莫之告[③]。人莫之告，则孤而无辅矣。贤者任人，故年老而不衰，智尽而不乱。故治国之难在于知贤而不在自贤。"

注释

① 奋：逞能。

② 失：疑为"矣"字之误。

③ 故自奋则人莫之告：据上文，此句应作"故自骄自奋则人莫之告"，文意始完整。张湛注："骄奋者虽告而不受"，可见今本应脱"自骄"二字。

译文

列子说："气盛的人容易傲慢，力强的人常常逞能，同这两种人是不能谈道论理的。（他们直到）白发也无力谈道论理，更何况付之行动呢？人一旦傲慢逞能，就很难再听得进别人的忠告。如果听不进忠告，最后就孤立无援。只有贤者才知道怎样借助他人的帮助，他虽然年纪老迈却精神不衰，脑力下降但内心并不糊涂。因此，治国的难处在于发现谁是真正的贤才，而不是把自己当作唯一的贤才。"

宋人有为其君以玉为楮叶者[①]，三年而成。锋杀茎柯[②]，毫芒繁泽[③]，乱之楮叶中而不可别也。此人遂以巧食宋国[④]。子列子闻之，曰："使天地之生物，三年而成一叶，则物之有叶者寡矣。故圣人恃道化而不恃智巧。"

注释

①此节见于《韩非子·喻老》："宋人有为其君以象为楮叶者，三年而成。丰杀茎柯，毫芒繁泽，乱之楮叶之中而不可别也。此人遂以功食禄于宋邦。列子闻之曰：'使天地三年而成一叶，则物之有叶者寡矣。故不乘天地之资而载一人之身，不随道理之数而学一人之智，此皆一叶之行也。'"又见《淮南子·泰族训》："宋人有以象为其君为楮叶者，三年而成，茎柯豪芒，锋杀颜泽，乱之楮叶之中而不可知也。列子曰：'使天地三年而成一叶，则万物之有叶者寡矣。夫天地之施化也，呕之而生，吹之而落，岂此契契哉！'"。《论衡·自然》："宋人或刻木为楮叶者，三年乃成。孔子曰：'使地三年乃成一叶，则万物之有叶者寡矣。'"

楮 chǔ：即楮树，叶似桑，皮可以造纸。

②锋杀：肥瘦大小。锋，"丰"的同声假借字。茎柯：纹络，叶茎。

③毫芒：绒毛。繁泽：色泽；光泽。

④食：食禄；做官。

译文

有个宋国人，用玉石为他的君主雕刻楮叶，用了三年时间才刻成。玉叶的肥瘦大小、纹络叶茎、绒毛色泽都非常逼真，如果混杂在真的楮叶之中，根本无法辨别出来。此人就凭借这种巧技在宋国做了高官。列子听到此事后说：“假使自然界要经过三年才能长成一片叶子的话，那么有叶子的东西也就没有多少了。所以圣人靠自然之道化育万物而不靠人的心智与技巧。”

子列子穷[①]，容貌有饥色。客有言之郑子阳者[②]，曰：“列御寇，盖有道之士也。居君之国而穷，君无乃为不好士乎？”郑子阳即令官遗之粟。子列子出见使者，再拜而辞。使者去，子列子入，其妻望之[③]，而拊心曰[④]：“妾闻为有道者之妻子，皆得佚乐。今有饥色，君遇而遗先生食[⑤]，先生不受，岂不命也哉？”子列子笑谓之曰：“君非自知我也。以人之言，而遗我粟；至其罪我也，又且以人之言。此吾所以不受也。”其卒[⑥]，民果作难，而杀子阳。

注释

①此节见于《庄子·让王》《吕氏春秋·观世》，又见于《新序·节士》。

②郑子阳：寓言假托的人物。一说为郑国国君，一说为郑国国相。

③望：埋怨。

④拊 fǔ：拍。

⑤遇：知遇。一本作“过”。

⑥其卒：其后；后来。

译文

列子穷困潦倒，面容常有饥色。有人对郑国的国相子阳说："列御寇这位先生，可是个有道之人。他在您的国家里居住却穷困潦倒，您难道不是那种好士之人吗？"郑子阳立即命令官吏去给列子赠送粮食。列子出门来见使者，拜了又拜，然后婉言谢绝。使者走后，列子回身进屋，妻子对他颇为不满，拍着胸脯埋怨道："我听说有道之人的老婆孩子都能得到悠闲快乐。如今咱们一家人都饿得面黄肌瘦，人家对你有知遇之恩，又给你送来粮食，你却不愿接受，岂不是命该受苦吗？"列子笑着对她说："他原本对我一无所知，只是听了别人的话才来给我送粮食，如果将来他要加罪于我，也必然是因为别人又对他说了什么。这就是我为什么不接受他的馈赠的原因。"后来，国民果然闹事作乱，杀掉了子阳。

鲁施氏有二子，其一好学，其一好兵。好学者以术干齐侯[①]，齐侯纳之，以为诸公子之傅。好兵者之楚，以法干楚王，王悦之，以为军正[②]。禄富其家，爵荣其亲。施氏之邻人孟氏同有二子，所业亦同，而窘于贫。羡施氏之有，因从请进趋之方[③]。二子以实告孟氏。孟氏之一子之秦，以术干秦王。秦王曰："当今诸侯力争，所务兵食而已。若用仁义治吾国，是灭亡之道。"遂宫而放之[④]。其一子之卫，以法干卫侯。卫侯曰：“吾弱国也，而摄乎大国之间[5]。大国吾事之，小国吾抚之，是求安之道。若赖兵权，灭亡可待矣。若全而归之，适于他国，为吾之患不轻矣。”遂刖之[6]，而还诸鲁。既反，孟氏之父子叩胸而让施氏[7]。施氏曰：“凡得时者昌，失时者亡。子道与吾同，而功与吾异，失时者也，非行之谬也。且天下理无常是，事无常非。先日所用，今或弃之；今之所弃，后或用之；此用与不用，无定是非也。投隙抵时，应事无方，属乎智。智苟不足，使若博如孔丘，术如吕尚，焉往而不穷哉？”孟氏父子舍然无愠容[8]，曰：“吾知之矣。子勿重言。”

注释

① 干 gān：求取功名。

② 军正：军中执法官。

③ 进趋：追求；求取。

④ 宫：宫刑，阉割。放：驱逐。

⑤ 摄：夹；受制于。

⑥ 刖 yuè：刖刑，砍掉脚。

⑦ 叩：捶打。让：责备。

⑧ 舍然：释然，疑虑、隔阂顿消。舍，通“释”。愠 yùn：愤怒；怨恨。

译文

鲁国的施氏有两个儿子，一个爱好学问，一个爱好打仗。爱好学问的儿子利用自己的学术向齐侯求取功名，齐侯收留了他，让他给各位公子做老师。爱好打仗的儿子去了楚国，利用自己的兵法向楚王求取功名，楚王很高兴，让他做了军中的执法官。他们以俸禄使家里发财致富，以爵位使亲族引以为荣。施氏的邻居孟氏家里也有两个儿子，他们所从事的学业也和施氏的两个儿子一样，全家却为贫穷所困。他们非常羡慕施氏的富贵荣华，于是就向施氏请教求取功名的方法。施氏的两个儿子就把他们的实情告诉孟氏。孟氏的一个儿子就去了秦国，以他的学术向秦王求取功名。秦王说："当前各国诸侯以武力相争，唯一所关注的不过是军队和粮食而已。如果用仁义之术来治理我的国家，那就会走上灭亡的道路。"然后就对他施以宫刑并驱逐出境。孟氏的另一个儿子去了卫国，以他的兵法向卫侯求取功名。卫侯说："我们是个弱国，而且夹在大国之间。所以必须对大国侍奉，对小国安抚，这才是求得平安无事的途径。如果靠武力来维持，灭亡也就近在眼前了。倘若让你全身而归，一旦去了别国，就可能给我国带来不小的祸患。"于是就砍掉他的双脚，再把他送回鲁国。孟氏的两个儿子回到家里以后，父子愤怒得捶胸顿足，责骂施氏。施氏说："做事只有适应时势之需，才会兴旺发达；如果违背时势，必然要自取灭亡。你们所持的道术和我们一样，但所得的功效却与我们完全相反，其原因就在于你们违背了时势，而不是你们所从事的学业有什么错误。况且天下没有永远正确的道理，也没有永远错误的事情。以前所用过的方法，今天有可能需要抛弃；今天被抛弃的方法，以后可能还会有用。这种用与不用，是没有固定的是非标准的。抓住时机，顺应时势，应对世事而又不用固定不变的方法，这就全靠智慧。倘若智慧不足，即便你像孔丘那样博学多才，像吕尚那样足智多谋，那么无论走到哪儿你还不是照样穷困潦倒吗？”孟氏父子听后，顿时怒容全消，说道：“我们全都明白了，请你不要再说了。”

晋文公出会[①]，欲伐卫。公子锄仰天而笑。公问何笑。曰：“臣笑邻之人有送其妻适私家者[②]，道见桑妇，悦而与言。然顾视其妻，亦有招之者矣。臣窃笑此也。”公寤其言[③]，乃止。引师而还，未至，而有伐其北鄙者矣[④]。

注释

① 此节见于刘向《说苑·权谋》：“晋文公伐卫，入郭，坐士令食，曰：‘今日必得大垣。’公子虑俛而笑之。文公曰：‘奚笑？’对曰：‘臣之妻归，臣送之，反见桑者而助之。顾臣之妻则亦有送之者矣。’文公惧，还师而归，至国，而貉人攻其地。”晋文公：春秋时晋国国君，姬姓，名重耳，公元前 636—前 628 年在位。

② 私家：娘家。

③ 寤：古同“悟”，省悟，明白。
④ 鄙：边境。

译文

晋文公出国与诸侯会盟，准备讨伐卫国。公子锄闻言，仰天而笑。晋文公问他笑什么。他说：“我有个邻居送他的妻子回娘家，半路上看见一个正在采摘桑叶的妇女，就高兴地上前搭讪。可是等他回头再看他的妻子的时候，发现也有人在向她打招呼。我暗笑的就是这件事。”晋文公忽然省悟了他说的话，于是停止了行动。然后率领军队回国，还没等回到晋国，就已经有人在进攻晋国北部的边境了。

晋国苦盗。有郄雍者[①]，能视盗之貌，察其眉睫之间，而得其情。晋侯使视盗，千百无遗一焉。晋侯大喜，告赵文子曰：“吾得一人，而一国盗为尽矣，奚用多为？”文子曰：“吾君恃伺察而得盗，盗不尽矣，且郄雍必不得其死焉。”俄而群盗谋曰：“吾所穷者，郄雍也。”遂共盗而残之[②]。晋侯闻而大骇，立召文子而告之曰：“果如子言，郄雍死矣。然取盗何方？”文子曰：“周谚有言：‘察见渊鱼者不祥[③]，智料隐匿者有殃。’且君欲无盗，莫若举贤而任之，使教明于上，化行于下，民有耻心，则何盗之为？”于是用随会知政，而群盗奔秦焉。

注释

①本节中的“郄 xì 雍”“赵文子”“随会”都是寓言所假托的人物。

②残：杀害。

③察见渊鱼者不祥：语见《韩非子·说林上》：“古者有谚曰：‘知渊中之鱼者不祥。’”又见于《汉书·荆燕吴传》：“吴使使者曰：‘察见渊中鱼，不祥。’”

译文

晋国苦于盗贼为害。有一个叫郄雍的人，会审视盗贼的相貌，观察他们眉目之间的神色，就能断定其真情实意。晋侯命他去辨认盗贼，结果在成百上千的人中不会遗漏一个盗贼。晋侯对此非常高兴。他告诉赵文子说：“我只用了一个人，全国的盗贼就都消失了，何必再用更多人呢？”赵文子说：“国君您只是靠察看相貌的办法来捕捉盗贼，盗贼是捉不完的，而且郄雍将来也必定不会善终。”不久，盗贼聚在一起商议道：“我们之所以走投无路，就是因为那个郄雍。”于是他们共同绑架了郄雍并残忍地杀害了他。晋侯听说后大为震惊，立刻召见了赵文子，告诉他说：“果然像你说的那样，郄雍被杀了。可是究竟应该用什么办法来捕获盗贼呢？”赵文子说：“周代的时候有句谚语说：‘目光敏锐能明察深渊中游鱼的人肯定不吉利，头脑精明能猜测人家隐私的人一定要遭殃。’如果国君您希望盗贼灭迹的话，不如选拔贤才并重用他们，在上使政教昌明，在下使百姓得以教化，人们有了羞耻之心，谁还愿意去做盗贼呢？”晋侯于是就任用随会来主持相关的政务，盗贼便纷纷逃往秦国去了。

孔子自卫反鲁[①]，息驾乎河梁而观焉。有悬水三十仞，圜流九十里[②]，鱼鳖弗能游，鼋鼍弗能居，有一丈夫方将厉之[③]。孔子使人并涯止之，曰：“此悬水三十仞，圜流九十里，鱼鳖弗能游，鼋鼍弗能居也。意者难可以济乎[④]？”丈夫不以错意[⑤]，遂度而出。孔子问之曰：“巧乎？有道术乎？所以能入而出者，何也？”丈夫对曰：“始吾之入也，先以忠信；及吾之出也，又从以忠信。忠信错吾躯于波流，而吾不敢用私，所以能入而复出者，以此也。”孔子谓弟子曰：“二三子识之！水且犹可以忠信诚身亲之[⑥]，而况人乎！”

注释

①此节与本书《黄帝》篇“孔子观于吕梁”一节事同而字句有异，均出自《庄子·达生》。《黄帝》篇及《达生》篇皆以“顺水之性”道家学说来阐述“从水之道”。本节则以“忠信无私”来阐述“从水之道”，似乎掺杂了儒家至诚则神的思想。又见《孔子家语·观思》《说苑·杂言》，命意皆

与《说符》相同，而有别于《列子·黄帝》和《庄子·达生》。

②圜流：有漩涡的急流。

③厉：穿着衣服涉水。

④意者：大概；恐怕。

⑤错意：在意。错，“措”的同声假借字，安置。下同。

⑥诚身：据《群书治要》卷三四所引，此二字为衍字。

译文

孔子从卫国返回鲁国，途中在河桥之上停下马车歇息观望。只见瀑布高达二三十丈，漩涡急流达九十余里远，鱼鳖无法浮游，鼋鼍不能停留，一个男子此时正准备涉水过河。孔子连忙派人沿着河岸过去劝阻他，说：“这里的瀑布高二三十丈，漩涡急流达九十余里远，鱼鳖都无法浮游，鼋鼍也不能停留。恐怕你很难渡过去吧？”那个男人却毫不在意，于是渡过河去，出水上了岸。孔子问他：“你是有高超的技巧呢？还是有什么道术呢？你能够进入水中，又能够出来上岸，靠的是什么呢？”那个男人回答道：“我开始进入水中的时候，事先就具有忠信之心；等到我钻出水面的时候，紧跟着还是依靠自己的忠信之心。正是这忠信把我的身躯安置在急流巨浪之中，但我丝毫不敢运用自己的心智和技巧，我之所以能够入水又能出水的原因，就在于此。”孔子对弟子们说：“你们要记住了，水尚且可以凭借忠信来亲近，更何况人呢！”

白公问孔子曰[①]："人可与微言乎[②]？"孔子不应。白公问曰："若以石投水，何如？"孔子曰："吴之善没者能取之。"曰："若以水投水，何如？"孔子曰："淄、渑之合[③]，易牙尝而知之[④]。"白公曰："人故不可与微言乎[⑤]？"孔子曰："何为不可？唯知言之谓者乎！夫知言之谓者，不以言言也。争鱼者濡[⑥]，逐兽者趋，非乐之也。故至言去言，至为无为[⑦]。夫浅知之所争者，末矣。"白公不得已，遂死于浴室[⑧]。

注释

① 此节见于《吕氏春秋·精谕》："白公问于孔子曰：'人可与微言乎？'孔子不应。白公曰：'若以石投水，奚若？'孔子曰：'没人能取之。'白公曰：'若以水投水，奚若？'孔子曰：'淄、渑之合者，易牙尝而知之。'白公曰：'然则人不可与微言乎？'孔子曰：'胡为不可？唯知言之谓者为可耳。'白公弗得也。知谓则不以言矣。言者谓之属也。求鱼者濡，争兽者趋，非乐之也。故至言去言，至为无为。浅智者之所争则末矣。此白公之所以死于法室。"又见于《淮南子·道应训》。

白公：名胜。张湛注："白公，楚平王之孙，太子建之子也。其父为费无极所谮，出奔郑，郑人杀之。胜欲令尹子西、司马子期伐郑。许而未行，晋伐郑，子西、子朗将救郑。胜怒曰：'郑人在此，仇不远矣。'欲杀子西、子期，故问孔子。孔子知之，故不应。"

②微言：密谋。

③淄 zī：即淄河，在山东省。渑 shéng：渑水，古水名，故道在今山东省。相传二水味各不同，混合之则难以辨别。

④易牙：春秋时齐国人，又称狄牙、雍巫。春秋时齐桓公的宠臣，长于调味，善逢迎，传说曾烹其子为羹以献桓公。

⑤故："固"的同声假借字。《淮南子·道应训》《太平御览》卷五八所引并作"固"。

⑥濡：沾湿。

⑦至言去言，至为无为：《庄子·知北游》："至言去言，至为去为。"成玄英疏："至理之言，无言可言；至理之为，无为可为。"道家以虚静无为的思想阐述事理，以不言为至言。

⑧浴室：《吕氏春秋·精谕》作"法室"。高诱注：法室，司寇也。一曰浴室，澡浴之室也。

译文

白公问孔子说："一个人可以和别人密谋吗？"孔子没有回答。白公又问道："假如把石头投进水中，会怎么样？"孔子说："吴国善于潜水的人能把它捞出来。”白公又问：“如果把水投进水中，会怎么样？”孔子说：“如果把淄水与渑水混合在一起，易牙尝一尝就可以辨别出来。”白公说：“这么说来，人根本就不可能与别人密谋吗？”孔子说：“为什么不可以呢？但只有明白你所说的话的人才能与之密谋。而能明白你所说的话的人，根本不用你再去和他说什么，他也会明白。争抢捕鱼的人会弄湿衣服，追逐野兽的人要赶紧快跑，他们也并不是愿意这样做。所以最高的言论就是不发表言论，最好的作为就是不去作为。那些见识浅薄的人所纷争不已的，都是些细枝末节的问题。”白公没有能够理解孔子所说的这些话的深意，最终死于浴室之中。

赵襄子使新稺穆子攻翟[①]，胜之，取左人、中人[②]，使遽人来谒之[③]。襄子方食，而有忧色。左右曰：“一朝而两城下，此人之所喜也，今君有忧色，何也？”襄子曰：“夫江河之大也[④]，不过三日，飘风暴雨不终朝[⑤]，日中不须臾。今赵氏之德行无所施于积，一朝而两城下，亡其及我哉！”孔子闻之，曰：“赵氏其昌乎！”夫忧者所以为昌也，喜者所以为亡也。胜非其难者也，持之[⑥]，其难者也。贤主以此持胜，故其福及后世。齐、楚、吴、越皆尝胜矣，然卒取亡焉，不达乎持胜也。唯有道之主为能持胜。孔子之劲能拓国门之关[⑦]，而不肯以力闻。

墨子为守攻，公输般服[⑧]，而不肯以兵知。故善持胜者以强为弱。

注释

① 此节见于《国语·晋语九》："赵襄子使新稚穆子伐狄，胜左人、中人，遽人来告，襄子将食，寻饭有恐色。侍者曰：'狗之事大矣，而主之色不怡，何也？'襄子曰：'吾闻之，德不纯而福禄并至，谓之幸。夫幸非福，非德不当雍，雍不为幸，吾是以惧。'"又见于《吕氏春秋·慎大》："赵襄子攻翟，胜老人、中人，使使者来谒之，襄子方食抟饭，有忧色。左右曰：'一朝而两城下，此人之所以喜也，今君有忧色，何？'襄子曰：'江河之大也，不过三日。飘风暴雨，日中不须臾。今赵氏之德行，无所于积，一朝而两城下，亡其及我乎！'孔子闻之曰：'赵氏其昌乎？'夫忧所以为昌也，而喜所以为亡也。胜非其难者也，持之其难者也。贤主以此持胜，故其福及后世。齐荆吴越，皆尝胜矣，而卒取亡，不达乎持胜也。唯有道之主能持胜。孔子之劲，举国门之关，而不肯以力闻。墨子为守攻，公输般服，而不肯以兵加。善持胜者，以术强弱。"又见于《淮南子·道应训》等。

赵襄子：生年不详，卒于周威烈王元年（公元前425年），名毋恤，一作无恤。春秋末年晋国大夫，赵鞅之子。战国时期赵国的创始人。襄为其谥号，史称赵襄子。新稺zhì穆子：赵襄子的家臣，名狗。稺，古同“稚”。翟dí：春秋时期北方的诸侯国名，战国时称中山国，后为晋国所灭。

②左人、中人：翟国两城邑之名。

③遽人：驿使；驿卒。谒：报告。

④大：涨水。

⑤飘风暴雨不终朝：语本《老子》二三章：“故飘风不终朝，骤雨不终日。”飘风，即旋风。

⑥持：保守。

⑦拓：举。关：门闩。

⑧墨子为守攻，公输般服：公输般善为攻城之器，墨子设守能却之，为公输般所服。事见《墨子·公输》。公输般，即鲁班。

译文

赵襄子派新稺穆子进攻翟国，取得了胜利，攻占了左人和中人两个城邑，新稺穆子派驿使来向赵襄子报捷。赵襄子正在吃饭，听到消息后却面带愁容。身边的人问道：“这么快就攻下了两个城邑，这是令人高兴的事，而您现在却满面愁容，是什么原因呢？”赵襄子说：“江河如果涨大水，用不了三天也就退了，急风暴雨到不了一个早晨就停止了，日悬中天也没多大一会儿就过去了。如今我们赵氏既没有积累多少德行，也没有施予多少恩惠，却在这么短的时间里就攻下两座城池，恐怕败亡不久就要来临吧！”孔子听说了这事之后，说道：“赵氏家族即将兴旺发达了！”人常有忧患之心才能事业兴旺，乐而忘忧必将导致败亡。取得胜利并不是最难的事，能够保守住胜利的果实才是最难的事。贤明的君主以忧患意识来保守胜利之果，所以他的胜利之果才能福及后代。过去的齐国、楚国、吴国、越国都曾经取得过胜利，但最终都灭亡了，其原因就在于他们不知晓如何保持胜利。只有那种通晓事理的君主才懂得如何保持胜利。孔子的力量之大能够举起城门的门闩，但他却从不肯以力量大而扬名。墨子善于守城，公输般十分佩服，但墨子却不肯以守城的兵法扬名。所以善于保持胜利的人，反而会将强大视为自己的弱点。

宋人有好行仁义者[1]，三世不懈。家无故黑牛生白犊，以问孔子。孔子曰：“此吉祥也，以荐上帝[2]。”居一年，其父无故而盲，其牛又复生白犊，其父又复令其子问孔子。其子曰：“前问之而失明，又何问乎？”父曰：“圣人之言，先迕后合[3]，其事未究[4]，姑复问之。”其子又复问孔子。孔子曰：“吉祥也。”复教以祭。其子归致命，其父曰：“行孔子之言也。”居一年，其子又无故而盲。其后楚攻宋，围其城，民易子而食之，析骸而炊之，丁壮者皆乘城而战[5]，死者大半。此人以父子有疾皆免。及围解而疾俱复。

注释

①此节见于《淮南子·人间训》："昔者，宋人好善者，三世不解。家无故而黑牛生白犊。以问先生。先生曰：'此吉祥，以飨鬼神。'居一年，其父无故而盲。牛又复生白犊。其父又复使其子以问先生。其子曰：'前听先生言而失明，今又复问之，奈何？'其父曰：'圣人之言，先忤而后合。其事未究，固试往，复问之。'其子又复问先生。先生曰：'此吉祥也，复以飨鬼神。'归致命其父。其父曰：'行先生之言也。'居一年，其子又无故而盲。其后楚攻宋，围其城。当此之时，易子而食，析骸而炊。丁壮者死，老病童儿皆上城，牢守而不下。楚王大怒。城已破，诸城守者皆屠之。此独以父子盲之故，得无乘城。军罢围解，则父子俱视。"又见于《论衡·祸虚》。

②荐：进献，祭献。

③迕 wǔ：违背。

④究：穷尽。

⑤乘：登上。

译文

宋国有个好行仁义的人，一家三代人始终坚持不懈。家里的黑牛无缘无故地生下了白色的牛犊，就去询问孔子。孔子说："这是吉祥之兆，可以用它来祭祀天帝。"过了一年，父亲无缘无故地双目失明。这时，这家的黑牛又生下一只白色的牛犊，他又叫儿子去问孔子。儿子说：“上次问了他以后你的眼睛就失明了，还去问他干什么呢？”父亲说：“圣人的话先反常后合理，这件事还没有最后结果，姑且再问问他。”儿子只好再去询问孔子。孔子说：“这是吉祥之兆。”又叫他用牛犊祭祀天帝。儿子回家告诉了父亲。父亲说：“你就照孔子的话去做吧。”又过了一年，儿子也无缘无故地双目失明了。后来楚国攻打宋国，包围了宋国的都城，老百姓相互交换孩子杀了吃掉，劈下死人的骨头当柴烧，青壮年都必须登上城墙打仗，战死的人超过了一大半。而这父子俩因为有残疾都幸免于难。等到围困被解除以后，他们的眼睛又都恢复了正常。

宋有兰子者[①]，以技干宋元[②]。宋元召而使见。其技以双枝，长倍其身，属其胫[③]，并趋并驰，弄七剑，迭而跃之，五剑常在空中。元君大惊，立赐金帛。又有兰子又能燕戏者[④]，闻之，复以干元君。元君大怒，曰：“昔有异技干寡人者，技无庸[⑤]，适值寡人有欢心，故赐金帛。彼必闻此而进，复望吾赏。”拘而拟戮之，经月乃放。

注释

①兰子：即烂仔、赖子。“兰”为“烂”“赖”之转音字。

②宋元：据后文三称“元君”，此句之“宋元”与下句之“宋元”的“元”字之下均应有“君”字，《艺文类聚》卷六、《太平御览》卷三四四、卷四八三、卷五六九所引“宋元”下并有“君”字。

③属 zhǔ：连接，这里是捆绑之义。跉：同“胫”，小腿。

④又：应为衍字。燕戏：古代一种杂技。因动作轻疾如燕，故名。

⑤庸：用。

译文

宋国有个烂仔，以杂技求见宋元君。宋元君召见了他。他的技艺是用两根比他的身体还长一倍的木杖捆绑在小腿上行走。时而快走，时而奔跑，同时又玩弄七把短剑，接连把剑抛起来，其中的五把一直在空中飞舞。宋元君看了，大为惊喜，立即赏赐给他金银布帛。又有一个会燕戏杂技的烂仔，听说了这件事后，也以他的技艺来求见宋元君。不料宋元君却勃然大怒，说道：“以前就有一个用奇技来求见我的人，这类技艺其实毫无用处，不过是正好赶上我心里高兴，所以就赏赐了他一些金银布帛。这个家伙一定是听说了这个事之后来的，也希望得到我的赏赐。”于是就把那个人关了起来准备处死，过了一个月又把他放了。

秦穆公谓伯乐曰[①]："子之年长矣，子姓有可使求马者乎？"伯乐对曰："良马可形容筋骨相也；天下之马者，若灭若没，若亡若失，若此者绝尘弭蹤[②]。臣之子皆下才也，可告以良马，不可告以天下之马也。臣有所与共担纆薪菜者[③]，有九方皋[④]，此其于马，非臣之下也，请见之。"穆公见之，使行求马。三月而反，报曰："已得之矣，在沙丘。"穆公曰："何马也？"对曰："牝而黄。"使人往取之，牡而骊[⑤]。穆公不说[⑥]。召伯乐而谓之曰："败矣，子所使求马者。色物、牝牡尚弗能知，又何马之能知也？"伯乐喟然太息，曰："一至于此乎？是乃其所以千万臣而无数者也。若皋之所观，天机也，得其精而忘其粗，在其内而忘其外；见其所见，不见其所不见；视其所视，而遗其所不视。若皋之相马，乃有贵乎马者也。"马至，果天下之马也。

注释

①此节见于《淮南子·道应训》："秦穆公谓伯乐曰：'子之年长矣。子姓有可使求马者乎？'对曰：'良马者，可以形容筋骨相也。相天下之马者，若灭若失，若亡其一。若此马者，绝尘弭辙。臣之子皆下材也，可告以良马，而不可告以天下之马。臣有所与供儋缠采薪者九方堙，此其于马，非臣之下也。请见之。'穆公见之，使之求马。三月而反，报曰：'已得马矣。在于沙丘。'穆公曰：'何

马也？’对曰：‘牡而黄。’使人往取之，牝而骊。穆公不说。召伯乐而问之曰：‘败矣。子之所使求者。毛物、牝牡弗能知，又何马之能知？’伯乐喟然大息，曰：‘一至此乎？是乃其所以千万臣而无数者也。若堙之所观者，天机也。得其精而忘其粗，在内而忘其外。见其所见，而不见其所不见；视其所视，而遗其所不视。若彼之所相者，乃有贵乎马者。’马至，而果千里之马。”

秦穆公：嬴姓，名任好。在位三十九年（前659—前621），谥号穆，春秋五霸之一。伯乐：姓孙，名阳，春秋时期秦国人，善于相马。

② 绝尘：脚不沾尘土，形容奔跑的速度极快。弭 mǐ：消除。蹴 zhé：同“辙”，痕迹。

③ 担纆薪菜：挑担砍柴。纆，“缧”字之讹误，绳索。菜，古同“采”。

④ 九方皋：人名，姓九方，名皋。

⑤ 骊 lí：黑色。

⑥ 说：古同“悦”。

译文

秦穆公对伯乐说：“你已经年老了，你的同族中有能为我寻找马的人吗？”伯乐回答说：“一般的良马，从它的形貌和筋骨就可以判断；而天下最好的马，它的形貌、筋骨和毛色看起来似乎都没有什么特殊之处，这些特点好像都隐没消失了一样，像这样的马，跑起来蹄上不沾尘土，地上不留痕迹。我的几个儿子都是下等人才，我只能教他们怎样相良马，却教不会他们怎样相天下最好的马。我有个一起挑担砍柴的同伴，叫九方皋，这个人对于相马不在我之下，希望您能见见他。”秦穆公就召见了九方皋，并派他出去寻找好马，三个月之后回来报告说：“已经找到好马了，在沙丘那儿。”穆公问：“这马什么样？”九方皋答道：“母马，黄色的。”穆公派人去取这匹马，原来是一匹公马，是纯黑色的，穆公很不高兴，就把伯乐召来并对他说：“你找来的这个相马的人太糟糕了，他甚至连马的颜色和公母都搞不清楚，还哪里能知道马的好坏呢？”伯乐长叹了一口气，说道：“竟然到了这种程度吗？这才说明他要比我强千万倍都不止！九方皋所察看的，是马的天赋灵性。他得到的是马的灵性而忘掉的是马的形体，察看的是马的内在精神而忘掉的是马的外表特征；他要见的是他所希望见到的，而没有去见他所不想见到的；他审视的是他所应该审视的，而放弃了他所不必审视的。至于九方皋的相马之术，其实还有比相马本身更重要的意义。”等到那匹马送来后，大家发现它果然是一匹天下少有的好马。

楚庄王问詹何曰[1]：“治国奈何？”詹何对曰：“臣明于治身，而不明于治国也。”楚庄王曰：“寡人得奉宗庙社稷，愿学所以守之。”詹何对曰：“臣未尝闻身治而国乱者也，又未尝闻身乱而国治者也。故本在身，不敢对以末。”楚王曰：“善。”

注释

①此节见于《吕氏春秋·执一》：“楚王问为国于詹子，詹子对曰：‘何闻为身，不闻为国。’詹子岂以国可无为哉？以为为国之本，在于为身。身为而家为，家为而国为，国为而天下为。故曰以身为家，以家为国，以国为天下。”又见于《淮南子·道应训》：“楚庄王问詹何曰：‘治国奈何？’对曰：‘何明于治身，而不明于治国？’楚王曰：‘寡人得立宗庙社稷，愿学所以守之。’詹何对曰：‘臣未尝闻身治而国乱者也，未尝闻身乱而国治者也。故本任于身，不敢对以末。’楚王曰：‘善。’”楚庄王：芈 mǐ 姓，熊氏，名旅，一作侣。公元前613—前591年在位，春秋五霸之一。詹何：见于《汤问》篇“均，天下之至理也”一节。张湛注：“詹何，盖隐者也。”

译文

楚庄王向詹何问道：“应该如何治理国家呢？”詹何答道：“我只清楚应该如何修养自身，却不知道如何治理国家。”楚庄王说：“我身负供奉宗庙和管理国家的重任，希望能学到保住宗庙和国家的方法。”詹何答道：“我还没有听说过君主自身修养很好而国家却混乱不堪的事情，也没有听说过君主自身的修养很糟糕而国家却能太平安定的事。所以，治国的根本在于君主自身的修养如何，我就不敢再对您讲那些细枝末节的问题了。”楚庄王说：“说得好。”

狐丘丈人谓孙叔敖曰[①]：“人有三怨，子知之乎？”孙叔敖曰：“何谓也？”对曰：“爵高者，人妒之；官大者，主恶之；禄厚者，怨逮之[②]。”孙叔敖曰：“吾爵益高，吾志益下；吾官益大，吾心益小；吾禄益厚，吾施益博。以是免于三怨，可乎？”

注释

①此节见于《荀子·尧问》：“缯丘之封人，见楚相孙叔敖曰：‘吾闻之也：处官久者士妒之，禄厚者民怨之，位尊者君恨之。为相国有此三者，而不得罪于楚之士民何也？’孙叔敖曰：‘吾三相楚而心愈卑，每益禄而施愈博，位滋尊而礼愈恭，是以不得罪于楚之士民也。’”。又见于《淮南子·道应训》：“狐丘丈人谓孙叔敖曰：‘人有三怨，子知之乎？’孙叔敖曰：‘何谓也？’对曰：‘爵高者，士妒之；官大者，主恶之；禄厚者，怨处之。’孙叔敖曰：‘吾爵益高，吾志益下；吾官益大，吾心益小；吾禄益厚，吾施益博。是以免三怨，可乎？’”又见《韩诗外传》卷七：“孙

叔敖遇狐丘丈人。狐丘丈人曰：'仆闻之：有三利，必有三患，子知之乎？'孙叔敖蹴然易容曰：'小子不敏，何足以知之！敢问何谓三利？何谓三患？'狐丘丈人曰：'夫爵高者、人妒之，官大者、主恶之，禄厚者、怨归之，此之谓也。'孙叔敖曰：'不然。吾爵益高，吾志益下；吾官益大，吾心益小；吾禄益厚，吾施益博。可以免于患乎？'"又见于《说苑·敬慎》："孙叔敖为楚令尹，一国吏民皆来贺，有一老父衣粗衣，冠白冠，后来吊，孙叔敖正衣冠而出见之，谓老父曰：'楚王不知臣不肖，使臣受吏民之垢，人尽来贺，子独后来吊，岂有说乎？'父曰：'有说，身已贵而骄人者民去之；位已高而擅权者君恶之；禄已厚而不知足者患处之。'孙叔敖再拜曰：'敬受命，愿闻余教。'"

狐丘丈人：寓言假托的人物。孙叔敖：楚国大夫，楚庄王在位时曾为楚相。

② 逮：《太平御览》卷四五九所引作"处"。

译文

狐丘丈人对孙叔敖说："人会因为三种原因被人怨恨，你知道吗？"孙叔敖问："所指的都是什么呢？"狐丘丈人答道："爵位高的人，别人会嫉妒；官职大的人，君主会厌恶；俸禄厚的人，会身处怨恨之中。"孙叔敖说："我的爵位越高，我的志向越低；我的官职越大，我越谨小慎微；我的俸禄越厚，我越广施恩惠。我以这样的方式来避免那三种怨恨，可以吗？”

孙叔敖疾[①]，将死，戒其子曰：“王亟封我矣[②]，吾不受也。为我死[③]，王则封汝。汝必无受利地。楚越之间有寝丘者[④]，此地不利而名甚恶。楚人鬼而越人禨[⑤]，可长有者唯此也。”孙叔敖死，王果以美地封其子。子辞而不受，请寝丘，与之。至今不失。

注释

①此节见于《吕氏春秋·异宝》：“孙叔敖疾，将死，戒其子曰：‘王数封我矣，吾不受也。为我死，王则封汝，必无受利地。楚、越之间有寝之丘者，此其地不利，而名甚恶。荆人畏鬼，而越人信禨。可长有者，其唯此也。’孙叔敖死，王果以美地封其子，而子辞，请寝之丘，故至今不失。”又见于《淮南子·人间训》：“昔者，楚庄王既胜晋于河、雍之间，归而封孙叔敖，辞而不受。病疽将死，谓其子曰：‘吾则死矣，王必封女。女必让肥饶之地，而受沙石之间有寝丘者。其地确石而名丑，荆人鬼，越人禨，人莫之利也。’孙叔敖死，王果封其子以肥饶之地。其子辞而不受，请有寝之丘。楚国之俗，功臣二世而夺爵禄，惟孙

叔敖独存。"

② 亟 qì：屡次。

③ 为：如果。

④ 寝丘：地名。《史记·滑稽列传》："于是庄王谢优孟，乃召孙叔敖子，封之寝丘四百户，以奉其祀。"

⑤ 禨 jī：福，祥。

译文

孙叔敖病了，快要死的时候，告诫他儿子说："大王多次封地给我，我都没有接受。如果我死了，大王就会封地给你。你千万不要接受那种肥美的封地。楚国和越国之间有个叫寝丘的地方，那块土地不肥沃，名字也特别难听。楚国人迷信鬼神，越国人迷信求福，能够长久保有的只有这块地方。"孙叔敖死后，楚王果然要用好地方封他的儿子。但孙叔敖的儿子坚辞不受，并请求得到寝丘之地，楚王就封给了他。直到今天，孙叔敖的后代也没有失去这块封地。

牛缺者[1]，上地之大儒也[2]，下之邯郸，遇盗于耦沙之中，尽取其衣装车。牛步而去，视之，欢然无忧悋之色[3]。盗追而问其故，曰："君子不以所养害其所养[4]。"盗曰："嘻！贤矣夫！"既而相谓曰："以彼之贤，往见赵君，使以我为[5]，必困我，不如杀之。"乃相与追而杀之。燕人闻之，聚族相戒曰：

“遇盗，莫如上地之牛缺也。”皆受教。俄而其弟适秦，至关下，果遇盗。忆其兄之戒，因与盗力争。既而不如[6]，又追而以卑辞请物。盗怒曰：“吾活汝弘矣[7]，而追吾不已，迹将著焉[8]。既为盗矣，仁将焉在？”遂杀之，又傍害其党四五人焉。

注释

①此节见于《吕氏春秋·必己》：“牛缺居上地，大儒也。下之邯郸，遇盗于耦沙之中。盗求其橐中之载，则与之；求其车马，则与之；求其衣被，则与之。牛缺出而去，盗相谓曰：‘此天下之显人也，今辱之如此，此必诉我于万乘之主。万乘之主必以国诛我，我必不生，不若相与追而杀之，以灭其迹。’于是相与趋之，行三十里，及而杀之。”又见于《淮南子·人间训》：“秦牛缺径于山中，而遇盗。夺之车马，解其橐笥，拖其衣被，盗还反顾之，无惧色忧志，驩然有以自得也。盗遂问之曰：‘吾夺子财货，劫子以刀，而志不动，何也？’秦牛缺曰：‘车马所以载身也，衣服所以掩形也，圣人不以所养害其养。’盗相视而笑曰：‘夫不以欲伤生，不以利累形者，世之圣人也。以此而见王者，必且以我为事也。’还反杀之。”

牛缺：寓言假托的人物。

②上地：与下文的“耦沙”“关下”，皆为寓言所假托的地名。

③ 悉 lìn：古同“吝”，吝惜。

④ 君子不以所养害其所养：语本《庄子·让王》：“且吾闻之，不以所用养害所养。”应作“君子不以所养害其养。”下一“所”字为衍字。

⑤ 使以我为：据《淮南子·人间训》，“为”后脱“事”字。

⑥ 如：似应为“敌”字之误。

⑦ 弘：宽大。

⑧ 著：显露。

译文

牛缺是上地的一位大儒，在南下前往邯郸的途中，在耦沙遭遇了强盗，劫匪们把他的衣物车马全都抢走了。牛缺于是步行而去，看上去还是一副高兴快乐的模样，毫无愁苦难舍的表情。那些强盗追上来问他为什么这么高兴，他说：“君子不为养身之物而伤害生命自身。”强盗们说：“哎呀！他可真是个贤者啊！”然后，他们又七嘴八舌地说道：“让这样一个大贤人去觐见赵国的国君，如果他把我们所干的事说了出去，官府肯定要来找我们的麻烦，不如把他杀掉算了。”于是就一起追过来把他杀害了。燕国人听说了这件事，纷纷召集族人互相告诫道：“如果遭遇了强盗，我们可千万不能像那个上地的牛缺那样做了。”大伙儿都表示要接受这个教训。不久以后，牛缺的弟弟到秦国去，走到关下的时候，果然又遇上强盗。他忽然想起了哥哥的教训，就和强盗奋力争夺起来。争了一会儿，没有争过强盗，又追上去低声下气地乞求强盗把东西还给他。强盗们怒气冲冲地说："我们给你留了条命，就已经够宽宏大量了，你还敢对我们穷追不舍，我们的行踪快要被你暴露了。我们既然已经做了强盗，哪里还要讲什么仁义？"于是就把他给杀了，接着又连带杀害了他的四五个同伴。

虞氏者[①]，梁之富人也，家充殷盛，钱帛无量，财货无訾[②]。登高楼，临大路，设乐陈酒，击博楼上[③]。侠客相随而行，楼上博者射明琼张中[④]，反两揄鱼而笑[⑤]。飞鸢适坠其腐鼠而中之[⑥]，侠客相与言曰："虞氏富乐之日久矣，而常有轻易人之志。吾不侵犯之，而乃辱我以腐鼠，此而不报，无以立懂于天下[⑦]。请与若等戮力一志[⑧]，率徒属必灭其家为等伦[⑨]。"皆许诺。至期日之夜，聚众积兵以攻虞氏，大灭其家。

注释

①此节见于《淮南子·人间训》："虞氏，梁之大富人也。家充盈殷富，金钱无量，财货无赀。升高楼，临大路，设乐陈酒，积博其上。游侠相随而行楼下，博上者射朋张，中反两而笑，飞鸢适堕其腐鼠而中游侠。游侠相与言曰：'虞氏富乐之日久矣，而常有轻易人之志。吾不敢侵犯，而乃辱我以腐鼠。如此不报，无以立务于天下。请与公

僇力一志，悉率徒属，而必以灭其家。'"

②訾 zī：估量。

③击博：古代的一种赌博。《古博经》："博法：二人相对，坐向局，分为十二道，两头当中名为水。用棋十二枚，六白六黑；又用鱼二枚置于水中。其掷采以琼为之。琼畟方寸三分，长寸五分，锐其头，钻刻琼四面为眼，亦名为齿。二人互掷采行棋。棋行到处即竖之，名为骁棋，即入水食鱼，亦名牵鱼。每牵一鱼获二筹，翻一鱼获三筹。若已牵两鱼而不胜者，名曰被翻双鱼。彼家获六筹为大胜也。"琼，相当于后来的骰子。

④射明琼：即掷骰子。射，投，掷。张中：投中。

⑤反：同"翻"。擒 tà：同"搨"，拍打。

⑥鸢：老鹰。

⑦慬 qín：勇敢。

⑧戮力：协力；并力。

⑨等伦：同伙；同类。

译文

虞氏是大梁的巨富，家业殷实丰厚，金钱不计其数，财产难以估量。整天身登高楼，面向大街，设乐摆酒，在楼上赌博。当一伙侠客正在街上相伴而行的时候，楼上赌博的人刚好投中了骰子，于是翻起了两条鱼，一边拍打一边大笑不止。这时空中的一只老鹰叼着的死老鼠掉落下来，恰巧击中了正从楼下走过的侠客。侠客们听见笑声，以为是楼上的人扔下来的，他们七嘴八舌地说道：“虞氏一直过着富足快活的日子，还总是打心眼里看不起别人。咱们也没有招惹他，他却用死老鼠来侮辱咱们。这个仇要是不报的话，咱们就无法再以勇敢立足于天下了。让我们大家齐心协力，带着咱们的徒弟和手下众人，灭他全家，才能为我们的同类出这口恶气。”大家都表示赞同。到了约定的那天夜里，侠客们会聚一起，刀兵上手，一哄而起，向虞氏发起进攻，最后一个不剩地灭掉了虞氏全家。

东方有人焉[①]，曰爰旌目，将有适也，而饿于道。狐父之盗曰丘[②]，见而下壶餐以铺之[③]。爰旌目三铺而后能视，曰：“子何为者也？”曰：“我狐父之人丘也。”爰旌目曰：“嘻！汝非盗邪？胡为而食我？吾义不食子之食也。”两手据地而欧之[④]，不出，喀喀然，遂伏而死。狐父之人则盗矣，而食非盗也。以人之盗，因谓食为盗而不敢食，是失名实者也。

注释

①此节见于《吕氏春秋·介立》：“东方有士焉，曰爰旌目，将有适也，而饿于道。狐父之盗曰丘，见而下壶餐以铺之。爰旌目三铺之而后能视，曰：‘子何为者也？’曰：‘我狐父之人丘也。’爰旌目曰：‘嘻！汝非盗邪？胡为而食我？吾义不食子之食

也。'两手据地而吐之，不出，喀喀然，遂伏地而死。"又见于刘向《新序·节士》："东方有士曰袁族目，将有所适，而饥于道，孤父之盗丘人也，见之，下壶餐以与之。袁旌目三餔而能视，仰而问焉。曰：'子谁也？'曰：'我孤父之盗丘人也。'袁旌目曰：'嘻！汝乃盗也，何为而食我？以吾不食也。'两手据地而欧之，不出，喀喀然，遂伏地而死。"

② 狐父之盗曰丘：钱钟书按："《吕氏春秋》及《列子》均谓狐父之盗名'丘'，而《庄子·盗跖》诃孔子曰：'盗莫大于子，天下何故不谓子"盗丘"？'无心偶合乎？抑有意影射耶？《庄子·胠箧》言'盗亦有道'，赞'盗'亦即'圣人'，《盗跖》乃斥'圣人'亦即'盗'。《列子·天瑞》齐之国氏、向氏诘东郭先生曰：'若一身庸非盗乎？盗阴阳之和以成若生、载若形，况外物而非盗哉？'云云，则不特'圣人'，芸芸众生，无非'盗'者。"狐父：寓言假托的地名。

③ 餔 bū：今作"哺"，给食，喂食。

④ 欧："呕"的同声假借字，呕吐。

译文

东方有个人，名叫爰旌目，前往某个地方，因饥饿而昏倒在路上。狐父之地的盗贼名叫丘，见到这个情景，连忙拿出自己壶里的饭来喂他。爰旌目吃了几口饭以后睁开了眼睛，问道："你是谁啊？"丘说："我是狐父的人，名叫丘。”爰旌目说：“啊！你不就是那个盗贼吗？你为什么要给我喂饭吃呢？我是有正义感的人，绝不吃你这种人的饭。”随后就用两手支在地上用力呕吐，却怎么也吐不出来，只听见喉咙里不停地咯咯作响，最后卧在地上死掉了。狐父之地的那个人虽然是个盗贼，但他的饭食却并不是盗贼。仅仅因为那饭食是盗贼的就不敢去吃，这就是那种求名而反失其实的人。

柱厉叔事莒敖公[①]，自为不知己者。居海上，夏日则食菱芰[②]，冬日则食橡栗[③]。莒敖公有难，柱厉叔辞其友而往死之。其友曰：“子自以为不知己，故去。今往死之，是知与不知无辨也。”柱厉叔曰：“不然。自以为不知，故去。今死，是果不知我也。吾将死之，以丑后世之人主不知其臣者也。”凡知则死之，不知则弗死，此直道而行者也。柱厉叔可谓怼以忘其身者也[④]。

注释

①此节见《吕氏春秋·恃君览》。又见于刘向《说苑·立节》：“莒穆公有臣曰朱厉附，事穆公，不见识焉，冬处于山林食杼栗，夏处于洲泽食菱藕。穆公以难死，朱厉附将往死之。其友曰：‘子事君而不见识焉，今君难，吾子死之，意者其不可

乎！’朱厉附曰：‘始我以为君不吾知也，今君死而我不死，是果不知我也；吾将死之，以激天下不知其臣者。’遂往死之。”

莒 jǔ：莒国，周代的诸侯国之一，己姓，旧都介根（今山东省胶州西南），后迁莒（今山东省莒县），战国时为楚国灭。

② 蔆芰 jì：菱角。

③ 橡栗：栎树的果实。含淀粉，可食，味苦。也叫橡实、橡子、橡果。

④ 怼 duì：怨恨。

译文

柱厉叔侍奉莒敖公，感到莒敖公并没有把他当作知己，就离开了，前往海边隐居。夏天吃菱角，冬天吃橡栗。后来，听说莒敖公陷入险境，柱厉叔立即辞别朋友，准备为莒敖公效死命。朋友们说：“你因为莒敖公不把你当作知己，所以才离开他，现在又要去为他效死命，这说明把你当作知己和不当作知己没有什么两样。”柱厉叔说：“你说得不对。我是因为未被当作知己，才离开的。现在为他拼死效命，这才能证明他果真不了解我。我要去为他拼死效命，让将来那些不懂得臣子忠心的君主感到羞愧可耻。”只有以知己之心待我，才值得以死相报，如果并没有被视为知己，就不必为之赴死，这才是应该遵循的正当之理。柱厉叔可以说是仅仅因为怨恨没有被视为知己就轻易牺牲了自己生命的人。

杨朱曰："利出者实及[①]，怨往者害来。发于此而应于外者唯请[②]，是故贤者慎所出。"

注释

① 及："反"字之形误。反，同"返"，回报。

② 请："情"字之形误。

译文

杨朱说："行善于人，会得到好的回报；积怨于人，将会身受灾祸。源于人内心的好恶，进而招致外来福祸的，是人自身的情感作用，所以贤者对于抒发自己的内心情感非常谨慎。"

杨子之邻人亡羊，既率其党，又请杨子之竖追之[①]。杨子曰："嘻！亡一羊，何追者之众？"邻人曰："多歧路。"既反，问："获羊乎？"曰："亡之矣。"曰："奚亡之？"曰："歧路之中又有歧焉，吾不知所之，所以反也。"杨子戚然变容，不言者移时，不笑者竟日。门人怪之，请曰："羊，贱畜，又非夫子之有，而损言笑者，何哉？"杨子不答，门人不获所命。弟子孟孙阳出以告心都子。心都子他日与孟孙阳偕入而问，曰："昔有昆弟三人，游齐鲁之间，同师而学，进仁义之道而归[②]。其父曰：‘仁义之道若何？’伯曰：‘仁义使我爱身而后名。’仲曰：‘仁义使我杀身以成名。’叔曰：‘仁义使我身名并全。’彼三术相反，而同出于儒，孰是孰非邪？”杨子曰：“人有滨河而居者，习于水，勇于泅，操舟鬻渡，利供百口。裹粮就学者成徒，而溺死者几半。本学泅，不学溺，而利害如此。若以为孰是孰非？”心都子嘿然而出。孟孙阳让之曰：“何吾子问之迂[③]，夫子答之僻[④]？吾惑愈甚。”心都子曰：“大道以多歧亡羊，学者以多方丧生。学非本不同，非本不一，而末异若是。唯归同反一，为亡得丧。子长先生之门，习先生之道，而不达先生之况也[⑤]，哀哉！”

注释

① 竖：僮仆。

② 进：“尽”的同声假借字。

③ 迂：曲折；绕远。

④ 僻：生僻，难以理解。

⑤ 况：比喻。

译文

杨朱的邻居走失了一只羊，不但带着全家人去追，还来请杨朱的僮仆去帮忙追羊。杨朱说：“唉！丢了一只羊，何必要这么多人去追呢？”邻居说：“因为岔道太多了。”追羊的人回来以后，杨朱问道：“找到羊了吗？”

他们答道："羊丢了。"杨朱问："怎么丢了呢？"他们说："岔道上还有岔道，我们不知道该往哪个方向走，所以只好回来了。"杨朱的脸色变得愁眉不展，过了好久都一言不发，整天也没个笑容。门人感到很奇怪，就上前问他："羊不过是不值钱的牲畜，又本来不是先生您的，您却为此少言寡语，没个笑脸，为什么呢？"杨朱还是闭口不答，门人再也没有得到任何答案。弟子孟孙阳出门后把这事告诉了心都子。心都子有一天带着孟孙阳一起进门问杨朱，心都子说："从前有兄弟三人，游学于齐鲁两国之间，同跟一位老师学习，他们学到了全部的仁义之道后回到家里。父亲问他们：'你们所学的仁义之道究竟是怎么回事呢？'老大说：'仁义之道使我首先要爱惜身体，其次才能注重名声。'老二说：'仁义之道使我不惜以生命为代价去追求名声。'老三说：'仁义之道使我同时要保全自己的身体与名声。'他们三个人所持的仁义之道各自相反，却都来自于儒家之学，请问先生，他们究竟谁对谁错呢？"杨朱说："有个住在河边的人，谙熟水性，勇于泅水，划船摆渡，挣的钱能供养上百口人。背着粮食来跟他学泅水的人一批接一批，而几乎一半的人都被水淹死了。这些人原本是来学习泅水的，而不是来学习被淹死的，可最终的利害结局却如此不同。你认为他们究竟谁对谁错呢？"心都子听了，一句话也不说就走出了门外。孟孙阳责备他说："你为什么问得那么拐弯抹角？先生回答得又那么难以理解？让我越发感到糊涂了。"心都子说："大路正因为岔道太多而使羊丢了，学仁义之道的人也因为其主张太多而使人丧失自我。他们治学的根据不是不同，本源不是不一样，但结果的反差却是如此之大。只有归于同道，返回同源，才能找回已被丧失的自我。你身为先生的门徒，学习先生的道术，却不能理解先生的比喻，实在太可悲了！”

杨朱之弟曰布，衣素衣而出[①]。天雨，解素衣[②]，衣缁衣而反[③]。其狗不知，迎而吠之。杨布怒，将扑之。杨朱曰："子无扑矣。子亦犹是也。向者使汝狗白而往，黑而来，岂能无怪哉？”

注释

① 此节见于《韩非子·说林下》："杨朱之弟杨布，衣素衣而出，天雨，解素衣，衣缁衣而反，其狗不知而吠之。杨布怒，将击之。杨朱曰：'子勿击也，子亦犹是。曩者使女狗白而往，墨而来，子岂能毋怪哉？'"

② 素：白色。

③ 缁 zī：黑色。

译文

杨朱的弟弟叫杨布，他穿着白色的衣服外出。天下雨了，就脱下了白色的衣服，换上了黑色的衣服回家。他的狗不认识他，就迎上去狂吠。杨布异常生气，就准备打它。杨朱说："你不要打狗了，如果换成你也会这样的。刚才假使你的狗一身白色地出去，却又一身黑色地回来，你难道不会感到奇怪吗？"

杨朱曰[①]："行善不以为名，而名从之；名不与利期[②]，而利归之；利不与争期，而争及之；故君子必慎为善。"

注释

① 此节文意似袭自刘向《说苑·敬慎》："魏公子牟曰：'微君言之，牟几忘语君，君知夫官不与势期，而势自至乎？势不与富期，而富自至乎？富不与贵期，而贵自至乎？贵不与骄期，而骄自至乎？骄不与罪期，而罪自至乎？罪不与死期，而死自至乎？'"

② 期：期待；贪图。

译文

杨朱说："行善而不图名，名声自然会随之而至；为名而不图利，利益自然会随之而归；为利又不想让别人争夺，争夺也必然会随之而来。所以君子必须要谨慎行善。"

昔人言有知不死之道者[①]，燕君使人受之，不捷[②]，而言者死。燕君甚怒其使者，将加诛焉。幸臣谏曰："人所忧者莫急乎死，己所重者莫过乎生。彼自丧其生，安能令君不死也？"乃不诛。有齐子亦欲学其道，闻言者之死，乃抚膺而恨。富子闻而笑之曰："夫所欲学不死，其人已死而犹恨之，是不知所以为学。"胡子曰："富子之言非也。凡人有术不能行者有矣，能行而无其术者亦有矣。卫人有善数者[③]，临死，以决喻其子[④]。其子志其言而不能行也。他人问之，以其父所言告之。问者用其言而行其术，与其父无差焉。若然，死者奚为不能言生术哉？"

注释

① 此节"燕君使人受不死之道"见于《韩非子·外储说左上》："客有教燕王为不死之道者，王使人学之，所使学者未及学而客死。王大怒，诛之。王不知客之欺己，而诛学者之晚也。夫信不然之物而诛无罪之臣，不察之患也。且人所急无如其身，不能自使其无死，安能使王长生哉？"其下"齐子欲学其道"见于《孔丛子·陈士义》："昔人有言能得长生者，道士闻而欲学之。比往，言者死矣，道士高蹈而恨。夫所欲学，学不死也，其人已死，而犹恨之，是不知所以为学也。"

言有：应为"有言"之误。

② 捷：赶上。

③ 数：占卜。

④ 决：他本作“诀”，秘诀。

译文

从前有个人说他自己懂长生不死之道，燕国的国君听说后就派人去学习，还没等使者赶到那里，那个说懂此道的人就死掉了。燕国的国君对他派去的使者大为愤怒，要把他杀了。一个颇受宠幸的臣子劝谏道：“一个人所担忧的事再没有比死去更要紧的了，人自身所看重的事也再没有比活着更重要的了。那个人连自己的命都没保住，又怎么能让您长生不死呢？”这才没有杀那个使者。有个叫齐子的人也想学那人的长生不死之道，听到那个人的死讯，顿时伤心地捶胸顿足，悔恨交加。有个叫富子的人听说后嘲笑道：“齐子想要学的是长生不死之道，可是那个人都已经死了，齐子还悔恨成这样，这说明他根本就不清楚自己所学的目的是什么。”有个叫胡子的人却说道：“富子说的话不对。总体来说，虽有道术却不能实行的人是有的，而虽能实行却无道术的人也是有的。卫国有个善于占卜的人，在临死的时候，把秘诀告诉了他的儿子。他的儿子虽然记下了那些话，却还是不会占卜。有人问他，他就把父亲所说的话都告诉了对方。问他的人就按照这些话去行占卜之术，结果和他父亲分毫不差。如此说来，自己会死的人为什么就不能讲长生不死之道呢？”

邯郸之民以正月之旦献鸠于简子[①]，简子大悦，厚赏之。客问其故，简子曰："正旦放生，示有恩也。"客曰："民知君之欲放之，故竞而捕之，死者众矣。君如欲生之，不若禁民勿捕。捕而放之，恩过不相补矣。"简子曰："然。"

注释

①此节的内容与《孔丛子·执节》中的一节很相似："邯郸之民以正月之旦献雀于赵王，而缀之以五彩，赵王大悦。申叔以告子顺，子顺曰：'王何以为也？'对曰：'正旦放之，示有生也。'子顺曰：'此委巷之鄙事尔，非先王之法也，且又不令。'申叔曰：'敢问何谓不令？'答曰：'夫雀者取其名焉，则宜受之于上，不宜取之于下，下人非所得制爵也。而王悦此，殆非吉祥矣。昔虢公祈神，神赐之土田，是失国而更受田之祥也。今以一国之王受民之雀，将何悦哉？'"

译文

邯郸的百姓在正月初一这天向赵简子敬献了鸠鸟，简子非常高兴，重重地赏赐了他们。有个客人问他为什么要这样做，简子说："在大年初一这天用它放生，以此来表示我有恩德。"客人说："百姓因为知道您将要把它放生，所以就会相互争抢着去捕鸟，这样一来死的鸟反而会更多了。您如果想要它们活下去，倒不如干脆禁止老百姓去捕捉。如果捕获之后再把它放生，那么您的恩德和罪过就不能相互弥补了。”简子说：“你说得很对。”

齐田氏祖于庭[①]，食客千人。中坐有献鱼雁者，田氏视之，乃叹曰：“天之于民厚矣！殖五谷，生鱼鸟以为之用。”众客和之如响。鲍氏之子年十二，预于次[②]，进曰：“不如君言。天地万物与我并生类也。类无贵贱，徒以小大智力而相制，迭相食，非相为而生之。人取可食者而食之，岂天本为人生之？且蚊蚋噆肤[③]，虎狼食肉，非天本为蚊蚋生人、虎狼生肉者哉[④]？”

注释

①钱钟书按：《列子》此事全本《孔丛子》附孔臧所撰《连丛》卷下：“季彦见刘公，客适有献鱼者，公熟视鱼，叹曰：‘厚哉天之于人也！生五谷以为食，育鸟兽以为肴。’众坐佥曰：‘诚如明公之教也！’季彦曰：‘贱子愚意窃与众君子不同。万物之生，各禀天地，未必为人，人徒以知，得而食焉。……伏羲始尝草木可食者，一日而遇七十二毒，然后五谷乃形，非天本为人生之也。故蚊蚋食人，蚯蚓食土，非天故为蚊蚋生人、蚓虫生地

也。……'公良久曰：'辩哉！'"《太平御览》卷四六四引王瑱《童子传》记孔林年十岁对鲁相刘公语同，"鱼"作"雁"。桓谭《新论·祛蔽》篇记与刘伯玉辩，刘曰："天生杀人药，必有生人药也"；答曰："钩吻不与人相宜，故食则死，非为杀人生也。譬若巴豆毒鱼，矾石贼鼠，桂害獭，杏核杀猪，天非故为作也。"《孔丛子》《列子》言养生之物，《新论》言杀生之物；两义相成，如函得盖。

祖：出行时祭祀路神。引申为饯行。

② 预：参与；参加。次：中间；其中。

③ 蚊蚋 ruì：蚊子。蚋，小蚊，也称沙蚊。噆 zǎn："噆"的形误字，叮咬。

④ 非：疑应作"岂"。

译文

齐国的田氏在庭院中为友人举行饯行盛宴，就餐的客人达上千人。座中有人献上鱼和野雁，田氏看着看着，便感慨地说道："上天待人真是恩情深厚啊！生长五谷粮食，还繁衍各种鱼鸟来供人食用。"众位宾客立刻应声附和他说的话。当时鲍氏的小儿子只有十二岁，也在座位之中，他走上前去说道："事实并不像你所说的那样。天地之间的万物和我们人类一样，都是有生命的同类。而同类之间并无所谓贵贱之分，只是因为形体大小不一、智力高低不同而相制约与被制约，依次相吃与被吃，并非谁原本就是作为谁的食物而生的。人类只不过是把自己可以吃的拿来吃而已，这些东西哪里就是上天原本为人而生的？再说，蚊子要叮咬人的皮肤，老虎和狼要吃肉，难道能说上天原本就是为蚊子而生人类，为老虎和狼而生肉吗？”

齐有贫者，常乞于城市。城市患其亟也[①]，众莫之与。遂适田氏之厩[②]，从马医作役而假食[③]。郭中人戏之曰："从马医而食，不以辱乎？"乞儿曰："天下之辱莫过于乞。乞犹不辱，岂辱马医哉？[④]"

注释

① 亟：屡次。

② 厩 jiù：马棚。

③ 假食：寄食；求食。

④ 钱钟书按：嵇康《难〈自然好学论〉》："俗语曰：'乞儿不辱马医。'"《列子》此节当是"俗语"之演义也。

译文

齐国有个穷人，经常在城里乞讨。城里的人非常厌恶他不断乞讨，大家谁也不愿意给他了。于是他只好去了田氏的马棚那里，靠给马医干活来得到点儿吃的。城里的人戏弄他说："跟着马医吃饭，你不觉得太耻辱吗？”那个要饭的人说：“天下再没有比讨饭更耻辱的事了。我连讨饭这样的事都没有感觉到有什么耻辱，难道会因为靠马医吃饭而感到耻辱吗？”

宋人有游于道、得人遗契者①，归而藏之，密数其齿②。告邻人曰：“吾富可待矣。”

注释

① 契：原意为刻写，引申为契约、契据、合同。古代的契约刻于竹或木之上，分而为二，分割之处为齿状，两方各执一份以为凭证。

② 齿：杨伯峻按：“符契之合处在齿，所以别真伪也。《易林》云：‘符左契右，相与合齿。’故此人得契则密数其齿。”

译文

宋国有个人走在路上，捡到了别人丢失的一份契据，连忙拿回家里藏了起来，然后就偷偷地数那契据上的齿牙，还告诉邻居说：“我发大财的日子马上就要到了。”

人有枯梧树者①，其邻父言枯梧之树不祥，其邻人遽而伐之②。邻人父因请以为薪。其人乃不悦，曰：“邻人之父徒欲为薪而教吾伐之也。与我邻，若此其险，岂可哉？”

注释

①此节见于《吕氏春秋·去宥》："邻父有与人邻者，有枯梧树，其邻之父言梧树之不善也，邻人遽伐之。邻父因请而以为薪。其人不说，曰：'邻者若此其险也，岂可为之邻哉？'此有所宥也。夫请以为薪与弗请，此不可以疑枯梧树之善与不善也。"

②其邻人遽而伐之：据上文"人有枯梧树者"，此句应作"其人遽而伐之"。"邻"应为衍字。遽，惶恐。

译文

有个人的家里有一棵枯死的梧桐树，他邻居家的老人说枯死的梧桐树不吉利，那个人就惶恐地把梧桐树给砍倒了。邻居家的老人于是请求他把这棵树给自己当柴烧。那个人为此很不高兴，说道："我这邻家原来只是想要我把这棵树给他当柴烧才叫我砍树的。他和我是邻居，却用心如此阴险，怎么能这样做人呢？"

人有亡𫓧者[①]，意其邻之子。视其行步，窃𫓧也；颜色，窃𫓧也；言语，窃𫓧也。作动态度[②]，无为而不窃𫓧也。俄而扣其谷而得其𫓧[③]。他日，复见其邻人之子，动作态度，无似窃𫓧者。

注释

①此节见于《吕氏春秋·去尤》："人有亡鈇者，意其邻之子。视其行步，窃鈇也；颜色，窃鈇也；言语，窃鈇也；动作态度，无为而不窃鈇也。扣其谷而得其鈇，他日，复见其邻之子，动作态度，无似窃鈇者。"钱钟书按：《列子》此篇……全本《吕氏春秋·去尤》，历世传诵。《太平御览》卷七六三《器物部》八引《玄晏春秋》亦云："邻人亡斧及鸡，意余窃之。居三日，鸡还，斧又自得，邻人大愧。"遂若亲遭其事者，又平添一鸡。鈇 fū：斧头。

②作动：本节下文、《吕氏春秋·去尤》及《太平御览》卷七六三所引皆作"动作"。

③扣 hú：古同"搰 hú"，挖，掘出。

译文

有个人丢了一把斧头，就怀疑是邻居家的孩子给偷去了，他看那孩子走路的姿势，很像是偷斧头的；再看他的面部表情，也很像是偷斧头的；再听他说话的声音，仍然很像是偷斧头的。总之，那孩子所有的动作、态度，没有不像是偷斧头的。不久，他在家里的粮谷堆里挖出了那把斧头。此后，当他再见到邻居家的孩子的时候，就觉得那动作、态度一点儿都不像是偷斧头的人了。

白公胜虑乱[①]，罢朝而立，倒杖策[②]，錣上贯颐[③]，血流至地而弗知也。郑人闻之曰："颐之忘，将何不忘哉？"意之所属著[④]，其行足蹎株埳[⑤]，头抵植木，而不自知也。

注释

① 此节见于《韩非子·喻老》："白公胜虑乱，罢朝，倒杖而策锐贯颐，血流至于地而不知。郑人闻之曰：'颐之忘，将何不忘哉！'故曰：'其出弥远者，其智弥少。'此言智周乎远，则所遗在近也。"又见于《淮南子·道应训》："白公胜虑乱。罢朝而立，倒杖策，錣上贯颐，血流至地而弗知也。郑人闻之，曰：'颐之忘，将何不忘哉！'此言精神之越于外，智虑之荡于内，则不能漏理其形也。是故神之所用者远，则所遗者近也。"

虑：考虑；谋划。

② 杖：手持。策：马鞭。

③ 錣 zhuì：马鞭杆顶端的铁刺。颐：下巴。

④ 属：关注。著：明显。这里是"集中"之义。

⑤ 蹎 zhì：被东西绊倒。株：露出地面的树根。埳 kǎn：古同"坎"。

译文

白公胜全神贯注于谋划作乱，散朝后还站在那里一动不动，手里倒拿着马鞭，鞭杆顶端的尖刺向上穿透了他的下巴，血都已经流到地上了他还不知道。郑国人听说此事后说：“一个人连自己下巴都忘了，还有什么不会忘呢？”如果人的精神高度集中于他所关注的事，他在走路时被树桩或土坎绊倒，或者脑袋撞到树上，自己甚至都不知道。

昔齐人有欲金者①，清旦，衣冠而之市，适鬻金者之所，因攫其金而去②。吏捕得之，问曰：“人皆在焉，子攫人之金何？”对曰：“取金之时，不见人，徒见金。”

注释

① 此节见于《吕氏春秋·去宥》：“齐人有欲得金者，清旦，被衣冠，往鬻金者之所，见人操金，攫而夺之。吏搏而束缚之，问曰：‘人皆在焉，子攫人之金，何故？’对吏曰：‘殊不见人，徒见金耳。’”又见于《淮南子·氾论训》：“齐人有盗金者，当市繁之时，至掇而走。勒问其故，曰：‘而盗金于市中，何也？’对曰：‘吾不见人，徒见金耳。’”

② 攫：抓取。

译文

从前，齐国有个想得到金子的人，清早起床后，他穿上衣服、戴上帽子来到集市上，走进卖金子的店铺，伸手抓起一把金子，然后就转身离开。官吏逮捕了他，问道："人都在那儿，你怎么胆敢抢人家的金子呢？"他回答说："我拿金子的时候，根本没有看见人，我看见的只是金子。"

图书在版编目（CIP）数据

列子译注 / 白冶钢译注．—2版．—上海：上海三联书店，2018.9

ISBN 978-7-5426-6310-8

Ⅰ．①列… Ⅱ．①白… Ⅲ．①道家②《列子》－译文③《列子》－注释 Ⅳ．①B223.2

中国版本图书馆CIP数据核字（2018）第126574号

列子译注

译　　注 / 白冶钢
责任编辑 / 程　力
特约编辑 / 张　莉
装帧设计 / Metis 灵动视线
监　　制 / 姚　军
出版发行 / 上海三联书店
（201199）中国上海市都市路4855号2座10楼
邮购电话 / 021-22895557
印　　刷 / 三河市华润印刷有限公司
版　　次 / 2018年9月第2版
印　　次 / 2018年9月第1次印刷
开　　本 / 640×960　1/16
字　　数 / 166千字
印　　张 / 22.5

ISBN 978-7-5426-6310-8/B · 577

定　价：28.80元